创新创业生态系统研究的理论与实践

中国宏观经济研究院课题组◎编

中国市场出版社

China Market Press

·北 京·

图书在版编目（CIP）数据

创新创业生态系统研究的理论与实践 / 中国宏观经济研究院课题组编. — 北京：中国市场出版社有限公司, 2024.1

ISBN 978-7-5092-2326-0

Ⅰ. ①创… Ⅱ. ①中… Ⅲ. ①创业—研究—中国

Ⅳ. ①F249.214

中国版本图书馆CIP数据核字（2022）第232589号

创新创业生态系统研究的理论与实践

CHUANGXIN CHUANGYE SHENGTAI XITONG YANJIU DE LILUN YU SHIJIAN

编　　者：中国宏观经济研究院课题组

责任编辑：晋璧东（874911015@qq.com）

出版发行：中国市场出版社

社　　址：北京市西城区月坛北小街2号院3号楼（100837）

电　　话：（010）68033539/68036672/68020336

经　　销：新华书店

印　　刷：河北鑫兆源印刷有限公司

规　　格：170mm×240mm　开　　本：16开

印　　张：28.75　　　　　　字　　数：500千

图　　数：48　　　　　　　表　　数：35

版　　次：2024年1月第1版　印　　次：2024年1月第1次印刷

书　　号：ISBN 978-7-5092-2326-0

定　　价：128.00元

前　言

习近平总书记指出，"创新创业相连一体，共生共存"；人的创造力是个人、民族、国家发展的最大动力源，创新创业创造能够为经济社会发展催生新供给、释放新需求、激发新活力；"要营造有利于创新创业创造的良好发展环境。要向改革开放要动力，最大限度释放全社会创新创业创造动能，不断增强我国在世界大变局中的影响力、竞争力"。

当前，我国已经开启社会主义现代化强国建设的新征程，各地全面落实创新驱动发展战略，打造新时代创新高地和创业热土。世界各国和我国实践证明，推动创新创业持续繁荣的根本是营造富有活力、特色鲜明、开放包容的发展环境，形成有利于创新创业的生态系统。

中国宏观经济研究院是国内较早跟踪研究创新创业生态系统的国家高端智库，自2016年开始，王昌林院长牵头组织课题组，通过调研走访北京中关村、上海、广州、深圳、杭州、成都、西安等地，从中发现各地创新创业生态系统的特点和存在的问题，在此基础上，总结提炼出全国共性问题与短板，进而提出针对性的思路与建议。

全书分为三个部分:第一部分理论篇，由第一章到第五章构成，主要论述了创新创业的基本概念与理论、评价指标体系、生态系统分析框架以及财税金融支持政策体系。第一章从论述推动创新创业的时代背景与理论基础入手，阐明了对创新创业发展规律性的认识，指出创新创业的核心在"众"、关键在"创",创新创业实质上是一场改革、变革乃至革命,是充分发挥亿万群众创造力、促进人的全面发展的崭新平台,是大众共同奋斗、实现中国梦的宏伟事业,是解放思想、解放生产力、解放社会活力相结合的历史潮流,符合全心全意为人民服务这一党的宗旨,符合激发市场活力、社会潜力的客观要求。第二章在借鉴国际经验的基础上,结合我国实际,提出了一套反映创新创业运行与发展情况的指标体系和综合指数,以此作为国家推动创新创业的风向标和指挥棒。第三章在总结分析国内外创新生态系统和创业生态系统相关研究基础上,构建了创新创业生态系统的分析框架,识别出我国主要创新创业高地生态系统中存在的问题,主要集中在资源支撑不足、创新创业企业占比较低、创新主体之间和创新链与产业链之间的衔接不畅、市场准入监管等软环境不优方面,并有针对性地提出了对策建议。第四章对财税政策的激励效应进行了详细描述,提出构建全视角、多功能的财税支持政策体系,明确其主要任务是创新创业机构发展、提高要素配置效率、优化纳税服务等。第五章对全面有效的金融体系在推进创新创业中的作用机理进行了详细论述,提出构建金融支持政策体系的基本原则、主要内容及政策建议。

第二部分为实践篇,由第六章到第十一章构成,主要依托"创业创新生态系统=机构与要素+结构+机制+环境"的理论模型,对北京中关村、上海、广州开发区、深圳、成都、西咸新区、江苏武进区等地的创新创业生态系统进行了分析,总结了各地的创新创业生态特点,指出了存在的问题与短板,提出完善建议。第六章指出中关村创新创业生态系统呈现出要素丰裕度提高、结构更趋合理、体制机制和创新创业环境不断优化等特点。但对标美国硅谷,存在要素质量与机构功能偏低偏弱、人才要素的结构比例亟须大幅改善、产学研合作不紧不畅降低系统效率、文化基因与开放包容环境有待培育等问题。并提出中关村建设世界一流高校院所、形成良好的产业企业生态、以改革推进技术转移转化等10个方面的对策建议。第七章从企业，科研院所，投融资环境，人力资源，规制、政策和文化等方面分析深圳创新创业生态系统的特点与存在的问题短板，并提出夯实企业在生态系统中的核心作用、补好科研院所在生态系统中的短板、增加"水源"和拓宽"水渠"双管齐下增强生态系统活力、坚持让"人"在生态系统中发挥更加核心的作用、进一步厚植政策支持土壤的建议。第八章、第九章、第十章、第十一章分别对成都、广州开发区、西咸新区、江苏武进的创新创业生态特点与短板进行了分析、梳理，提出了完善的建议。

第三部分为调研报告篇，由国内、国外共计10份调研报告构成，其中，国内部分主要论述了北京中关村、深圳、上海、成都郫县等地的创新创业生态环境，剖析了中关村、深圳创新创业生态环境的优势及与硅谷相比的短板，分析了上海为什么出不了阿里巴巴和华为，如何破除制约科技成果转移转化"国资诅咒"，并回答了县域能否成为创新创业高地等问题。国外部分主要反映了不同访问者对硅谷的认识，展示了硅谷创新创业生态的魅力所在。

目录

理论篇

实践篇

目 录

调研报告

理论篇

第一章　创新创业理论概述

创新是社会进步的灵魂，创业是推动经济社会发展、改善民生的重要途径。习近平总书记指出，创新创业相连一体、共生共存。

在大发展大变革大调整时代，深入总结和凝练升华中国创新创业实践经验，对推动高质量发展、加快实现中国式现代化具有十分重要的理论和现实意义。

第一节　创新创业的背景和意义

2014年以来，我国掀起新一轮创新创业浪潮。创新创业的提出有其深刻的国际国内背景，是时代的选择。

一、推动创新创业顺应了全球大势和历史潮流

人类社会发展的历史就是一部创新创业史。几次大的科技革命和产业变革推动形成的创新创业浪潮，深刻改变了人类的生产生活方式，极大地促进了经济发展和社会进步，同时也影响了大国兴衰。受国际金融危机影响，全球新一轮科技革命和产业变革孕育兴起，以人工智能、量子信息、移动通信、物联网、区块链等为代表的信息技术应用加速推进，科学与技术之间、技术之间、自然科学与人文社会科学之间交叉融合，基于"互联网+"的创新创业和"众创""众包""众筹"等新模式不断涌现，使创新创业活动变成了社会大众人人可及的事情。推动创新创业，不仅符合全球科技革命和产业变革的历史潮流，也符合当今世界进入互联网时代创新创业发展的历史潮流，是大势所趋、形势所迫。

二、转向高质量发展阶段迫切需要创新和创业

我国经济在经过多年的快速增长后，发展不协调、不平衡、不可持续的问题显现。受国际需求下降、国内市场需求增长趋缓和资源环境约束不断强化等因素影响，2010—2013年我国经济增长率从10.6%降

到7.8%，规模以上工业增加值增长率由12.6%降到7.7%，财政收入增速由21.3%下降到10.2%，经济下行压力加大了就业压力。党中央、国务院坚持稳中求进的工作总基调，积极推进改革创新，下大力气推动结构调整，促进高质量发展。推动创新与创业，突出了创新创业在经济社会发展中的作用，为新常态创造新动力、造就更高水平的新结构、扩大就业、促进经济持续健康发展提供了有效途径。

三、创新创业驱动经济增长和壮大经济新动能

创新创业可以有效推动新技术、新产品、新业态、新模式的创造和应用，促进新兴产业形成，培育和创造新的需求，进而提升全要素生产率，推动经济增长。20世纪30年代末，美国惠普与微软、英特尔等众多小公司在硅谷点燃了信息技术革命的"星星之火"。

随着新一代信息技术在各行业的普及和应用，中国创造了很多新生事物。其中，"微信"是基于互联网技术的一种即时通信方式，覆盖了全国90%以上的智能手机，月活跃用户超过8亿，平均每年带动信息消费超过1000亿元。"货车帮"通过互联网、大数据、云计算等技术手段匹配车源和货源，使司机找货时间从过去的72小时缩短到4小时，收入提高约31%，减少碳排放约3700万吨。统计表明，当前我国50%以上的税收、60%以上的GDP、70%以上的技术创新和80%以上的城镇就业都来自中小企业。

四、创新创业有助于催生新产业和带动新就业

创业是就业增长的引擎，创业者创办企业和发展企业可以创造许多新的就业岗位。同时，新技术、新产品、新业态的发展对就业增长有很大带动作用。虽然从局部或短期来看，技术创新对劳动力会产生替代效应，但从长期或整体上来看，技术创新会带动相关上下游产业

发展，对就业增长产生乘数效应。

近年来，我国经济增速下降，但就业不降反增，创新创业发挥了重要作用。以电子商务为例，在创新创业推动下，2017年我国电子商务交易额达到29.16万亿元，网上零售额7.18万亿元，直接从业人员超过300万人，间接带动就业超过1000万人。同时，创新创业为交通出行、家政服务、健康服务、教育培训、现代农业、先进制造等行业创造了大量新的就业岗位。

五、我国创新创业迫切需要加强对相关实践经验和理论的梳理和总结

虽然我国创新创业对增加就业、培育新动能、提高效率、促进经济稳中向好发挥了重要作用，但社会上对创新创业仍存在一些认知误区，甚至还有人提出了质疑。比如，有人指出"能创新善创业"的人才毕竟是少数，有人把个别创业企业在发展中出现的问题"扩大化"，以此质疑创新与创业的成效。我国在推动创新创业的过程中，也存在一些值得注意的问题和倾向，比如，有的地方把推进创新创业简单等同于建孵化器、众创空间等平台，而在体制机制改革等方面采取的实质性举措不多。对创新创业的评价偏重于新创办企业的数量、平台建设，而对质量和实际效果重视不够。对这些问题，迫切需要从理论上进行澄清和回答。

第二节　把握创新创业的科学内涵和核心要义

我国的创新创业必须把"人民大众"和"创新创业"有机结合在一起，这既体现了马克思主义关于生产力和生产关系、群众创造历史等相关思想和理论，同时也借鉴了西方创业理论、创新理论、人力资本理论、就业理论、企业组织理论、全要素生产理论等方面的研究成果，是具有中国特色的伟大实践和理论创新。

一、创新创业核心在"众"、关键在"创"

创新创业既强调"众"的主导和核心作用，也强调"创"的关键作用。马克思主义唯物史观认为，人是生产力中最活跃、最积极的因素。毛泽东同志讲"人民，只有人民，才是创造历史的动力"。我们党几十年来创造和积累的经验，很重要的一条就是尊重人民的主体地位，调动亿万群众的积极性和创造性。在创新创业中，"众"是主体，"创"是"众"的灵魂。著名经济学家熊彼特认为，经济增长过程是经济从一个均衡状态向另一个均衡状态移动的过程，而经济均衡状态是由企业家通过创新来打破的。正是企业家追求超额利润而进行的技术创新和随后发生的创新扩散，成为经济发展的主要动力，也是一个国家成为富国强国的重要原因。

二、创新创业实质上是一场改革、变革乃至革命

马克思指出，生产力决定生产关系，同时生产关系对生产力具有

反作用。当生产关系不适应生产力发展时，就要求由更能适应生产力的生产关系来代替它。创新创业绝不是简单的建设众创空间，也不等同于新增多少经营主体，其实质是不断解放和发展生产力、变革生产关系的过程，会触及现有体制机制和利益格局的调整。比如，我国电子商务、移动支付、网约车等快速发展，就要求加快推动商品流通、交通出行等领域体制机制改革，同时也需要全面深化改革，为催生新产品、新业态和新模式提供更为包容的发展环境和更加科学的事中事后管理。

三、创新创业是充分发挥亿万群众创造力、促进人的全面发展的崭新平台

创新创业为广大创新创业者提供了一个崭新平台，不仅建设了大量的孵化器、众创空间等设施，还有融资、技术转移转化等服务，使人们的创新创业更加容易。当前，许多众创空间已经形成"苗圃+孵化器+加速器+产业园"的服务链条，创业者只要入驻众创空间，就可以得到从办公、融资，到管理、创业导师、生产制造甚至市场销售等全方位的服务。有的众创空间还采取"创意+工厂"模式，使创业者不仅能够生产样品，而且可以进行小规模生产，解决了创业融资难、管理难、建厂难等发展瓶颈。在这个平台上，广大科研人员、青年和大学生、返乡人员等各类社会主体有机会通过分享、协作的方式来实现梦想和自身价值。

四、创新创业是大众共同奋斗、实现中国梦的宏伟事业

中国梦归根到底是人民的梦。实现中华民族伟大复兴的中国梦，必须走中国特色社会主义道路，大力弘扬中国精神，凝聚中国力量。创新创业引导和鼓励更多社会主体投身创新创业，在全社会弘扬以改

革创新为核心的时代精神，倡导"敢为人先、追求创新、百折不挠"的创业精神，厚植创新文化，使创新创业成为共同的价值追求和行为习惯。不积细流无以成江海，只有亿万群众都去努力实现创新创业梦，才能汇聚起实现中国梦的磅礴力量。因此，创新创业不是权宜之计，而是事关当前、功在千秋的大计，是大众参与、共同奋斗、实现中国梦的宏伟事业。

五、创新创业是解放思想、解放生产力、解放社会活力相结合的历史潮流

习近平总书记指出："冲破思想观念的障碍、突破利益固化的藩篱，解放思想是首要的。"正是我们大胆冲破传统观念的束缚，坚持实践是检验真理的唯一标准，才拉开了改革开放的序幕，为生产力发展提供了前提条件。正是我们大力推进农村家庭联产承包责任制、教育和科技体制、社会主义市场经济体制、加入世贸组织等改革，才激发了社会主体创新的活力、潜力和动力，成就了以华为、联想、海尔、万向集团等为代表的一大批创业企业，促进了生产力的大幅发展。创新创业也是一个不断解放思想、解放生产力、解放社会活力的过程。只有摒弃保守、落后、封闭、狭隘的观念，冲破思想观念的障碍，广大人民群众的创意和创新思想才会迸发出来。只有适应新技术、新产品、新业态和新产业发展，完善体制机制，新的生产力才会发展。

六、创新创业符合全心全意为人民服务这一党的宗旨、符合激发市场活力和社会潜力的客观要求

全心全意为人民服务是中国共产党的根本宗旨，要求我们始终以最广大人民群众的关切为工作立足点，顺应民心、尊重民意、反映民声、密切联系群众，真正体现乐民之所乐、忧民之所忧。创新创业让每个人都有改变命运的机会，推动了机会公平、社会公正，加快了社会纵向流动，促进了公平正义。不少"草根"在创新创业中实现了从打工者向创业者身份的转变。同时，创新创业有利于解决广大人民群众生产生活中的"痛点"，激发市场活力，方便人民群众的工作和生活。比如，近年来快速发展起来的移动支付、共享单车等，不仅创造出极大的市场需求，而且还为广大人民群众购物、出行提供了极大便利，符合全心全意为人民服务的题中应有之义。

第三节　创新创业的典型发展模式

在创新创业的蓬勃发展中，涌现出以不同母体为核心来构建创新创业群体和关系网络的发展模式，包括海尔内部创业、猪八戒众包服务等企业发展模式，清华系、光机所系、先进院系等高校和科技机构开放创新发展模式，以及中关村和深圳等区域发展模式。

一、企业创新创业发展模式

企业创新创业主要是通过企业高管、职工等在职、离职创业或吸引外部人员创业，衍生、裂变出若干创业企业，形成以母体为核心的创业系和创业群落。母体企业既有传统生产企业，比如海尔系、国网系，也有现代互联网企业，比如百度系、阿里系、猪八戒系等。

其中，海尔是最早用互联网思维颠覆传统管理模式、开展内部创业的制造业企业，其早在2012年就取消了层级制度，构建了扁平化组织结构，培养内部创客，并逐步向外部创客扩展。目前海尔把传统企业成功改造成为广泛链接国内外创业和创新资源的平台，为全球创业和创新者提供产业全链条服务，平均每年产生创意超过6000个，产品研发周期从原来的18个月减少到3~6个月。

再如，猪八戒网最早是致力于创意和营销领域的研究和实践的商业网站，如今定位为全球最大的知识工作者共享平台，线上有10万余人，提供从商标设计到知识产权再到商标注册，以及印刷、制造等产业链上的各种服务，并从线上拓展到线下，孵化企业1万多家。

二、高校和科研机构创新创业发展模式

高校和科研机构创新创业主要依托自身科技资源优势，通过自办企业、许可、参股等方式衍生创业公司，形成创业系和创业群落。比如，清华大学朝着国际化方向引领高校创新创业发展，探索与世界知名大学和知名企业共同创新创业的开放发展模式。

清华启迪控股构建了超过200个孵化器、科技园、科技成果为载体的全球创新创业服务网络，通过"孵化+投资+并购+联合"方式，培育上市及非上市企业800多家，管理总资产超过2000亿元，形成了庞大的清华系。

又如，中科院西安光机所提出"拆除围墙，开放办所"的理念，通过改革建立人才自由流动机制，构建"研究机构+天使基金+孵化器+创业培训"的贴身孵化软环境，规定科研人员参股不控股，寓监管于服务，当参股企业进入规模化发展阶段，采取上市、转让、回购等方式，将股权重新转化为资本来反哺科研或接力孵化，以实现国有资产的增值保值。目前已孵化230余家科技企业，总市值达230余亿元，形成光机所系。

再如，中国科学院深圳先进技术研究院秉承"人才强院"理念，坚持全球招聘，确保博士以上员工65%以上从海外引进，在国内率先形成一支以海归为主、国际化程度较高的队伍。对出去创业的企业只求参股，不求控股，给科研人员更多的自由发展空间。目前已累计孵化企业637家、持股191家，其中估值过亿元企业达26家，形成先进院系。

三、区域创新创业发展模式

区域创新创业主要可分为科教资源驱动型和创新创业企业驱动型。

中关村是依靠科技资源密集优势推动创新创业的典型代表，有以北京大学、清华大学等为代表的高等院校32所，以中国科学院等为代表的科研院所206个。中关村采取"科教城"和"创新创业城"相结合的发展模式，先后诞生联想、方正、百度、新浪、京东、小米、美团等一批代表性科技公司，并逐步发展成为创业者的母体和导师，形成"联想系""百度系""新浪系"等创业群落。在中关村地区，只要有好的创意，就能够比较容易找到合适的人才和团队以及创业投资，这是国内其他很多地区所不具备的。

深圳是开放带动创业、创业带动创新的典型代表。党中央、国务院赋予深圳"先行先试"的体制和政策，从而形成有利于集聚创新创业资源的"洼地"，激发了巨大的创新创业潜力、活力和动力，涌现出华为、腾讯等一批具有全球影响力的创新型企业。深圳以全国0.02%的土地面积、0.8%的人口，创造了2.6%的国内生产总值（GDP）、4%的国内发明专利申请量、近50%的专利合作协定（PCT）国际专利申请量，聚集了国内30%左右的创业投资机构和创业资本。

第四节　深化对创新创业发展规律性的认识

推进创新创业发展，必须遵循其内在规律。只有不断深化对创新创业发展规律的认识，才能透过纷繁复杂的现象，抓住创新创业发展的"牛鼻子"。

一、创新创业发展重点是营造融合、协同、共享的生态系统

国内外大量的实践和研究表明，制度重于技术，环境高于投入。美国"硅谷"和中国深圳创新创业成功的关键是，根据自己的资源特点建立了具有独特优势的创新创业生态系统。"创新创业生态系统=要素/机构+结构+机制+环境"。其中，"要素/机构"包括技术、人才、资金等资源及其相关的大学、科研机构、企业等行为主体；"结构"是指这些要素和机构是按照什么比例进行配置的，不同的组合决定了系统的运行效率；"机制"主要是指这些要素和机构的运行机制，包括协调机制、动力机制等，它决定了创新创业要素资源能否有效配置和有序流动；"环境"主要包括公平竞争的市场环境、营商和法制环境、政策环境、创业服务环境、创业文化环境等。行为主体有"协同性"，生态环境有"多样性"，资源要素有"动态性"，企业能够"有生有死"、能进能出，实现优胜劣汰。

二、科技（包括技艺技能）是创新创业的强大支撑

从根本上讲，一个国家和地区创业和创新的持续发展，必须建立

起强大的科技基础。

从创新创业链条来看，知识创造、技术发明、技术商业化是创新创业的一个完整链条，其中，知识创造处于基础地位，正是在长期、持续且大量的基础性研究推动下，才产生了一系列突破性的重大技术变革，带动相关创业企业和产业快速发展。

从创新创业过程来看，知识和技术是最重要的生产要素，许多创意和专利在工程化、产业化的过程中会遇到许多技术、工艺问题，需要精益求精、笃实专注的"工匠精神"来不断提高产品的技术经济性和质量。

从创新创业类型来看，无论是技术创新、商业模式创新和管理创新，还是商机诱发型创业、创意推动型创业和技术驱动型创业，都离不开科技的支撑。一般来说，对于技术领先型国家，必须加强基础研究和重大技术的原始创新；而对于技术追赶型国家，重点是加强现有技术的集成创新和引进消化吸收再创新。

三、人才是创新创业的第一资源

"择天下英才而用之"是推动创新创业的关键。美国硅谷地区集聚了全球最优秀的人才。我国深圳也集聚了任正非、王传福、汪建、马化腾等一批富有冒险和创新精神的人才，集聚了大量的"草根"创业者，形成了浓厚的创新精神。必须指出的是，人才不仅是指学历高或者毕业于名校的人士，同时也包括那些学历不高但具有特殊才能的人，也就是所谓的"草根"人才。事实上，从历史来看，许多创业者和企业家都没有高学历，大量的案例都表明，人才不是政府选（评）出来的，而是在实践中干出来的。

四、建立适应创新创业发展特点和要求的金融体系

创新创业具有初创企业多、中小微企业多、发展不确定因素多、知识产权等"软资产"多、固定资产等传统实物抵押品少的特点，大多数初创企业主要依靠债权和股权融资。处于种子阶段的企业资金需求不是很大，但投资风险很高，企业主要依靠自有资金、政府引导基金和天使投资。完成样品开发和企业经营计划的初创企业，在组织生产和建立商业模式的过程中，需要大量资金，主要以创业投资为主。对于重点开发新产品、扩大生产规模的成长性企业来说，资金需求也比较大，但风险相对较小，主要通过上市融资或银行贷款来实现。推动创新创业发展，政府需要建立适应创新创业特点和要求的金融体系，支持创业投资发展，建立柜台交易、创业板、主板等多层次资本市场，为不同成长阶段的创业企业提供金融服务。

五、产业和市场是创新创业的主战场

从本质上讲，创新创业是一个经济行为，只有围绕市场需求，实现市场价值，通过创办企业，推动新技术、新产品、新业态发展，并最终形成产业，才是真正意义上的创新创业。英国人发明了雷达系统、青霉素、商用电脑和喷气式飞机，却在美国实现了大规模的商业化应用，捍卫了美国的强国地位。事实证明，停留在实验室阶段的科研成果或创意，如果没有实现推广应用，即不能支撑经济发展。创新创业只有面向经济建设主战场，面向巨大的市场需求，引导和鼓励大众创业、万众创新，才有可能诞生最先进的技术和最有实力的企业，推动产业尤其是实体经济发展。

六、政府是创新创业的有力促进者

政府在创新创业发展中的作用举足轻重。尽管发挥市场机制的作用有诸多优势，但是当市场无法凭借一己之力产生足够的创新时，就需要政府在"市场机制失灵"的领域和薄弱环节发力。其中，基础科学研究是"市场失灵"的一个主要领域。基础研究通常没有直接的商业回报，却是重大技术创新和商业模式创新的基础和源泉，可以间接地带来巨大经济效益，需要政府加大基础研究资金的支持。

在商业发明、科技成果转化等方面，也需要政府采取税收优惠措施，鼓励企业加大研究开发投入，支持孵化器等创业服务平台和创业投资机构等发展，通过政府采购等措施来增强创新产品发展初期的市场需求。

此外，还需要政府加强知识产权的保护，在建立科研院所制度、大学制度、产学研合作机制、市场准入和监管体制、技术标准等方面发挥作用。

第五节　政策思考与建议

一、更加重视创新创业对经济社会发展的促进作用

我国面临的国际环境正在发生深刻变化，我国进入防范化解风险、转换增长动力的关键时期。受外部不确定性因素增多、国内结构性矛盾凸显等因素影响，我国经济下行压力加大，稳增长尤其是稳就业的任务更加突出。在这种形势下，充分发挥创新创业在增加就业机会、培育新动能等方面的作用，显得格外重要。从发展阶段来看，我国也到了必须更加重视创新创业，向高质量发展阶段转变的时期。无论是降低企业成本，促进产业转型升级，提升企业发展水平和素质，还是提高要素质量和配置效率，培育壮大新动能，都必须大力推进创新创业，推动经济发展的质量变革、效率变革、动力变革，不断增强我国经济的创新力和竞争力。伴随新科技革命和产业变革的蓬勃兴起，我国产业技术水平与发达国家的差距正在缩小，部分领域进入引领创新阶段，需要有大量中小企业去"试错"，产业政策、创新政策的重点要转向扶持中小微企业发展，这也是发达国家经济转向创新驱动发展的重要经验。

二、推动创新创业要正确处理好几个关系

一是坚持审慎包容与完善监管的关系。创新创业会触及现有利益格局与相关体制机制，带来这样那样的问题。新生事物的发展关键要权衡

利弊，看是否符合历史潮流。对新技术、新产品、新业态、新模式要采取审慎包容的态度，强化事中事后监管，把风险降到最低程度。

二是创新创业成功与失败的关系。"九死一生"是创新创业的一般规律。在推进创新创业工作中，既要加大对初创企业、高成长企业的扶持支持，努力提高创业企业的存活率，同时也要允许试错，努力在全社会营造鼓励创新、宽容失败的氛围。

三是科研与创新创业的关系。科学研究、技术发明、创新、创业是几个相互紧密联系又有区别的概念。科研不等同于创新，科学研究、技术发明只是在创新创业"万里长征"过程中走出的第一步。大力推动创新创业，促进科技与经济结合，并不是鼓励科学家去创业，而是支持他们把其有实用价值的成果通过许可等方式向创业者和企业转移，这也是国际上通行的做法。

四是政府与市场的关系。创新创业从创意的"种子"变为新技术、新产品、新业态甚至新产业，需要政府为创新创业营造一个良好的生态系统，着力发挥竞争政策的基础性作用和创新创业企业的主体地位，更多地利用市场机制来促进创新创业发展。

三、把创新创业工作重点转到构建良好的创新创业生态系统上来

一个国家和地区的创新创业发展，关键取决于良好的创新创业生态系统，不仅要集聚丰富的人才、资金、技术等要素，而且要保持合理的结构，建立系统运行的动力机制、协同发展机制，营造良好的生态环境。这就要求我们在推进创新创业工作中，不仅要重视吸引人才，建设众创空间等服务平台，而且要不断提升创新创业人才和企业的比重，建立产学研合作机制，加强软环境建设。理论研究表明，创新创业生态系统的形成是一个长期的过程，没有统一的可复制模式，必须结合当地的科技资源、产业资源、企业资源等特点，因地制宜，

循序渐进，既要补短板，也要发挥长板优势，建立具有当地特色的创新创业生态系统。

四、在推进创新创业中要更加重视改革和创新

创新创业实质上是一场改革、变革乃至革命，核心在"众"、关键在"创"。无论是中关村，还是深圳的创新创业成就，从根本上讲都是改革开放的产物。在推进创新创业工作中，必须切实把改革放在突出位置，针对创新创业的痛点，切实降门槛、破障碍、优服务，激励和带动更多的社会主体投身到创新创业中来。同时，着力加强创新。没有创新的创业不可能长久，没有创业的创新难以发挥对经济发展的促进作用。创新创业要求创新和创业更好地结合起来，既要引导鼓励亿万群众去创业，也要着力提升创业的科技含量，大力促进技术创业，服务实体经济。

五、推进创新创业发展要聚焦主要矛盾、突出问题导向

创新创业工作涉及面广，当前的突出问题和主要矛盾聚焦在创业投资、科技成果转化、市场准入、知识产权保护等几个方面。创业投资是创新创业发展的必要条件和"晴雨表"，必须采取切实措施加大对创业投资发展的支持力度，有效增加我国创业投资募集资金和投资额。我国科技成果转化率低，科技与经济结合不紧密，必须进一步完善科技成果产权管理体制，改革科研人员评价机制，打通科技成果转移转化的"最后一公里"，让高校和科研机构的科技成果通过转让、许可、股权等方式衍生出创业企业，形成"创业系"和"创业群落"。针对医疗健康、教育培训、生物医药、智能制造等领域的市场需求很大但供给不足的问题，必须进一步推进政府行政改革，切实放开服务业市场准入，完善市场监管机制，为创新创业者提供更多的机会。同时，切

实加强知识产权保护，营造良好的营商环境。

六、夯实创新创业的科技教育基石

从长远来看，一个国家和地区创新创业的持续发展，必须具有坚实的科学技术和教育基础，否则，创新创业发展就是无源之水、无本之木。近年来，我国科技发展取得了重大进展，已成为科技大国，但不是科技强国，基础研究仍然薄弱，重大原创性成果缺乏，科技对创新创业的支撑不足，现行科技体制、教育体制不适应建设创新型国家、推动经济高质量发展的需要。针对这种情况，必须切实推进科技体制、教育体制改革，造就一批具有世界领先水平的科研机构和研究型大学，提高基础研究水平，突破一批重大原创性技术，切实加强创新创业教育，集聚创新创业资源，为创新创业发展培植肥沃的土壤。

七、在开放中推进创新创业

习近平总书记指出："过去40年中国经济发展是在开放条件下取得的，未来中国经济实现高质量发展也必须在更加开放的条件下进行。"中国的创新创业之所以取得巨大成绩，也是开放创新的结果。当前我国到了必须加强自主创新的发展阶段，从历史经验来看，自主创新很大程度上是被逼出来的，但这并不意味着我们可以关起门来搞创新创业，反而需要以更大力度推进开放创新和创业。任何一个国家都不可能拥有创新创业所需要的所有资源和条件，只有加强创新链、产业链合作，优势互补，才能实现共赢。因此，必须坚定不移地推进创新创业的国际化发展。充分利用我国市场优势，加大对人才、技术等资源的引进力度，支持建设国际合作的创新创业示范基地，鼓励企业走出去，更大范围、更深层次地参与全球创新创业的国际分工与合作。

第二章 创新创业评价指标体系

基于创新创业的内涵和特征，结合国际上对创新创业的评价指标，提出我国创新创业评价指标体系的设计原则，并构建我国创新创业生态环境指数和发展景气指数。在此基础上，进行我国创新创业发展景气指数的实证评价发现，2016年我国创新创业发展景气指数保持高位调整，指数显示创新创业呈现量增质优特征，但创业投资退出渠道不畅问题亟需解决，新三板、军民融合、创业投资、成果转化、创业生态等成为提振2017年创新创业发展景气指数的积极因素。

创新创业既是当前稳增长调结构的需要，也是保持经济高质量发展的长期政策。借鉴国际上评价创新创业发展的主要指标，构建科学客观反映我国创新创业运行与发展情况的指标体系和综合指数，作为国家推动创新创业发展的"指挥棒"和"风向标"，对推动我国创新创业深入健康发展具有重要意义。

第一节 评价指标体系是"指挥棒"和"风向标"

推进创新创业，既是发展的动力之源，也是富民之道、公平之计、强国之策，是建设中国特色社会主义题中应有之义。但用什么指标来刻画创新创业活动和成效？随着创新创业的蓬勃发展，国内一些机构提出了创新创业相关评价指标，但由于对内涵理解等方面存在差异，所提出的评价指标不尽相同。究竟用哪些指标来衡量创新创业，是当前推进创新创业工作需要解决的重要问题。

从理论上看，建立健全创新创业的评价指标体系，有利于加深对创新创业的科学认识，厘清创新创业的动力机制，总结创新创业的内在规律，推动创新创业的理论研究，促进创新创业与实施创新驱动发展战略、推进供给侧结构性改革的良性互动，为以创新创业培育经济增长新动力提供扎实的理论基础。

从实践上看，建立健全创新创业的评价指标体系，有利于对国家乃至特定区域的创新创业发展情况进行科学、客观、定量的综合评估和比较分析，准确定位现阶段创新创业发展水平，理性看待当前创新创业发展不足，及时破除创新创业发展障碍，有效调控创新创业发展方向，加快落实创新创业支持政策，为推动创新创业深入发展营造良好的制度条件和社会氛围。

第二节　国际上评价创新创业相关的主要指标

一、创新发展相关指数

全球创新指数（The Global Innovation Index，简称GII），由世界知识产权组织、美国康奈尔大学、欧洲工商管理学院联合组成的GII团队共同发布。GII是一个不断发展完善的项目，它以之前版本为基础，不断纳入最新的可用数据，并从衡量创新的最新研究中产生数据。2016年GII涵盖创新投入和创新产出2个次级指数、7个一级指标、21个二级指标和82项三级指标，并对4个衡量项目进行计算：总体GII、创新投入和创新产出分指数，以及创新效率比。

GII总得分是创新投入和创新产出次级指数的简单平均数。创新投入次级指数通过5个投入支柱来捕捉国家经济中使创新活动成为可能的要素，分别为制度、人力资本和研究、基础设施、市场成熟度、商业成熟度。创新产出次级指数包括两个支柱：知识和技术产出，以及创意产出，在计算GII总得分时，它与创新投入次级指数具有相同权重。创新效率比是创新产出次级指数与创新投入次级指数之比，它表明某一国家的创新投入获得了多少创新产出。

上述内容具体参见表2-1。

表2-1　2016年全球创新指数框架

国家	次级指数	一级指标	二级指标
全球创新指数（即创新投入次级指数与创新产出次级指数的平均值）	创新投入	制度	政治环境
			监管环境
			商业环境
		人力资本和研究	教育
			高等教育
			研究和开发
		基础设施	信息通信技术
			普通基础设施
			生态可持续性
		市场成熟度	信贷
			投资
			贸易、竞争和市场规模
		商业成熟度	知识型工人
			创新关联
			知识的吸收
	创新产出	知识和技术产出	知识的创造
			知识的影响
			知识的传播
		创意产出	无形资产
			创意产品和服务
			网络创意

二、创业环境相关指数

1.GEM指数

GEM指数（Global Entrepreneurship Monitor，即全球创业观察），是一个旨在每年评估全球创业状况的国际性研究项目，其研究对象是影响创业活动的各种环境因素，以及创业与经济增长的关系。GEM报告包含三个层次的环境要素：基础要求要素、效率提升要素和创新创业要素。其中，前两个是比较普遍的环境要素，而创新创业要素就是创业环境指数，其包含影响创业活动的9个重要因素：创业融资、政府政策、政府支持创业的项目、在校生创业教育、研发技术转移、商业化和法律等专业服务、市场活力、硬件基础设施、文化和社会规范。

2.EDBI指数

EDBI指数（Ease of Doing Business Index，即经商环境便利指数），来自世界银行每年发布的全球经商环境报告。该报告使用多个指标来衡量每个经济体对中小企业的监管法律法规，并跟踪法律法规变化情况。报告主要对两个方面加以衡量：一是关于商业监管所涉法律制度的保障程度，二是关于监管程序的复杂性和成本。其衡量指标覆盖了企业生命周期的 10 个领域：开办企业、办理施工许可、获得电力、登记财产、获得信贷、保护投资者、交税、跨境贸易、执行合同和办理破产。

3.GEDI 指数

GEDI指数（Global Entrepreneurship and Development Index，即全球创业与发展指数），主要评估地区对高效率创业的支持程度，从而更全面地了解地区发展中促进企业成立和发展壮大的环境特征。GEMI指数是在GEM指数基础上发展起来的，可视为GEM指数的一个延伸，其指标体系包含创业态度、创业能力、创业愿景这3个次级指数，14个支柱共28个变量、49项指标。具体如表2-2所示。

GEMI数据综合了环境与个体数据，分析更加细致。GEMI指数的次级指数通过个体变量和制度变量来获取创业企业的环境特征。

第一，创业态度被定义为一国人口对企业家、创业和创业公司的总体倾向，该指数包含大众潜在对机会的感知、所感知到的创业技能、对于失败的恐惧、网络前景，以及对创业公司的人文尊敬。

表2-2　全球创业与发展指数的结构

次级指数	支柱	具体内容
态度	机会感知	机会；自由和财产
	创业技术	技术；教育
	风险感知	风险承受；国家风险水平
	社会联络	认识其他创业者；城市化水平与基础设施水平
	文化支撑	社会尊重；贪污感知指数（清廉指数）
能力	机会创业	机会驱动；税收水平
	技术吸收	企业技术吸收能力；技术创业占比
	人力资本	中等教育以上水平；劳动力的自由度与培训
	竞争	差异化竞争；规制水平与市场主导力
期望	产品创新	新产品；技术转移
	工艺创新	新技术使用
	高速成长	风险资本可得性；企业策略；瞪羚企业
	国际化	出口水平；经济复杂度
	风险资本	创业企业中的非正式投资；资本市场深度

　　第二，创业能力是在竞争环境下的商业机遇面前，由受过教育的企业家在媒介和高科技环节中所激发出来的，该指数折射出一种信念，即机会型企业家准备得更好、掌握的技能更高，比需求型企业家挣得更多。

　　第三，创业愿景被定义为初创期企业为推介新产品和服务、发展新工序、渗透国外市场，进而大幅增加公司的雇员数量，通过标准或非标准的风险资本为企业融资等作出的一系列努力，该指数包括产品和过程创新、国际化以及高增长等。

　　GEMI指数的49项具体指标囊括了地区发展体系中促进3个次级指数最主要的制度因素和个人因素，进而能够预测地区创业潜能。

三、创业活动相关指数

1. TEA指数

TEA指数（Total Early-Stage Entrepreneurial Activity，即全员早期创业活动指数），是GEM报告中开发出来的一个创业活动指数，其主要评估18~64岁劳动力中参与创业人数的百分比。创业人员包含正在创业和三年半之内已经进行创业的人员。TEA指数还将创业类型划分为机会型创业和生存型创业两种类型。但TEA指数存在一定缺陷，即仅反映个人早期创业活动，并不能代表创业活动的全部状况。

2. KIEA指数

KIEA指数（Kauffman Index of Entrepreneurial Activity，即考夫曼创业活动指数），由考夫曼基金会创立，是美国最具影响力的新创企业指数。考夫曼指数系列包含创业活动、商业街企业、企业增长率等三项深度研究。考夫曼基金会从1996年起开始发布美国年度创业活动指数。该指数覆盖联邦、州、大都市三个层级，是美国企业创立初期的指示器，是测量美国广范围创业活动的新指标。

考夫曼创业活动指数是衡量美国商业创新的综合指标，是美国新生企业的早期指标，该指数在企业成立的第一个月检测新生企业家，在第一年检测新生的雇主业务，并提供全国新创企业发展的最早记录。该指数把相关企业实时信息中的一些高质量资源整合成一个创业活动复合指标，检测所有行业的商业活动，其计算的原始数据基于全美每年超过250万个代表性样本的观测值和美国所有雇主商业领域，覆盖全美500万家公司。通过考夫曼创业活动指数既可观测企业家行为，也可观测企业家创业活动。该指数聚焦新兴商业创造、市场机会和创业密度，并借助以下3个组成部分来测量新开创企业的创业活动。

一是新开创企业比率。即测算经济体中的新企业比例，计算方式为指定月份成年人转变为企业主的百分比，这些企业主既包括股份有限公司的企业主，也包括非股份有限公司的企业主，雇佣员工和不雇佣员工的企业主都包括在内。

二是新开创企业机会共享。即衡量新开创企业机会共享的比率，相对于需求型企业而言，主要由机会驱动的新企业所占比例，测算来自失业者的新企业家与本身以前具有工作和薪水的新企业家之比例。相对于机会型创业而言，在失业状态下开创企业的个人可能更倾向于开创需求型业务。

三是创业密度。测量一个地区新雇主商业的数量，即经济体中雇用员工的新开创企业数量。这些雇主商业被定义为至少雇用一个工作不满一年员工的雇主公司，这比非雇主商业拥有更高的潜在增长性。此处统计的企业比新开创企业比率所测算的那些企业拥有更高的地位。

以上3个针对新生商业的差异化指标组合起来提供了研究国家创业活动的广阔视野。考夫曼创业活动指数的计算数据来源于美国人口普查局商业动态统计中心，应用美国每月的当前人口调查（Current Population Survey，简称CPS）数据，计算成年人非企业主的人口中新创办企业的人口比例。

3. WBGES指数

WBGES指数（World Bank Group Entrepreneurship Survey，即世界银行创业调查指数），是世界银行的一个全球性项目，该指数测度正规经济部门中的新注册公司与总注册公司的比值、每千个劳动力（15~64岁）拥有的新注册公司数量，数据主要来源于该地区的公司注册登记部门。WBGES指数能够提供世界范围内跨地区的创业趋势，并可以和其他的创业环境指数相结合，助力分析创业环境与创业活动之间的关联关系。

第三节 创新创业评价指标体系设计

为进一步推进创新创业工作，可通过建立两大指数来考量。一是反映创新创业发展环境的指数，可称为创新创业生态环境指数（Entrepreneurship Innovation Ecosystem Index，简称EIEI），由市场环境、营商和法制环境、政策环境等指标加权构成，以此作为推动创新创业工作的"指挥棒"。二是反映创新创业运行情况的指数，可称为创新创业发展景气指数（Entrepreneurship Innovation Prosperity Index，简称EIPI），其主要由新登记注册企业数、创业投资额等指标加权组成，以此作为创新创业的发展"风向标"。

在具体指标选择上，应遵循以下原则：

一是要坚持需求导向，体现国家推进创新创业的意图。

二是要客观、准确反映创新创业的运行情况。

三是选取指标要有代表性，宜少不宜多，注重实用性。同时，还要考虑指标数据的可获得性和可操作性，使指标可评估、可考核，便于推动创新创业工作的落实。

四是要具有一定的国际可比性，把定量指标和定性指标结合起来。

第四节　构建创新创业生态环境指数

推动创新创业的关键是营造有利于创新创业的制度和市场环境。政府重点在营造创新创业环境方面下功夫，建立健全创新创业的生态环境，培育人才、资金、技术和信息等创新要素，有效发挥市场配置资源的作用，使创新创业更加顺畅，真正形成新的经济增长点和转型发展新引擎。初创企业要"长得好、长得壮"，关键也取决于良好的生态环境。因此，有必要构造创新创业生态环境指数，主要由以下7个方面的指标构成。

一是市场环境（$EIEI_1$）。包括市场准入、市场竞争秩序，以及人才、资本、技术等要素市场体系发展情况。这是影响创新创业非常关键的因素。比如，如果不对社会资本开放，创业就没有商机，很难发展起来；如果缺乏退出机制，天使投资和创业投资很难发展起来。因此，营造良好的市场环境是推进创新创业的关键。

二是营商和法制环境（$EIEI_2$）。主要包括开办企业的难易程度、知识产权保护等方面，这是影响科技创新成果转化的重要因素，也是目前我国创新创业的最大短板之一。具体可从开办一个企业的时间、投资项目从立项到开工的时间、从申请到拿到贷款的时间、知识产权保护等指标来评价。

三是政策环境（$EIEI_3$）。政府对创新创业的大力推动和政策支持，是影响创新创业发展情况的重要因素，包括创业企业税负情况、政府创业计划等。具体指标可用中小微企业的税率、政府引导基金规模等指标来评价。

四是服务体系环境（$EIEI_4$）。创业平台和服务是支持创新创业的必要条件，它有利于降低创业成本，减少创业者失败的风险。具体可用科技孵化器、众创空间数量以及创业培训机构数量、入驻企业数量、毕业企业数量、创业培训场次、创业导师数量等指标来衡量。

五是科技教育环境（$EIEI_5$）。强大的科技教育基础以及良好的技术转移机制是推动创新创业发展的动力。国际上一些先进的创新创业高地都拥有一批世界一流的大学和科研机构。具体可用高水平论文数、高质量专利数、技术转移等指标来评价。

六是上下游供应链和创新网络环境（$EIEI_6$）。创新创业生态体系不是各个要素的简单叠加，而是创业者、大企业、高校和科研机构、金融机构、中介机构等相互作用、良性互动形成的统一整体。一些全球创新创业高地的发展实践表明，创新创业很大程度上是一种集群化和网络化现象，很多创新企业都是依托一定母体借助于关系网络而衍生或孵化出来的。因此，政府的重要工作之一是完善产业链和创新链，推动形成"创新系"和"创业群落"。具体可用产业配套情况、"创业系"发展情况等指标来衡量。

七是企业家精神和创业文化环境（$EIEI_7$）。企业家精神和创业文化是创新创业的"土壤"和"空气"，对推动创新创业具有重要作用。企业家精神和创业文化是"历史的沉淀"，需要一个漫长的过程，它与当地创业企业数量多少、大型创业企业情况以及人口结构等因素有很大关系。国际上主要用"创业者的社会地位""创业作为重要的职业选择"来评价，一般采用专家打分法，具体可采用创业企业上市公司数量、创业大企业数量、创新创业舆情指数等指标来衡量。

计算方法是先对各个指标进行无量纲化处理，得出 0～100 的分值，乘以相应的权数，最后得出全国或一个地区的分值，计算公式为：

$$EIEI = \sum \alpha_i EIEI_i$$

其中，$EIPI_i$为衡量创新创业发展的第i个指标分值，α_i为第i个指标权重。

上述内容参见表2-3。

表2-3 创新创业生态环境指数指标体系

序号	一级指标	权重	二级指标	数据来源
1	市场环境	0.2	市场准入程度	采取专家调查和打分方法确定分值
			公平竞争状况	
			资本市场发展情况	
			信用体系建设情况	
2	营商和法制环境	0.2	企业登记注册时间	国家市场监管总局、国家知识产权局等部门
			投资项目从立项到开工的时间	
			中小企业贷款从申请到放款的时间	
			知识产权侵权平均判赔额度	
			知识产权年均诉讼案件数量	
			知识产权从提请诉讼到立案、取证、判赔的时间	
3	政策环境	0.1	中小微企业的税负水平	国家税务总局等部门；问卷调查
			政府引导基金规模	
			政策落实情况	
4	服务体系环境	0.1	科技孵化器、众创空间数量、入驻企业数量	科技部等部门
			创业培训举办场次	
			创业导师数量	
5	科技教育环境	0.1	论文数及其增长率	教育部、国家知识产权局等部门；问卷调查
			专利数及其增长率	
			高校和科研机构技术转移情况	
			高校学生数量	

（续表）

序号	一级指标	权重	二级指标	数据来源
6	上下游供应链环境	0.1	"创业系"发展情况	通过调查和专家打分确定分值
			产业集群发展情况	
7	创业文化环境	0.2	创业企业上市公司数量及其占当地经济比重	从相关统计资料和大数据中获取
			创业大企业数量	
			常住人口户籍（或出生地）结构	
			创新创业舆情指数	

第五节　构建创新创业发展景气指数

创新创业发展景气指数是刻画创新创业运行态势的综合指数，既要充分体现国家推动创新创业的基本导向，也要考虑现实中存在的若干约束；既要充分反映影响因素的变化，也要能够反映创新创业的产出成果。基于上述考虑，确定了构建创新创业发展景气指数应遵循的三点基本原则。

一是突出测度导向。即指数反映的是整个宏观层面创新创业运行态势，而并非衡量某一地区或创新创业环境等其他目的。

二是体现政策意图。即所选取的具体维度都充分反映了创新创业的政策意图，比如创业投资发展、创新支撑创业、创业带动就业等。

三是指标简练明确。即指标体系应尽量兼顾指标体系的精简性与数据的可得性。

另外，利用多个来源数据，并借助大数据统计方法。

为突出主旨，指标体系构建应尽量避免过于冗繁的指标体系，要精挑细选维度和指标，尽可能提升指标体系含金量。同时，受限于指标的可得性，不得不选取一些替代性指标，以使统计分析可行。因此，在指标体系构建过程中，无法纳入一些已经存在"国际标准"和较好可比性的指标（比如自我雇佣比率、企业进入与退出率等）。

创新创业发展景气指数以描述创新创业运行态势为目的，结合数据的可获得性和可比性，选取以下4个维度和相关指标来反映创新创业发展景气程度。

一是创业企业。新登记注册企业数是衡量创业发展情况最直接的指标。国际经验表明，一个国家新创办企业的数量及企业的密度，是反映创新创业发展水平和经济繁荣程度的重要标志。因此选择"新登记企业数量"指标，其基础数据来自国家统计局。

二是创业投资。创业投资是国内外公认的衡量创新创业活动情况的重要指标，也是相对比较真实、客观的指标，被认为是创新创业情况的"晴雨表"。根据投资企业的阶段不同，广义创业投资包括早期投资、VC/PE等，同时投资本身包含基金募集、投资这两个环节。因此选择"早期投资基金募集额""VC基金募集额""早期投资额""VC投资额"指标，其基础数据来自清科私募通。

三是退出渠道。并购与上市是创业投资退出的两个重要渠道，也是反映创业企业成长状况的指标。一般来说，创业企业要经过种子期、初创期、成长期和成熟期等发展阶段。创业企业被收购、实现新三板挂牌和IPO，都是创业成功的重要标志。因此选择"创投基金项目并购退出额""PE/VC并购金额""新三板新增挂牌企业数""新三板增发实际募集额""创业板新股发行募集额"指标，其基础数据来自清科私募通、Wind数据库、Choice数据库。

四是创新支撑。国际上通常用"新产品和新服务的比例"来评价创新支撑经济发展的效果，由于我国暂未发布有关统计，暂用专利与技术市场方面的有关指标来替代。为突出专利质量并与知识产权统计调整相衔接，因此选择"国内申请人发明专利授权量""技术合同成交额"指标，其基础数据来自国家知识产权局、科技部火炬中心。

在比较国内外赋权方法优劣的基础上，创新创业发展景气指数采用"专家打分法""逐级等权法"进行权数分配，即根据相对重要性而对不同领域予以赋权；各子领域权重为1/m（m为子领域的个数）；在某一领域内，指标对所属领域的权重为1/n（n为该领域下指标的个数）。

创新创业发展景气指数编制采取以基期年份指标值作为基准进行比较的"指标增速"方法，即对各指标计算增速或发展速度，再根据相应权重加权得到。与以往采取的区间标准化方法相比，这种方法具有指数化特征更突出、数值含义更为明确、以往数值不受新增数据影响等优点。

上述内容具体参见表2-4。

表2-4 创新创业发展景气指数指标体系

	领域	权重	子领域	权重	指标	权重
创新创业发展景气指数指标体系	创业企业	0.1	新增企业	0.1	新登记企业数量	0.1
	创业投资	0.4	基金募集	0.2	早期投资基金募集额	0.1
					VC基金募集额	0.1
			项目投资	0.2	早期投资额	0.1
					VC投资额	0.1
	退出渠道	0.3	并购退出	0.1	创投基金项目并购退出额	0.05
					PE/VC并购金额	0.05
			新三板融资	0.1	新三板新增挂牌企业数	0.05
					新三板增发实际募集额	0.05
			创业板融资	0.1	创业板新股发行募集额	0.1
	创新支撑	0.2	专利授权	0.1	国内申请人发明专利授权量	0.1
			技术交易	0.1	技术合同成交额	0.1

注：创业带动就业情况是衡量创业成效的重要指标。由于我国暂未发布有关统计，故采取大数据统计方法，以"初创企业新增招聘岗位数"作为参考指标，其基础数据来自36氪。由于数据的可获得性和同步性问题，创业就业维度暂不赋权，该指标仅作为参考性指标。

第六节　创新创业发展景气指数评价

以2016年为例进行创新创业发展景气指数评价，我国创新创业发展景气指数保持高位运行，新增企业主体数量、创业投资基金募集规模、创业板新股发行募集额、新三板新增挂牌企业数量、技术合同成交额不断扩大，同时创业投资结构不断优化、投资行为更趋成熟、专利质量明显提升，表明创新创业正向更大范围、更高层次、更深程度发展。

一、创新创业发展景气指数评价发展景气指数保持高位调整

2016年创新创业发展景气指数评价发展景气指数均值为184.5，较2015年提高5.8%，但增速同比下降15个百分点。这表明，在经历2013年以来的高速增长后，创新创业发展景气指数在2016年步入调整期。

分季度来看，2016年创新创业发展景气指数值呈现"先升后降"的高位调整，第一至第四季度指数分别为177.2、188.4、188.7和183.7，同比分别提高10.4%、9.9%、2.6%和1.2%。其中，上半年出现明显上升，主要是由于VC募集与并购退出、新三板新挂牌和增发募集额的增长较快。下半年指数略降，主要是由于早期投资募集、VC投资、VC并购退出、新三板新挂牌和增发、创业板新股募集额、国内申请人发明专利授权的增速明显放缓。

分维度来看，创业企业、创业投资、退出渠道、创新支撑等4个方面的全年均值分别为135.2、168.4、263.5和122.8，同比分别提高

5.6%、3.9%、8.2%和3.8%。其中，退出渠道增速领跑其他维度，成为支撑全年创新创业发展景气指数继续抬升的主力。与2015年相比，创业投资与退出渠道的增速分别下降15.6个和21.9个百分点，是2016年创新创业发展景气指数增速放缓的主要原因。

二、指数显示创新创业呈现量增质优特征

1.创新创业的"量"不断扩大

2016年，在创新创业机会持续增多、政府行政改革深入推进、创投政策释放利好等积极因素作用下，新增企业主体、创投基金募集、挂牌上市融资、技术市场交易等方面不仅保持了2015年以来的高位水平，个别领域还出现了较为明显的增长。

一是新增企业主体保持较快增长势头。新创办企业的数量及企业的密度是反映创新创业活跃度和经济繁荣度的重要标志。2016年，全国新登记企业552.8万户，同比增长24.5%，增速比2015年提升2.9个百分点，平均每天新增登记企业1.51万户，比2015年高出0.29万户。截至2016年底，我国实有企业数量2596.1万户，同比增长18.8%，连续4年保持两位数增长。

二是VC投资基金募集规模大幅上升。投资基金的募集规模是决定创投资金是否充裕的重要因素。2016年，VC投资基金募集金额536.9亿美元（约合人民币3580亿元），同比增长79.3%。虽然2016年VC投资基金案例数仅比2015年微涨6.5%，但仍是自2013年以来的最高水平。受募集总额上升的影响，单个VC投资基金的募集额也大幅上升。

三是创业板融资与新三板挂牌持续旺盛。创业板上市和新三板挂牌是科技型初创企业融资、创业投资成功退出的重要途径。受资本市场调整影响，2016年创业板新股发行募集额低开高走，全年仍达到2185.98亿元，同比增长41.9%。2016年新三板新增挂牌数量增速较2015

年有所放缓，但全年仍达到5067家，目前总数达到1万多家。

四是技术合同成交额首次跨越万亿元门槛。发达的技术交易市场有助于加速专利价值实现和促进科技成果转化，为创业提供更坚实的创新基础。2016年全国技术合同成交额达11407亿元，首次迈过万亿元门槛，同比增长15.97%，增速比2015年提升1.2个百分点，表明我国技术市场交易规模加速扩大，市场发育程度不断提高。

2.创新创业的"质"明显提升

2016年，创业投资结构、行为以及专利授权质量等方面出现积极变化，反映创新创业的"质"大幅提升，为创新创业持续深入发展提供坚实基础。

一是早期投资逆势增长且技术领域更受投资人青睐。包括天使投资在内的早期投资是创业项目融资的关键渠道。2016年我国早期投资2051起，在案例数不及2015年的情况下，早期投资披露的总金额达到18.4亿美元（约合人民币122亿元），同比增长13.6%。在早期投资基金募集额和VC投资额均同比下降的情况下，由于对优质有限合伙人的选择区间范围拓宽，市场对早期科技创业的支持力度不断加大，早期投资逆势增长。2016年，互联网领域获得早期投资的资金规模同比下降31%，信息技术领域早期投资金额数同比上升86%，生物技术/医疗健康行业早期投资金额同比增长51%，反映出投资者对技术创业领域的较高预期，创业投资结构更加优化。

二是VC投资平均规模稳中趋降。作为介于早期和成熟期之间的投资，VC投资是支持初创企业发展的关键力量。2013—2014年，我国迎来新一轮创新创业热潮，创业项目估值激增。2015年，由于VC投资机构的投资阶段逐渐前移，创投机构投资初创期项目的比例不断加大，VC投资案例数猛增。2016年VC投资平均规模稳中趋降，显示项目估值回归理性，尤其是非早期项目的单个估值有所回落，科技项目受到资本市场追捧，显示VC投资的结构更趋优化，投资者的投资行为更趋成熟。

三是发明专利审查趋严倒逼专利质量加速提升。自2016年9月开始，我国发明专利审查日趋严格，受此影响，发明专利授权数量连续数月呈现大幅下降，四季度发明专利授权量更是出现断崖式下降。统计显示，2016年国内申请人发明专利授权量仅为30.2万件，同比增长14.7%，增速较2015年大幅放缓。但是，由于审查严格，专利质量提升，有利于提升创业质量。

四是创新创业带动新增就业并提升就业质量。创业带动就业情况是衡量创业成效的重要指标。大数据统计显示，2016年初创企业网上新增招聘岗位数243.6万个，其中一至三季度同比增长明显，四季度有所回落。按全年新增就业1300万人估算，初创企业对全年新增就业的贡献率达到18.7%，与发达国家20%左右的水平十分接近。其中，出行、住房、教育、娱乐、医疗保健等民生领域的新模式新业态的用工需求增长明显。

三、创业投资退出渠道不畅问题急需解决

尽管2016年创新创业保持高位发展态势，但创新创业景气指数仍反映出当时创新创业发展面临VC并购退出下降、新三板募资不畅等现实问题。

一是并购退出火爆但VC并购退出有所下降。2016年以来，我国大力推进供给侧结构性改革，通过兼并重组促进传统行业的资源整合，加快新兴产业的行业布局。VC/PE并购持续火爆，显示我国正步入兼并收购和产业整合的新阶段和黄金时期。但与创新创业密切相关的创业投资退出则略有下降。Wind数据显示，2016年创业投资基金项目并购退出额同比下降20%左右。清科数据也显示，2016年VC投资并购退出案例数仅为155件，同比下降44.6%，反映市场观望或看淡情绪，创投

退出比2015年更加困难。

二是新三板挂牌增长不少但流动性仍较差。在挂牌企业数倍增的同时，2016年新三板市场的流动性依然较差。2016年新三板市场交易额仅为1912.28亿元，比2015年仅多出2亿元。2016年新三板挂牌企业数从2015年的5129家跃升至10163家，同比增长98.4%，但全年新三板挂牌企业的年融资额为1477.82亿元，同比仅增长21.5%。2016年，受IPO、控制股价等因素影响，新三板出现了从未有过的"做市转协议"案例，并且数量不断增加，下半年每月新增案例接近10家。转板制度衔接不畅、流动性痼疾未消，导致新三板出现做市交易"退潮"、定增融资停滞不前、股权质押案例明显增多。2016年新三板共发生3828笔股权质押，数量是2015年的3.5倍多。平均融资规模下降与股权质押激增，表明企业融资难度增加。

四、2017年创新创业发展景气指数展望

从一季度数据来看，2017年创新创业在高起点上稳步推进，总体开局良好。2017年1—2月，新登记企业数、新三板成交额、创业板新股发行募集额呈现"两升一稳"态势。其中，全国新登记企业增长11.2%，达到日均新增1.2万家。新三板成交额达到332.5亿元，比2016年同期增长16.7%左右；创业板新股发行募集额为180亿元，与2016年同期大体持平，但在去除季节性因素后，新股发行募集额的趋势值仍有所增长。投资者对2017年的发展预期总体正面，普遍认为2017年创业投资资金会更为充裕，看好制药、数字新媒体、深度学习等领域的投资前景。

从2017年走势来看，新三板、军民融合、创业投资、成果转化、创业生态等有望成为提振2017年创新创业发展景气指数的积极因素。一是新三板内部分层可能会进一步推进，企业融资可能会有所好转。

2017年有可能进一步在"创新层"内部再划分出"精选层",从而为提高流动性、完善转板制度创造条件。二是军民融合可能进入加速期,创新创业的机会空间和发展潜力将更加巨大。2017年中央决定设立中央军民融合发展委员会,这表明军民融合的顶层设计将迅速全面展开。三是促进创业投资健康发展的政策效应逐步显现,创业投资发展质量将不断提升。随着"创投十条"配套政策落地,2017年创业投资发展有望迎来新一波发展高潮。四是科研经费管理体制改革细则有望出台,科研人员从事成果转化和科学研究的积极性将进一步激发。五是创新创业示范基地将适时适度扩围,大企业参与创新创业可能持续发力并取得显著成效,形成功能更完善、链条更完整、服务更优质的创新创业服务生态。

第三章　创新创业生态系统

近年来，我国形成新的创新创业浪潮，其范围和领域之广、参与主体之多、发展速度之快，大大超出人们的预期，正在转化为一场影响深远的变革。事实证明，优化创新创业发展环境，根本上需要打造一个有利于创新创业发展的生态系统。立足于创新生态与创业生态的有关理论，结合"创新创业"的科学内涵和特征，本文构建了"创新创业生态系统=要素/机构+结构+机制+环境"的分析框架，并提出要以提升自组织性为目标来不断优化生态。利用分析框架对北京、上海、深圳、杭州、成都等地的分析，识别出我国主要创新创业高地创新创业生态系统中存在的问题主要集中在资源支撑不足、创新创业企业占比较低、创新主体之间和创新链与产业链之间的衔接不畅、市场准入监管等软环境不优等方面，并据此提出了针对性建议。

党的十八大以来，在全球经济持续分化、我国进入经济新常态的大背景下，党中央作出实施创新驱动发展战略、建设创新型国家等一系列重大决策部署。在中国特色社会主义进入新时代的关键时点，党的十九大再次提出要把创新作为建设现代化经济体系的战略支撑，把加速新旧动能转换作为推进供给侧结构性改革的重要内容，通过强化实施创新驱动发展战略来推动经济高质量发展。在新的历史条件下，创新与创业正加速成为壮大发展新动能、加速经济"巩固、增强、提升、畅通"的重要途径。

各国的创新发展历程一再表明，推动创新创业持续繁荣的根本是营造富有活力、特色鲜明、有利于创新创业的环境。但无论是从理论还是实践角度来看，创新创业环境都不是一个单纯的"小环境"概念，而是包含要素、结构、机制、制度在内的"大环境""大生态"概念，通常而言的营商环境、法治环境和政策环境都只是这个"大生态"中的一个组成部分。当前，生态视角成为研究创新创业发展环境的最新趋势，与我国推进创新创业形成理论与现实上的历史性交汇。强化对创新创业生态环境的理论研究，构建具有中国特色的创新创业生态分析框架，适时利用指标体系对创新创业生态进行评估，不仅有利于我们客观认识创新创业的内在规律、科学制定推进创新创业上水平的有关政策，还有利于为各地谋划创新创业高质量发展提供可参考的标尺与操作性强的工具，必将有力推动创新驱动发展战略实施和经济高质量发展进程。

第一节　生态视角是研究创新创业环境的最新趋势

研究创新创业发展环境可以有多种方法和多重视角，但由于用生态学和系统学的观点来审视创业和创新可以对其进行更全面的诊断[1]，因此生态系统理论成为近年来研究创业和创新生态环境的新趋势。在创新与创业领域引入生态系统的观点，最早可追溯到*Nelson*和*Winter*的演化经济学，他们用种群、基因、变异等一系列生物学的隐喻对创新进行分析，提出与新古典经济学不同的观点。[2] 现有研究中大多将创新与创业两个分开来研究，因此也分别产生了关于创新生态系统与创业生态系统的不同认识。

一、创新生态系统

创新生态系统由创新体系演变而来，早期的创新体系主要探讨创新在不同主体之间的网络合作关系[3]，而创新生态系统则表现出创新过程中各主体更趋生态化的共生关系（如图3-1、表3-1所示）。

当前越来越多的学者将"生态系统"这一生物学概念引入经济管理与社会学领域，比较具有代表性的有组织种群生态[4]、商业生态体

---

[1] 与传统的线性模型和体系模型相比，生态学更加强调要素之间的协同共生关系。

[2] 新古典经济学认为，创新是按照"利润最大化"原则进行最优决策并独立于制度环境，强调创新的累积性质。而演化经济学认为，创新有时并非按最优原则决策，具有明显的路径依赖倾向特征，并存在结构性突变、间断性跳跃等现象。

[3] 例如Freeman（1987）、Lundvall（1992）、Nelson（1993）、OECD（1997）、Edquist（2005）等。随着生态概念被引入国家创新体系，国家创新生态的概念也开始逐渐为学界接受。

[4] Hannan和Freeman提出的"组织种群生态学"的观点认为，在一个特定边界内的具有共同形式的所有组织构成种群，同一个种群中的组织对环境的依赖程度不同，从而影响着这些组织的活动方式及其结构。

系[1]和广角镜战略[2]（具体参考专栏3–1中的内容）。

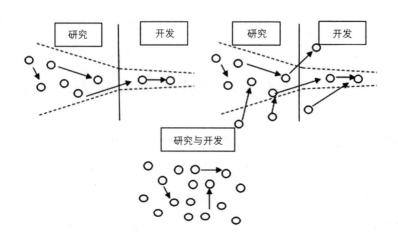

图3–1　创新过程更趋生态化

资料来源：左图与中间图来自Chesbrough（2003），右图参考已有文献绘制。

表3–1　国家创新体系与创新生态系统的对比

主要维度	国家创新体系	创新生态系统
出现时间	1987	2004
方法论	系统论、工程学	系统论、生态学
运行方式	侧重子系统、对接	侧重演化、嵌入
主体/要素[3]	强调主体，比如企业、高校、科研机构、中介组织、政府	强调要素，比如资本要素、制度要素、技术人才、用户资源
主体关系	合作	共生
核心导向	破坏性技术或产品	以人为本，服务用户
政府功能	提供研发投入、税收优惠、知识产权等框架性政策	强调政府、市场与社会的多轮驱动，突出创新治理等议题

资料来源：参考已有文献整理。

---

[1] Moore的"商业生态体系"认为，企业生态系统是以组织和个体的相互作用为基础的经济联合体。

[2] Adner认为，企业创新往往不是单个企业可以完成的，而是要通过与一系列伙伴的互补性协作，才能生产出具有顾客价值的产品。

[3] 与国家创新体系相比，创新生态系统更强调要素。例如，2015年《美国创新战略》指出，美国创新生态系统的基础是指那些联邦投资为创新过程提供了基础投入的领域。

专栏3-1　广角镜头下的创新战略

只有自己优秀是不够的。你不再是独立的创新者，你是更广泛创新生态系统的参与者之一。要想在一个相互联结的世界里取得成功，你就要管理好对其他人的依赖。在你做到之前，你就得认识到并充分理解它。即使最伟大的公司也有可能对这一转变措手不及。

——*Ron Adner, The Wide Lens: A New Strategy for Innovation*

*Adner*列举了索尼与亚马逊在电子书产品方面的例子。*Adner*认为：“单从设备来看，*Kindle*的确不如索尼的*Reader*，它比*Reader*更大更重，屏幕效果也更差。此外，它还是相当封闭的平台，你只能从*Amazon*上获取内容。但*Amazon*为何能凭*Kindle*这样一款更次的设备取得巨大的成功呢？”关键的区别在于，*Amazon*成功地与生态系统相协调，让自己的价值主张得到了承认。*Amazon*并没有简单地强迫出版商支持*Kindle*，而是在这个生态系统内创造了必要的条件，让加入电子书阵营的出版商能获得比以往更诱人的利益。*Amazon*还设计了强有力的数字版权管理系统，在刚开始的时候以低于支付给出版商的价格向读者出售书籍，牺牲利润，建立电子书商店，以399美元销售*Kindle*。“在组织系统上面，比起索尼，*Amazon*承担了更大的责任。索尼认为红灯会自己变成绿灯，而*Amazon*则身先士卒，首当其冲，主动把红灯变成了绿灯，从而为整个行业开辟了新的道路。”

参考资料：*Frederick E. Allen, Why Great Innovations Fail: It's All in the Ecosystem, Forbes, http://www.forbes.com/sites/frederickallen/2012/03/05/why-great-innovations-fail-its-their-ecosystem/#456a50426b53.*

　　关于创新生态系统的构成，由于分析层次、关注焦点不同，已有的研究结论有较大差异性（如表3-2所示），但也有一些基本共识。比如，创新生态系统由多种不同主体相互交织形成，种群中的生物物种主要包括企业个体及同质企业，相互间既有垂直关系又有水平关系。供应商、消费者、市场中介机构等之间的关系是垂直关系，竞争对手、其他产业的企业、政府部门、高校、科研机构、利益相关者等之间的关系为水平关系。创新生态系统总体上呈现出复杂性、开放性、整体性、交互性、动态性、稳定性、层次性等特征[1]。最新的研究表明，中国的创新生态系统正在加速成熟，其治理正在从研发项目的中央管理系统转变为科技发展的宏观协调系统[2]，具体参见专栏3-2中的内容。

表3-2　不同学者对创新生态系统构成的比较

研究者	创新生态系统的构成
Ghemawat[3]	资源、能力、连通性
Bloom和Dees[4]	参与者（个体、组织） 环境条件（规范、法律法规和市场）
Estrin[5]	核心层面（创新的研究、开发与应用） 影响力层面（文化、教育、政策、融资）
Smith[6]	流程、文化、能力
Mercan和Göktas[7]	集群、大学与产业的合作、创新文化

---

[1] 杨荣. 创新生态系统的界定、特征及其构建[J]. 科学与管理，2014（3）：12-17.

[2] *Estrin, J. Closing the Innovation Gap[M]. New York: McGraw-Hill, 2008.*

[3] *Ghemawat, P. Managing Differences: The Central Challenge of Global Strategy[J]. Harvard Business Review, 2007(3):59-68.*

[4] *Bloom, P., Dees, G. Cultivate Your Ecosystem[J]. Stanford Social Innovation Review, 2008, winter: 45-53.*

[5] *Estrin, J. Closing the Innovation Gap[M]. New York: McGraw-Hill, 2008.*

[6] *Smith, K. Building an Innovation Ecosystem: Process, Culture and Competencies[J]. Industry and Higher Education, 2006(4):219-224.*

[7] *Mercan, B., Göktas, D. Components of Innovation Ecosystems: A Cross-Country Study[J]. International Research Journal of Finance and Economics, 2011(76):102-112.*

专栏3-2　中国的创新生态系统

《中国创新生态系统报告》（简称《报告》）显示，中国的创新生态系统治理正在从研发项目的中央管理系统转变为科技发展的宏观协调系统。2015年中国研发支出占国内生产总值的2.1%，占世界各国研发总支出的20%，位列全球第二，相当于欧盟国家的平均水平。科技创新对促进产业结构升级发挥了重要作用，尤其是交通、能源、工业制造、信息工程、现代服务业等产业，比如中国已建成7条特高压输电线路，是世界唯一拥有此类技术的国家；企业作为技术创新主体的地位近年来不断加强，例如华为的研发支出占营业收入的比重超过10%，从而使该公司在4G技术等领域居世界首位；从区域创新能力来看，高科技园区、创新示范区发展迅猛，总量已超130个，研发投入占全国企业的近40%、新产品销售收入占全国的32.8%。

中国的创新生态系统仍面临挑战，自主创新能力较发达国家仍存在差距。主要问题在于核心技术落后、企业创新激励机制不够、用人机制不完善、知识产权执法力度不足。对此，《报告》提出四点建议：营造实施创新驱动战略的生态环境；强化企业技术创新的主体地位；完善创新人才的使用培养机制；有效保护知识产权。

参考资料：世界经济论坛中国理事会的《中国的创新生态系统报告》（2016年8月）。

二、创业生态系统

学者对创业生态系统的研究主要基于组织生态学的分支——创业生态学，它以创业活动的产生、发展、消亡等现象为研究对象，更加关注初创企业的培育。

对创业生态系统的研究方法大致可分为两类。一类是将创业企业的外部环境看作创业生态系统，另一类是将创业企业本身纳入创业生态系统予以考察[1]。本章采纳后一种观点。中国宏观经济研究院课题组认为，创业企业（包括初创企业和内部创业的成熟企业）不仅是创业生态系统中的一部分，更是整个生态系统中的"种子"，是维系整个生态系统内的资源不断汇集、循环的核心力量（如表3-3所示）。

表3-3 创业生态学与自然生态学的比较

主要维度	自然生态	创业生态
生物个体	完整的具有生长、发育和反之等功能的生物有机体。	新创企业个体，拥有独立的组织结构，致力于捕捉创业机会。
物种	在生物圈内，具有相同基因频率、形态和生理特征的生物个体的集合。	一类具有相似资源能力，追逐类似机会的新创企业。
种群	在一定自然区域内，同一物种的个体的集合。	在一定区域范围内，具有相同资源能力，追逐类似机会的新创企业集合。
亚群落	在一定自然区域内，由一定种类的具有类似特征功能的生物种群所组成的集合。	在一定区域范围内，资源和能力类似，创业项目存在密切联系的新创企业集合。

[1] 蔡莉等（2016）认为，前者以*Cohen*和*Isenberg*为代表，后一类以林嵩、*Vogel*、*Mason*和*Brown*为代表。

（续表）

主要维度	自然生态	创业生态
群落	在一定自然区域内，相互之间有直接或间接关系的各种生物的总和。	在一定区域范围内，存在相互竞争、相互协同、相互联系的新创企业集合。
生态系统	一定空间内的生物成分和非生物成分通过物质循环和能量流动，相互作用、相互依存而构成的一个生态学功能单位。	新创企业及其赖以存在和发展的创业生态环境所构成的，彼此依存、相互影响、共同发展的动态平衡系统。

数据来源：源自林嵩（2013）的观点，有删节。

政策、融资、基础设施、市场、人力资本、研发创新、文化、社会支持等都是创业生态系统的重要元素，在有关评价报告中均被涵盖[1]（如表3-4所示）。

表3-4　　部分机构对创业生态系统的评价维度

具体维度	百森	竞争力委员会	全球创业发展指数	OECD（经济与合作组织）	世界银行	世界经济论坛	全球创业观察
政策	√	√	√	√	√	√	√
融资	√	√	√	√		√	√
基础设施	√	√		√	√	√	√
市场	√		√	√			√
人力资本	√	√	√	√		√	√
研发、创新	√	√	√	√		√	√
文化	√	√	√	√		√	√
社会支持	√	√	√	√		√	√
生活质量		√					
宏观经济环境				√			

资料来源：根据孟丽、唐晓婷（2015）以及有关报告整理得出。

---

[1] 例如，GEM定义的创业生态系统框架包括融资渠道、政府政策、政府创业规划、创业教育、研发转移、商业和法律基础、市场开放性、物理基础设施，以及文化和社会规范。这也是目前全球公认的创业生态评价模型之一。

关于创业生态系统最关键的基本要素，有三种代表性说法：一是非正式社会网络和正式社会网络中的大学、政府、专业支撑服务、资本资源、人才储备、大公司，以及基础设施和文化[1]（Cohen，2002）；二是具备竞争优势的核心能力（比如中国的制造业、硅谷的高科技和软件、印度的BPO业务流程外包）与支撑结构（金融、物流、技术、市场、组织资本、人力资本和市场）[2]（Bernardez和Mead，2009）；三是促进创业的政策和领导、对风险投资有利的市场、高素质的人力资本、制度和基础设施体系的支撑、适宜的融资条件和有益的文化等6个方面[3]（Isenberg，2011）。

学者们提出的概念定义和要素构成有差别，其原因在于，创业生态系统的复杂性，地区或行业生态系统的差异性，以及创业生态本身具有不同类型。

从主体或运行的层次来看，有基于高校院所的创业生态系统以及基于创业企业的创业生态系统。

从企业市场类型和经济体制来看，创业生态系统可分为寡头政治型、政府指导型、大公司型和创业型[4]（Baumol、Litan、Schramm，2007）。

从企业网络集中度和政府参与程度来看，创业生态系统可分为政府强参与情景下的核心企业主导、企业网络分散，以及政府弱参与情

---

[1][2] Bernardez, M., Mead, M. The Power of Entrepreneurial Ecosystems: Extracting Booms from Busts[J]. PII Review, 2009(2):12–45.

[3] Isenberg D. J. The Entrepreneurship Ecosystem Strategy as a New Paradigm for Economic Policy: Principles for Cultivating Entrepreneurship[R]. Dublin: The Institute of International and European Affairs, 2011.

[4] 寡头政治型常见于亚、非、拉美的一些寡头政治国家，只有个别有特权的寡头公司控制着市场，在生态体系中占优势，这种市场发展缓慢，比较脆弱。政府指导型在亚、非、拉美国家和法国较为常见，政府通过计划、制度和价格调控市场，市场缺乏竞争和创新，效率低下。大公司型常见于一些发达国家，生态系统由一些大公司主导，这些大公司往往在全球范围内跨国、垂直一体化经营，产生大量金融资本、重视研发，但是对市场变化的应对较慢，创新能力较差。创业型常见于一些经济快速增长的国家和地区（如中国的经济特区、美国的硅谷），是这些国家经济增长的引擎，特征是系统内有大量小型、灵活的创新公司频繁创业，大公司不断投资于创新，新产品快速投入市场。

景下的核心企业主导、企业网络分散等四类[1]（蔡莉等，2016）。第一类是政府强参与、核心企业主导的创业生态系统。这类生态系统通常出现在制度依赖性强、政府在资源配置中起重要作用的区域，主要由政府、创业企业以及相关机构等构成，在参与主体上体现出多样性的特征。第二类是政府强参与、企业网络分散的创业生态系统。由于政府的不断推动和市场发展的需要，最终形成聚集大批创业企业、大学与科研机构、中介机构以及投资机构的创业生态系统。第三类是政府弱参与、核心企业主导的创业生态系统。这类生态系统通常处于市场环境较发达的区域，由市场驱动核心企业所构建，包含一群相配套的、多样的创业企业和相关机构等。第四类是政府弱参与、企业网络分散的创业生态系统。这类创业生态系统的发展通常是市场力量驱动所集聚形成的，体现出一定的区域性，政府提供的政策支持起到催化剂的作用。

从以上分类可以看出，系统所处的层次和系统要素之间的关系对于区分不同创业生态系统具有十分重要的意义。这也使本研究在讨论不同地区创新创业生态系统时，将机构与要素的结构作为一个重要维度予以考察。

上述内容可参见专栏3-3中的内容。

专栏3-3　欧洲国家创业记分牌

2013年，8家杰出互联网创业公司的创始人联合起草了《创业宣言》（*Startup Manifesto*），旨在激励欧盟国家改进政策框架，发展适合创业者的生态系统。目前，已经有超

[1] 蔡莉, 彭秀青, *Nambisan S*, *et al.* 创业生态系统研究回顾与展望[J]. 吉林大学社会科学学报, 2016(1):5-16.

过8000人签署宣言，演变为跨欧洲国家的联合行动。2016年3月，欧洲数字论坛推出《2016欧洲创业国家记分牌》，对《创业宣言》在欧洲各国的实施情况进行评估。

在《创业宣言》的基础上，将宣言中的22个政策建议分解成6项政策核心内容，分别是技术与教育、融资渠道、思想引导力、引进人才、数据政策和保护隐私、制度框架，由此形成了《2016欧洲创业国家记分牌》的六大支柱。团队还将这22个建议转化成确切的"是"或"不是"指标，以观察和跟踪指标的具体实施与否。随后建立了"专家"网络，主动采集数据和评估国家的政策改革情况，这个排名可以监测28个欧盟成员国的创业大环境。

参考资料：根据网站资料整理，网址是*http://www.europeandigitalforum.eu/startup-manifest-policy-tracker/*。

美国是最早将生态学运用到国家创新体系政策中的国家之一。2004年，美国竞争力委员会和总统科技顾问委员会（PCAST）发布《创新美国：在挑战和变革的世界中实现繁荣》《构建国家创新生态系统：信息技术制造业和竞争力》《维持国家创新生态系统：保持科技竞争力》等报告，提出"创新生态系统"概念，明确指出一个强大的创新生态系统是美国保持经济繁荣和全球经济领导地位的关键。在2015年发表的《美国创新战略》报告中进一步指出，随着创新过程更趋开放、创业门槛不断降低，美国需要依靠私营部门和大众，通过加速再工业化、鼓励大众创新来完善创新生态系统。

第二节　创新创业生态系统的分析框架构建

相对于传统的创新创业概念，创新创业突出地强调了创业的"草根"性、民间性和创新的广泛性、普遍性。在创新创业生态系统中，创业与创新之间相互作用、密切联系。其中，创新是创新创业的核心和基础，以创新的技术、理念与管理方式为基础的创业，可以使创业者的产品或服务具有先进性、独特性，为创业者顺利创业、成功创业创造条件。创业是创新创业发展的动力，是创新价值的实现方式，以创业为实现形式的创新，可以使创业更具有市场竞争力，催生出更多的创新活动，确保创业者的技术优势，提升创业的可持续性。

一、框架提出

基于上述背景和判断，中国宏观经济研究院课题组认为，创新创业生态系统本质上是在创新创业大背景下，有利于创业和创新协同共生的动态平衡系统。据此，本研究提出"创新创业生态系统=机构与要素+结构+机制+环境"的四位一体分析框架（如图3-2所示）。其中，"创新创业要素和机构"包括大学、科研机构、企业等，以及劳动力、技术、资金等资源；"结构"是指这些要素和机构是按照什么比例进行配置的，不同的组合决定了系统的运行效率；"机制"主要是指这些要素和机构的运行机制，包括协调机制、动力机制等，决定了创新创业要素资源能否有效配置和有序流动；"环境"主要包括营商环境和创新文化，其中，营商环境包括公平竞争的市场环境和法制环境、政策环境、创业服务环境等。

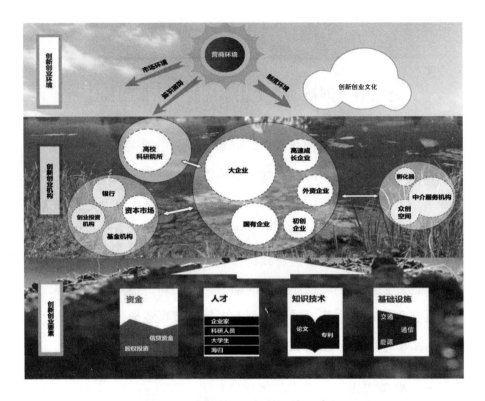

图3-2 创新创业生态系统示意图

资料来源：中国宏观经济研究院课题组绘制。

与已有模型相比，这一理论分析框架具有如下三个突出特点。

一是形象地与现实中的生态环境系统相对应，生动说明创新创业生态系统中的基本构成。创新创业生态系统不是支持创业与创新要素的简单堆砌，而是从生物学的隐喻中归纳出的具有生态特征的系统。正如图3-2中所示的机构与要素、机构与要素的结构、协同机制与环境等4项部分都可以与生物学中的生态环境进行对应。例如，资金、人才、知识技术与基础设施是整个生态环境中的"土壤"，这些要素是支撑机构的重要基础。初创企业是"种子"，与具有其他物种属性的企业物种组成不同类的群落，并与"地上"的其他机构主体在知识、技术、人才等方面产生互动，形成共生共存共荣的依赖关系。营商环境是整个生态环境中的"阳光"，既包括法制环境、制度环境，也包括政策环境，充足的"光照"有利于发生光合作用，加快种子的生长。创新文化是整个生态环境中的"空气"，弥漫在创新创业生态的每个角落。

二是突出了结构在创新创业生态系统中的重要性，提出要素或机构的结构影响生态系统机制与环境的内在逻辑。整个生态系统具有四位一体的特性，但结构维度具有特殊意义。在以往的模型中，通常主要关注的是要素与机构等支持创新创业的重要"构件"，以及整个生态的维持、循环和发展所依靠的动力机制、协调机制。这种思路的优势是便于对比并找到要素或机制方面的短板，但劣势是难以有效解释为何不同创新创业生态系统呈现出各不相同的创新文化，以及其动力机制的差异及背后的形成原因。更为重要的是，结构反映出的是不同要素或机构内部或之间的配比关系，而不仅仅是绝对数量，这意味着创新创业生态系统中不同要素的集聚不仅要在量上达到一定门槛，也需要注意不同要素与机构中的比例协调。事实表明，结构不仅影响生态系统机制，还会塑造生态系统的环境。如果比例结构不合理，不仅会影响生态系统机制的效率，形成不利于创新创业的文化环境，还会进一步固化不合理的要素与机构结构。

三是在吸收已有创新创业生态研究成果的基础上融入当下元素，体现创新创业的时代特征和中国国情。创新创业生态系统吸收了"海归""大学生"等人才要素，纳入了政府引导基金、国有企业、众创空间等相关机构，符合当下中国创业群体、有关机构的主要特点，契合创新创业突出强调创业的"草根"性、民间性和创新的广泛性、普遍性的时代特征。以"海归创业"为例，作为当前中国创新创业浪潮中的重要力量，这类创业不仅聚焦于高科技领域，还因其通常依托全球创新创业资源，具有较高的成功率。发挥"海归"的专业知识优势和资源融通优势，可以有效提升我国配置全球创新创业资源的能力。在创业投资方面，我国正处于快速发展阶段，创投机构数量和管理资本具有相当规模，但国际化、市场化运作能力还有待提升，风险防控等制度安排和机制设计还有待完善。此外，部分地区和行业仍然需要大规模的政府引导基金介入，以此弥补部分市场失灵，并激发带动创业投资行业的健康成长。这些特征是创新创业生态系统的中国化表现，符合中国的现实情况和实际需要。

二、培育创新创业生态要突出"五性"导向

仅仅重视"投入"性的指标，不足以充分反映创业生态系统的活力。例如，大量地区重点关注创业生态系统中大学研发投入的数量、创业投资的可得性、工程师的学历等。这些指标与创业活动紧密相关，但它们只是"投入"指标，并不必然带来合意的"效果"。还有的地区关注大学的专利和技术许可的情况，但这些也不是反映创业活力的领先指标。

从创新创业生态系统的分析框架来看，要打造一个富有活力的创新创业生态系统，应该让生态系统拥有强大的资源基础、合理的要素与机构配比结构、运行高效的协同机制，以及有利于创新创业的外部环境。具体而言，一个充满活力的创新创业生态系统不仅需要强大的科学技术研究基础能力，而且还要有合适的"联系组织"，把研究机构、创业者、现有企业和投资者有效联系起来，形成统一整体，产生协同效应，从而表现出单个创业种群所不具备的功能和作用。因此，自组织性是评价一个创新创业生态的核心[1]。自组织性的一个重要特

---

[1] 管理学家认为，从组织的进化形式来看，可以将组织分为他组织和自组织两类。如果一个系统靠外部指令而形成组织，就是他组织。如果不存在外部指令，系统按照相互默契的某种规则，各尽其责而又协调地、自动地形成有序结构，就是自组织。

征是无须外部指令就能实现系统按照相互默契的某种规则各尽其责而又协调地、自动地形成有序结构。

一个系统的自组织功能愈强，其保持和产生新功能的能力也就愈强。创新创业生态系统要不断增强"自组织性"，必须以其他四性作为支柱，具体分析如下。

——多样性。包括系统组成、功能和生态环境的多样性，以及生物群落的多样化等多个方面。创新创业生态的多样性反映经济分工与人口的多样化水平，包括是否含有多种分工、移民情况。创新创业生态系统要实现广泛的多样性，既需要各类资源要素的多样，还要提升要素资源提供主体和渠道的多样性。

——流动性（或动态性）。流动性反映相关要素资源的配置情况，包括人口流动、劳动市场再分配、高成长企业等。良好的流动性是保证资源配置不断提升的重要前提。不仅要使系统内的人才、技术、资金可以顺畅地流动，同时不断地与系统外部进行要素和信息的交换，使企业能够"有生有死"、能进能出，实现优胜劣汰。

——连通性。连通性反映整个系统中机制的运行情况，比如项目的衔接性、新企业衍生率、贸易网络、协同机制等。主体与主体、要素与要素、要素与主体之间需要有良好的交互与协同机制，才能保证形成统一整体，产生协同效应，从而表现出单个创业种群所不具备的功能和作用。提升"连通性"，关键在于是否具有规范化和便捷化的体制机制和基础设施。

——黏性。黏性反映的是对生态系统中各要素的吸附能力，其结果往往是相关要素的密度。例如，创新创业生态的黏性主要体现在初创企业的密集度，包括人均初创企业数量、初创企业就业数量占比、初创企业在高技术产业中的占比等。生态在运行中既存在离心趋势也存在向心趋势，如果"离心力"过强，就会导致组织系统耗散，组

织的自我稳定性就会大幅降低。因此，要形成持续稳定的创新创业生
态，必须着力提高生态系统的黏性，需要从制度与环境层面入手，增
强生态系统对关键和高端创新创业要素的吸附能力，从而形成类似于
正反馈的闭环。

上述内容具体参见图3–3。

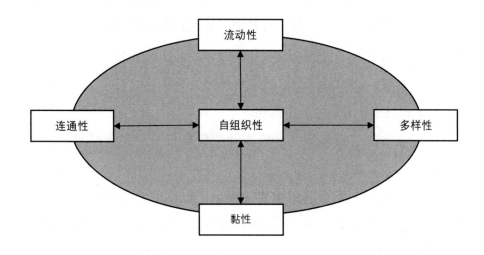

图3–3 创新创业生态系统评价标准

资料来源：中国宏观经济研究院课题组绘制。

需要认识到，尽管创新创业生态系统根植于特定的区域环境、要素
禀赋与文化背景，但往往并不存在一个绝对普适或简单套用的模式，
不是每个地区都能建立美国硅谷那样的创新创业生态系统，但良好的
创新创业生态大多具有上述"五性"特征，前述的创新创业生态构成
也与"五性"具有内在的逻辑对应关系（如图3–4所示）。因此，在实
践中要优化创新创业发展环境，应在广泛参考借鉴先进经验的同时，
以"五性"标准为导向并根据自己的资源特点来优化创新创业生态。

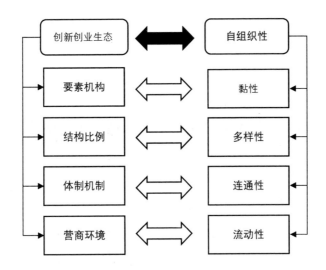

图3-4　创新创业生态系统及其评价对应示意图

资料来源：中国宏观经济研究院课题组绘制。

第三节　当前创新创业生态系统存在的短板与建议

按照上述分析框架，2017年以来，我们围绕营造良好的创新创业生态系统，赴北京、上海、深圳、杭州、成都、西安等国内十多个城市和美国硅谷地区进行了调研，召开了50多次座谈会，与200多位创业者进行了深入交流。通过调研，我们深深感到，近年来我国创新创业生态系统建设取得了长足进步，但还存在一些短板，主要表现在以下几个方面。

一、从要素机构维度来看，主要是人才、技术、资金等对创新创业的支撑不够

创业企业普遍反映，最大的难点是招到合适的人才和团队。问卷调查显示，"学校教育很死板，不能培养创新思维"成为制约我国创新创业最突出的因素之一。中国人才成本的快速上升，也在一定程度上制约了创新创业的发展，一位美国投资者表示"从腾讯挖一名高级编程人员的成本是硅谷地区的近两倍"。我国是世界上第三个国内发明专利拥有量突破百万件的国家，但具备商业化价值的发明不多，重大成果更少，技术创业不足。我们在走访中发现，各地许多发展较好、潜力较大的初创公司多是由有海外工作或留学经验的海归人员创办的，而国内高校院所等机构衍生创办的企业不多，"体制内"人员"不能创、不敢创、不会创"的问题较为突出。此外，为创新创业提供资本要素的创业投资、多层次资本市场和投贷联动还面临许多制约。一些企业反

映，目前对国有创投公司仍按照一般的国有企业来管理。创投企业中个人投资者的收益须按5%～35%的五级超额累进税缴纳个人所得税，与个人投资股票证券市场税负的差别巨大。同时，IPO排队时间长和新三板流动性不够限制了资本市场的功能发挥。投贷联动试点将投资基金限定在投资主体的自有资金，由于杠杆很低、占用资本多，打压了当前占多数的银行通过基金形式从事投贷联动的积极性。

针对上述问题，建议：

一是加强创新创业教育。要按照培养创新型人才的要求调整学校教育目标和课程设置。倡导启发式、探究式、讨论式、参与式教学。要把培育创造型人才作为高校创业教育的主要任务，加大对学生实验、实训、实践平台的投入，支持教师到创业企业挂职锻炼，吸引企业家到高校担任兼职导师，加强创业导师队伍建设。

二是夯实创新创业的科技支撑。要加强基础研究和原始性创新，推进现代大学制度和现代科研院所制度建设。抓好《中华人民共和国促进科技成果转化法》（简称《促进科技成果转化法》）等现有政策法规的落实，打通"最后一公里"，并鼓励相关机构大胆探索、积极创新。

三是支持创业融资发展。要加大注册制改革的推进步伐，通过降低投资者门槛、完善资金入市制度等途径来增加新三板的流动性，完善创业投资退出渠道。对于国资背景的创投基金，应建立适应创业投资行业特点的国有创业投资绩效、考核和资产管理制度。进一步扩大投贷联动试点的地区，将所有国家级高新技术开发区都纳入投贷联动试点。改进银行业现行考核激励办法和惩戒制度，探索建立符合中国国情、适合科创企业发展的金融服务模式和追责制度。进一步降低个人投资中小高新技术企业、科技型企业投资抵免优惠政策年限要求，扩大优惠范围，调动个人投资者参与创投的积极性。

二、从结构维度来看，主要是一些地区的创新创业企业所占比重不高

调研发现，凡是创业企业、创业人才占较大比重的地区，创新创业活力就强，创新创业文化就浓厚。比如深圳拥有科技型企业超过3万家，既有华为、腾讯等创业大企业，也有大量创业小企业。全市90%以上的人口都是外来的，集中了全国1/3的创业投资机构和1/10的创投资本。以"六个90%"（即90%以上的创新型企业是本土企业、90%以上的研发机构设立在企业、90%以上的研发人员集中在企业、90%以上的研发资金来源于企业、90%以上的职务发明专利出自于企业、90%以上的重大科技项目发明专利来源于龙头企业）为代表的企业和要素结构使深圳具有基于市场化基因的创新创业精神和浓厚的创新创业文化。中国北京中关村、美国硅谷地区也是这样。

但是，反观国内一些地区，创新创业企业所占比重不高，经营主体多元化不足，导致创新创业活力不够强。以上海为例，上海不缺高校院所，也不缺大企业和高端人才，但由于央企、地方国企、外资企业、民企比重为1∶1∶1∶1，而且金融机构和外资企业在其中处于强势地位，导致创新创业文化不够浓厚，创新创业企业和人才所占比重低。

因此，构建良好的创新创业生态系统，必须把优化经营主体和要素结构放在突出位置。一要进一步加大对初创企业财税、金融等扶持力度，完善配套服务体系，支持成长型创业企业发展，努力提升创新创业企业的比重。二要进一步简化外籍高层次人才的绿卡办理程序，适当放宽技术移民（以华人优先）条件限制，优化创新创业人才结构。三要针对不同地区创新创业生态存在的结构性短板，引导各地建设各具特色的创新创业生态。比如针对北京中关村地区存在的大学、科研机构和

创新创业的协同发展机制不够、商业模式创新不多、技术型创业不足等问题，引导北京建设协同、更加开放、更具活力的创新创业生态。针对深圳地区与美国硅谷存在的差距主要是缺乏一流大学和科研机构，创新创业的基础不够坚实这一情况，要支持深圳加强基础能力建设，建立协调、开放程度更高、更具活力的全球创新创业高地。

三、从机制维度来看，主要是创新主体之间的互动性、创新链与产业链之间的衔接性不顺畅，缺乏有效的联动发展机制

大量研究表明，一个充满活力的创新创业生态系统不仅需要强大的科学技术研究基础能力，而且需要合适的"联系组织"，把研究机构、创业者、现有企业和投资者有效联系起来并产生协同效应。以美国硅谷为例，大学和产业界的联系非常紧密，一方面大学研究紧贴产业发展现实，另一方面大学和产业界之间的人员互动也非常频繁，"卖掉自己创办的企业回高校担任领导和教职""教授每周抽一天时间为企业提供技术咨询"的故事比比皆是。但从我国的情况来看，目前科研体系与创新创业体系的协同不够。例如，中关村地区是我国高等院校和科研机构最为密集的地区，每年投入的研发资金超过1000亿元，但对中关村112名创业者的调查显示，近80%创业项目未曾与高校、科研机构有所合作。格灵深瞳、地平线机器人等活跃在中关村的创业企业与北京大学、清华大学等周边知名高校并没有太多关系或联系。这种状况不仅造成科技资源的大量浪费，也导致我国的原始性、颠覆性创新不够。

为此，建议：一要大力推进高校、科研机构与企业间的技术要素流动，鼓励高校、科研机构通过许可、转让、入股等方式向中小企业转移，强化大学、科研机构与产业界的联系。对高校、科研机构向中小企业转让技术的，国家给予一定补贴。二要充分发挥大企业在创新

创业中的优势，既要鼓励大企业员工内部创业，同时也要推动大企业科技人员和高管离职创业，促进多元"创业系"和"创业群落"的发展。三要大力扶持科技成果转化相关服务业的发展，创新高校科研院所的职称评定制度，增设科技成果转化专业职称，调动相关人员的工作积极性，促进科技成果转移转化。

四、从环境维度来看，主要是市场准入与监管、知识产权保护等软环境不完善

目前，各地相对比较重视创新创业的物理基础设施建设，但在体制机制改革、法制环境等软环境建设上力度不够。

一是现行监管方式严重不适应创新创业与新技术、新产品、新业态和新模式发展要求。例如，目前从事在线教育培训的企业由于没有"物理场地"而拿不到执照；医养结合不仅进入门槛高、手续烦琐，部分审批甚至互为前置，挫伤了民间投资的积极性。又如，"细胞治疗"目前没有明确的政策，国内从事细胞治疗的企业不知道到哪里买"门票"，而美国FDA（食品药品管理局）专门有个细胞治疗评估小组。据一家由回国留学生创办的企业反映，花了两年多时间完成的动物试验，仅仅是买到了"门票"，后面还要进行临床1期、2期、3期和批产，每走一步挑战越来越大。

二是一些政策落实不到位，政策体系不健全。例如，目前虽然颁布了新修订的《促进科技成果转化法》，但由于高校的人才评价和职称评定制度仍未根本改变以论文和科研项目为导向，而且成果转化收入奖励、股权激励政策在操作中还面临国有股份处置等一些难题，导致该项政策在一些科研机构和高校难以落地。上海、成都等地虽有诸如"先投后奖""职务科技成果混合所有制"等探索，但由于缺乏明确的法律依据而被视为"游走在政策边缘"。

三是市场环境还不完善。侵权易、维权难的问题没有根本解决，信用体系还不健全，保护数据安全、隐私等方面的法律法规缺失；市场竞争秩序不健全，同质化竞争多等。

综上，建议：一要改革市场准入和监管机制。进一步降低民营企业市场准入门槛，消除隐形壁垒。简化中小创业者的审批手续和办事流程，减少多头管理，需要多部门审批的尽量合并办理，尽可能将审批转化为备案核准。要明示审批时限，简化和加速审批。例如，要加快探索与"互联网+"等融合性、跨区域性突出的新业态、新模式相适应的监管模式。尽快建立网上借贷、众筹的监管制度，引导互联网金融健康发展。

二要切实加强知识产权保护。对侵权者的惩罚措施不能只体现在罚款的数量上，要重点打击其侵权的能力。对严重和屡次侵权者要限制其参与市场经营活动。要强化行政综合执法及其与司法的衔接，完善快速维权与维权援助网络，将侵权行为纳入社会信用记录。要进一步完善互联网空间里的知识产权保护。加快建立个人信息保护等法律法规。

三要支持专业化创业平台建设。支持专业化创业服务平台，开展强强合作、互补合作，形成资源和信息共享平台，为创业企业提供从项目到产业化的全链条创业服务。支持为创新创业提供财务管理、人力资源管理、法律咨询等服务的第三方机构发展。

第四章　创新创业财税政策体系

　　创新创业是一项风险较高且具有正外部性的活动，需要政府的扶持。科学、完善、有效的财税政策，能够激发创新创业者的积极性和主动性，有效提高创新创业要素的配置效率，在深入推进创新创业中具有基础性作用和保障功能，是创新创业系统的重要组成部分。

　　适应创新创业发展的财税政策体系应具备全视角、多功能性，政策优惠体系应覆盖创新创业生态系统的各个方面；政策体系应普惠式和特惠式相结合；政策扶持手段应具有多样性，通过采用不同的扶持手段，使得不同类型、不同性质的创新创业企业从中受益。同时，还需要优化纳税服务并加快相关财税政策落地，解决政策"最后一公里"问题。

创新创业是一项风险较高且具有正外部性的活动，需要政府的扶持。财税政策是政府鼓励企业、自然人技术创新，各类群体创业的主要手段。在支持创新创业方面，财税政策具有独特优势，能够激发创新创业者的积极性和主动性，有效提高创新创业要素的配置效率，优化纳税环境。设立各类专项基金，有利于发挥财政资金对鼓励企业创新、各类群体创业的"四两拨千斤"的引导作用。通过完善政府投资方式，能够进一步激发社会投资，引导全社会资金优化配置，投向创新创业领域，同时能够重点解决创新创业企业的资金缺口问题。政府购买可以减少创新创业过程中存在的技术、产品生命周期、市场、创新收益分配、环境等众多不确定性，分担企业创新创业的风险，促进创新创业企业生产、研发出更多的产品并能够把成果快速推向市场。财政补贴政策能够直接为企业的创新、各类群体的创业提供资金流，减轻创新创业者的资金压力。给予创新创业行为税收优惠，有助于直接降低创新创业的成本、消除部分创新创业的风险并提高纳税人的创新投资和创业的收益率，从而增强创新创业对纳税人的吸引力，引导投资者增加创新投资、创业者加速创业。

第一节　科学、完善的财税政策 在推进创新创业中的作用机理

科学、完善、有效的财税政策，能够为创新创业提供良好的政策环境，在深入推进创新创业中具有基础性作用和保障功能，是创新创业系统的重要组成部分。财税政策促进创新创业的作用机理具体如下。

一、税收政策促进创新创业发展的作用机理

1. 税收政策促进创新创业发展的总效应

税收对创新创业的激励效应是通过收入效应和替代效应来实现的。为了鼓励创新创业行为，给予相关行为税收优惠，会直接降低创新创业的成本、消除部分创新创业的风险并提高纳税人的投资和收益率，从而增强创新创业对纳税人的吸引力，促进投资者增加创新投资、创业者加速创业，从而替代其他普通投资以及相关就业，这就是税收对创新创业的替代效应。与此同时，免税和降低税率增加了创新创业者的税后净收益，相当于提高了投资者和创业者的收益水平。投资者和创业者为了获得更高的收益水平会倾向于继续投资和创新，这又会进一步促进创新创业的发展，这就是税收对创新创业的收入效应。税收对创新创业的替代效应和收入效应的共同作用，会促进创新创业大力发展，激发创新创业的积极性和主动性。

2. 固定资产和研发仪器设备加速折旧政策的激励效应

固定资产和研发仪器设备加速折旧政策有助于减轻企业投资初期

的税收负担，改善企业现金流，缓解企业资金压力，提高企业设备投入、更新改造和科技创新的积极性。具体激励效果体现在：一是减轻企业所得税负担，增加企业的流动资金。固定资产折旧政策的目标就是企业可以在更短的时间内计提固定资产折旧，使更多的折旧在使用的初期已被摊销，并且允许在税前扣除，可使企业获得延期纳税的好处，盘活企业现金流，在经营上使企业当期能有更宽松的资金运用。二是促使企业全身心投入到研究中，实现设备更新与技术改造。由于更完善的仪器设备不断进入市场，使得原有的技术较落后的仪器设备使用年限缩短，甚至提前报废，从而形成了无形的损耗。因此，采用加速折旧法可以补偿无形损耗、早日收回投资，提高产量和质量，使企业竞争优势得到提高，提升投资人对企业的期望，进一步增加对企业的设备投入。三是提高对通货膨胀、物价变动等带来的风险的承受能力。在物价变动尤其是物价持续上涨的情况下，尽快收回大部分投资，降低通货膨胀、物价变动带给企业冲击的可能性，从而降低固定资产的投资风险。

3. 研发费用加计扣除政策的激励效应

研发费用加计扣除政策直接增加了税前扣除的额度，减少了企业的税收负担，降低了研发投入成本与投资风险，间接提高了项目的盈利能力，促使企业增加研发经费投入，激励企业创新发展。

4. 免税或按低税率征收政策的激励效应

免税或按低税率征收政策属于直接性税收优惠，直接减少了企业的纳税义务，降低了创新创业的成本和风险，进而鼓励企业和个人进一步增加创新投入，从而加快技术创新，也鼓励各类群体开展创业活动。

5. 税收抵免、税前扣除政策的激励效应

税收抵免、税前扣除政策均允许纳税人以一定比例从其应纳税所得额中扣除部分以减轻其税负，属于间接性税收优惠，类似于政府对

投资的一种补助。该项税收优惠政策同样降低了创新创业的成本和风险，提高了创新创业收益。

6. 亏损结转抵补政策的激励效应

亏损结转抵补是指对缴纳所得税的纳税人在某一纳税年度发生经营亏损，准予在其他纳税年度的盈利中加以抵补的一种税收优惠。创新创业是一项风险较高的活动，不论是向前结转还是向后结转，该项税收政策的实质是政府承担了部分创新创业的风险，弥补了部分损失，让创新创业者更好地开展活动。

二、财政政策促进创新创业的作用机理

在创新创业方面，财政政策主要包括设立财政专项基金，运用财政补贴、政府购买以及减免各项行政性收费和政府基金等政策，形成有效的政策组合，助力创新创业发展。

1. 财政专项基金的激励效应

设立各类专项基金，有利于发挥财政资金对鼓励企业创新、各类群体创业"四两拨千斤"的引导作用。通过完善政府投资方式，能够进一步激发社会投资，引导全社会资金优化配置，投向创新创业领域。设立各类支持企业技术创新的专项基金，为企业进入产业化扩张和吸引商业性资本的介入起到铺垫和引导的作用。通过重点支持产业化初期（种子期和初创期）、技术含量高、市场前景好、风险较大、商业性资金进入尚不具备条件、最需要由政府支持的企业项目，重点解决企业技术创新资金缺口问题，扶持和引导企业的技术创新活动，支持成果转换和技术创新，最终培育和扶持科技型企业。设立各种创业引导基金，发挥财政资金的杠杆放大效应。由政府出资并吸引有关金融、投资机构和社会资本，不以营利为目的，以股权或债权等方式投资于创业风险投资机构，支持创业企业发展。创业引导基金能够增

加创业投资资本的供给，克服单纯通过市场配置创业投资资本的市场失灵问题。特别是鼓励处于种子期、起步期等创业早期的企业，弥补一般创业投资企业主要投资于成长期、成熟期和重建企业的不足。

2. 政府购买政策的激励效应

政府购买是通过支出使政府掌握的资金与微观经济主体提供的商品和服务相交换，政府直接以商品和服务的购买者身份出现在市场上，对社会生产有直接影响。政府在完成采购任务的同时，通过执行采购政策来实现调节经济运行的功能。政府采购可以减少创新创业过程中存在的技术、产品生命周期、市场、创新收益分配、环境等众多不确定性，分担企业创新创业的风险，促进企业生产、研发出更多的产品并把成果快速推向市场。政府采购创新产品的激励效应主要表现为：

一是能够为创新产品和服务创造市场，通过创造需求来激发企业创新的动力和能力。创新的根本目的是为了创造新产品以满足市场需求，而市场需求直接影响投入产出状况以及生产要素的配置和转化效率。创新产品刚进入市场时，需求者对该产品的性能不太了解，导致市场需求较低，创新企业出现亏损，使得企业不愿意去创新。而通过政府采购政策，有利于扩大市场需求，使创新企业盈利，促使企业愿意持续开发自主创新产品。

二是政府采购能够对企业创新起到引导作用，为创新技术产生和发展构建新的沟通交流机制。政府采购对拟定采购物品的品种等有明确要求，这都直接影响到企业的创新行为。企业会根据相关标准来设定自身创新的科研目标，积极参加政府采购部门的投标。这样在政府的引导下，企业会积极加大创新的投入，参与重大技术的创新，努力突破"卡脖子"技术，并加快技术成果转换，并且生产出技术含量高、质量好的创新产品。

三是政府采购可以充当创新产品的"试验田"，帮助和鼓励创新技术产业化，为企业的创新分担一定的风险。政府采购可以为企业提供一个市场化、商业化的平台，加速创新产品的应用，减少创新技术向创新产品转化的不确定性和风险。在企业创业早期阶段，由于政府采购可以为其创新产品提出明确的技术标准、性能要求及早期市场，减少产业化进程中的不确定性。这在某种程度上减少了企业科技创新的产业化风险，能够有效鼓励现有科技成果加速产业化，形成良性循环，促进企业向更高新的技术创新领域发展。在创新产品改进和成熟阶段，政府采购的介入会为企业最大限度地减少在产品宣传、市场开拓、教育消费等方面的支出，使得科技创新产品与市场直接联系起来，加速创新产品的推广。

3. 财政补贴政策的激励效应

将补贴政策运用到创新创业领域，其目的是通过优化财政资金投资方向，使财政资金更多地投向创新创业领域，直接为企业的创新、各类群体的创业提供资金流，减轻创新创业者的资金压力。同时，还具有影响企业投资决策和引导企业投资行为的作用，鼓励创新创业者加大创新的投入和创业的力度。

4. 减免行政性收费和政府基金政策的激励效应

对创新创业企业减免部分行政性收费和政府基金，能够直接减轻创新创业企业承担的税费负担，增加创新创业企业的现金流，间接提高创新创业者的动力和能力。

第二节　财税政策体系构建的基本原则

一、优惠体系应全方位

政策优惠体系应覆盖创新创业生态系统的各个方面。既要注重创新创业者本身，又要注重创业投资机构、创新创业平台；既要注重扶持高新技术产业和科技创新，又要注重支持初创期和成长期的中小企业，要覆盖创新活动的全过程；既要注重发挥企业作为经营主体的竞争效应，又要注重提高创新创业要素配置效率，调动科研人员的积极性、创造性，引导资本和土地向创新创业领域配置。

二、政策体系应普惠式和特惠式相结合

实现更广泛的创新创业，既要在整体上营造积极进取、开拓创新的社会氛围，又要在重点行业和领域内有所突破。因此，政策优惠体系既要重视对小微企业、科技创新的普惠式支持，也要重视针对重点创业群体、高科技产业、创新资源集聚地区的特惠式倾斜。

三、政策扶持手段应具有多样性

政策扶持手段应具有多样性，通过采用不同的扶持手段，使得不同类型、不同性质的创新创业企业从中受益。在财政政策方面，对创新创业的扶持政策除了采用财政补贴以外，还应通过设立财政专项资金、减免各类政府基金以及政府购买等手段，形成有效的政策组合，

助力创新创业发展。在税收政策方面，实施以间接性税收优惠为主，直接优惠为辅的政策体系。对创新创业扶持政策除了采用直接减免外，还应广泛运用税收抵免、亏损结转、研发费用加计扣除、加速折旧、提取科研开发准备金、延期纳税等间接税收优惠方式。改变当前以所得税为主的税收优惠政策体系，通过加大流转环节税收的优惠力度，给企业特别是给处于种子期、起步阶段的高新技术企业和风险投资企业以更多实惠。

第三节　构建全视角、多功能性财税政策体系的主要任务

适应创新创业发展的财税政策体系应具备全视角、多功能性，包括鼓励创新创业机构发展、提高创新创业要素配置效率的财税政策。同时，还需要优化纳税服务并加快相关财税政策落地，解决政策"最后一公里"问题。

一、鼓励创新创业机构大力发展的财税政策

相关财税政策应覆盖创新创业企业的整个生命周期，包括种子期、初创期、成长期、成熟期等，还应紧紧围绕重点群体给予财税支持。为促进孵化器、众创空间、大学科技园等创新创业平台更好地为孵化企业提供场地、管理、技术和金融等专业服务和资源，应给予相关财税支持政策。此外，还需为创新创业企业提供相关专业服务的中介机构提供财税支持政策。

二、提高创新创业要素配置效率的财税政策

为创新创业创造有利的融资环境。加大财政资金对企业创新创业的支持力度，扩大财政资金支持范围和完善支持方式。对为创新创业企业提供资金保障的各类创业投资机构和基金机构、提供融资服务的银行和担保机构给予财税支持，实现资本向创新创业企业聚集的税收优惠政策，为创新创业积累发展资本。作为一种新型创新创业融资机制，创业投资不仅具有简单地提供资金的职能，它还在创新项目孵化、创新

成果转化、市场开拓、企业管理等方面发挥着重要作用。在创业投资领域，由于创新活动的正外部性以及创业过程中严重的信息不对称和高风险，市场对创新资源的供给存在失灵现象。因此，需要政府对创业投资机构进行扶持，相关政策的实施有利于提高创投企业的收益，从而增强对外部资本的吸引力，有效激发更多的创业投资行为，最终能够达到增加创业资本规模的目的。另外，还要鼓励包括银行、担保机构在内的金融机构发展，通过财税政策营造一个健康的、竞争性的金融系统，保证创新创业企业能够获得所需资金。构建激励人力资本提高的财税政策，运用相关财税政策，促进人力资源素质提高和合理利用，帮助企业和科研机构留住创新人才，鼓励创新人才为企业提供充分的智力保障和支持。完善土地使用税费政策，引导土地资源向创新创业领域配置。

三、优化纳税服务并加快相关财税政策落地

积极为创新创业的实践者提供更为方便、快捷、高效的办税渠道，打造法治、公平、正义、规范的税收征管和服务环境。加大相关支持政策的宣传力度，提高政策的可操作性，促使相关财税政策落地（如表4-1所示）。

表4-1 促进创新创业发展的财税政策的着力点

	环节	着力点
全视角 多功能	鼓励创新创业投资机构发展	创新创业企业（种子期、初创期、成长期、成熟期）
		孵化器、众创空间、中介服务机构
		大学科技园区
		高校、科研院所
	提高创新创业要素配置效率	资本（创业投资企业、银行、担保机构、基金机构等）
		人才
		土地
	优化纳税服务并加快政策落地	打造法治、公平、正义、规范的税收征管和服务环境
		解决政策"最后一公里"问题

第四节　构建适应创新创业发展的财税政策体系的相关建议

一、促进创新创业企业发展的财税政策

财税政策体系应覆盖企业种子期、初创期、成长期和成熟期，相关建议主要包括以下方面。

1.企业处于种子期、初创期时

在企业种子期、初创期时，除了给予普惠性的税收优惠，比如对小型微利企业减免企业所得税政策、个体工商户和个人增值税起征点政策、企业或非企业性单位和增值税小规模纳税人销售额未超限免征增值税政策，也要给予重点行业的小微企业购置固定资产，特殊群体创业等特殊的税收优惠政策。具体实施政策有：重点群体创业享受税收扣减政策；随军家属创业免征增值税、个人所得税；军队转业干部创业免征增值税；自主择业的军队转业干部免征个人所得税；残疾人创业免征增值税。

同时，还应发挥财政资金和政府采购的作用。优化财政资金投资方向和投入方式，设立创新创业专项引导基金，充分发挥政府资金"四两拨千斤"的作用，引导全社会资金投向创新创业领域；应给予企业免征行政事业性收费和政府性基金等优惠政策，降低企业承担的成本。实施多渠道创新创业资助，资助创业者购买住房、租赁住房、积累创业经费，也可以提供一定规模的创业社会保险补贴和创业培训补助。对首次领取小微企业营业执照、正常经营，并创办企业缴纳社

会保险费满12个月的创业者，发放一次性创业补贴。对首次领取营业执照、正常经营1年以上的小微企业，吸纳登记失业人员和应届高校毕业生，并签订1年及以上期限劳动合同的，按照申请补贴时创造的就业岗位数量，给予一次性创业岗位开发补贴；积极发挥政府采购的作用，鼓励各级国家机关、事业单位和团体组织使用财政性资金进行政府采购的，应预留一定规模的本部门年度政府采购项目预算总额，重点面向已经转型升级或有自主研发产品的小微企业和个体工商户，促进小微企业和个体工商户的产品或成果快速投向市场；积极发展政府性融资担保体系，破解中小企业融资难问题。

在企业成长期时，为营造良好的科技创新税收环境，促进企业快速健康成长，应实施一系列财税政策帮助企业不断增强转型升级的动力。比如对研发费用实施所得税加计扣除政策，降低企业的研发风险和成本；对重点行业企业固定资产实行加速折旧，鼓励企业进行设备更新，加快技术改造和转型升级；允许外资研发中心采购国产设备增值税退税，有利于本国研发产品投向市场，鼓励本国产品出口；允许企业购买用于科学研究、科技开发和教学的设备享受进口环节增值税、消费税免税和国内增值税退税等税收优惠；给予技术转让、技术开发和与之相关的技术咨询、技术服务等环节增值税优惠，以及技术转让所得环节的企业所得税优惠。这有利于加快我国企业技术的转让、开发、咨询等环节活动的开展，积极发挥各类专项引导基金、政府购买政策在企业成长期的作用。

在企业成熟期时，财税政策的作用是充分补给"营养"，助力企业"枝繁叶茂、独木成林"。比如对高新技术企业按较低税率征收企业所得税，并不断扩大高新技术企业的认定范围；对于服务外包示范城市和国家服务贸易创新发展试点城市地区的技术先进型服务企业，按较低税率征收企业所得税；对软件和集成电路企业等实行更优惠的企业所得税优惠；对其他国家规划布局内的重点企业按更低税率征收企业所得税，对重点行业企业给予增值税期末留抵税额退税；降低居民对消费高科技产品的税收负担，引导和推动新消费，构建新消费倒逼新产业（新业态）的良性循环；综合运用无偿资助、财政贴息、股权投资、业务补助或奖励、购买服务和产品等方式。采用科技创新券、创业券等市场化方式来配置资源，支持企业创新创业。另外，政府采购应向创新产品和服务倾斜，加大对创新产品和服务的采购力度，对高新技术企业、创新型试点企业、科技型中小企业的创新产品和服务，优先列入政府采购目录，安排采购预算；对首次投放市场的创新产品和服务，依法实行政府首购或优先采购。

上述内容具体参见专栏4-1。

专栏4-1　目前我国给予种子期、初创期、成长期、成熟期企业的税费优惠政策

截至2021年6月，我国针对创新创业主要环节和关键领域陆续推出了102项税费优惠措施，覆盖企业整个生命周期。目前税收优惠助力创新创业，有效催生了经济发展的新动能、激发了市场新活力，打造了经济增长的新引擎。相关优惠政策如表1、表2、表3所示。

表1　企业种子期、初创期税费优惠政策	
小微企业税收优惠	个体工商户和个人增值税起征点政策
	符合条件的增值税小规模纳税人免征增值税
	阶段性减免小规模纳税人增值税
	小型微利企业减免企业所得税
	个体工商户所得税减免政策
	增值税小规模纳税减征地方"六税两费"
	符合条件的企业暂免征收残疾人就业保障金
	符合条件的缴纳义务人免征有关政府性基金
	符合条件的增值税小规模纳税人免征文化事业建设费
重点群体创业就业税收优惠	重点群体创业税收扣减
	吸纳重点群体就业税收扣减
	退役士兵创业税收扣减
	吸纳退役士兵就业企业税收扣减
	随军家属创业免征个人所得税
	随军家属创业免征增值税
	安置随军家属就业的企业免征增值税
	军队转业干部创业免征增值税
	自主择业的军队转业干部免征个人所得税
	安置军队转业干部就业的企业免征增值税
	残疾人创业免征增值税
	安置残疾人就业的单位和个体户增值税即征即退
	特殊教育学校举办的企业安置残疾人就业增值税即征即退
	安置残疾人就业的企业残疾人工资加计扣除
	安置残疾人就业的单位减免城镇土地使用税
	长期来华定居专家进口自用小汽车免征车辆购置税
	回国服务的在外留学人员购买自用国产小汽车免征车辆购置税

表2　企业成长期税收优惠政策

研发费用加计扣除政策	研发费用加计扣除、制造业企业研发费用企业所得税100%加计扣除、允许委托境外研发费用加计扣除
固定资产加速折旧政策	固定资产加速折旧或一次性扣除：生物药品制造业、软件和信息技术服务业等6个行业、4个领域重点行业的企业用于研发活动的仪器设备不超过100万元的，可以一次性税前扣除
	制造业及部分服务业企业符合条件的仪器、设备加速折旧
	制造业及部分服务业小型微利企业符合条件的仪器、设备加速折旧
购买符合条件设备税收优惠	重大技术装备进口免征增值税
	科学研究机构、技术开发机构、学校等单位进口符合条件的商品享受免征进口环节增值税、消费税
科技成果转化税收优惠	技术转让、技术开发和与之相关的技术咨询、技术服务免征增值税
	技术转让所得减免企业所得税
	中关村国家自主创新示范区特定区域内居民企业技术转让所得减免企业所得税

表3　企业成熟期税收优惠政策

高新技术企业税收优惠	不断扩大高新技术企业的认定范围，高新技术企业减按15%的税率征收企业所得税
	高新技术企业和科技型中小企业亏损结转年限延长至10年
	技术先进型服务企业减按15%税率征收企业所得税
	先进制造业纳税人增值税期末留抵退税
	软件产业增值税超税负即征即退，对自行开发生产的计算机软件产品、集成电路重大项目企业还给予增值税期末留抵税额退税等政策
	新办软件企业定期减免企业所得税：对软件和集成电路企业，可以享受"两免三减半"等企业所得税优惠

（续表）

高新技术企业税收优惠	国家规划布局内的重点软件企业减按10%的税率征收企业所得税
	软件企业取得即征即退增值税款用于软件产品研发和扩大再生产的企业所得税优惠
	符合条件的软件企业职工培训费用按实际发生额税前扣除
	企业外购的软件缩短折旧或摊销年限
动漫企业税收优惠	动漫企业增值税超税负即征即退
	符合条件的动漫设计等服务可选择适用简易计税方法计算缴纳增值税
	动漫软件出口免征增值税
	符合条件的动漫企业可申请享受国家现行鼓励软件产业发展的企业所得税优惠政策
集成电路企业税收优惠	集成电路重大项目增值税留抵税额退税
	集成电路企业退还的增值税期末留抵税额在城市维护建设税、教育费附加和地方教育附加的计税（征）依据中扣除
	承建集成电路重大项目的企业进口新设备可分期缴纳进口增值税
	集成电路线宽小于0.8微米（含）的集成电路生产企业定期减免企业所得税
	线宽小于0.25微米的集成电路生产企业减按15%的税率征收企业所得税
	投资额超过80亿元的集成电路生产企业减按15%的税率征收企业所得税
	投资额超过150亿元的集成电路生产企业或项目定期减免企业所得税
	国家鼓励的线宽小于28纳米的集成电路生产企业或项目定期减免企业所得税
	国家鼓励的线宽小于65纳米的集成电路生产企业或项目定期减免企业所得税
	国家鼓励的线宽小于130纳米的集成电路生产企业或项目定期减免企业所得税
	国家鼓励的线宽小于130纳米的集成电路生产企业延长亏损结转年限

（续表）

	国家鼓励的集成电路设计、装备、材料、封装、测试企业定期减免企业所得税
集成电路企业税收优惠	国家鼓励的重点集成电路设计企业定期减免企业所得税
	集成电路生产企业生产设备缩短折旧年限
研制大型客机、大型客机发动机项目和生产销售新支线飞机企业	研制大型客机、大型客机发动机项目和生产销售新支线飞机增值税期末留抵退税

资料来源：国家税务总局网站。

二、鼓励创新创业平台发展的财税政策

孵化器、众创空间、大学科技园区等创新创业平台通过对孵化企业提供场地、管理、技术和金融等专业服务和资源，降低了企业创业成本和失败风险、拓展了企业发展的空间，并实现成果转化，提高了企业存活率和成功率，促进了创新创业发展。为鼓励孵化器、科技园更好地为孵化企业提供专业服务和资源，需要对孵化器、科技园等创新创业平台提供税收减免、房租与运营费用补贴、创建资金、孵化项目资助等支持，这能够有效解决其收入往往难以覆盖提供各类服务成本的问题，有助于增强其孵化服务供给，促进对创新创业的支持。具体应包括：对科技企业孵化器（含众创空间）给予增值税、房产税、城镇土地使用税等税收优惠；对符合条件的孵化器的收入给予企业所得税优惠；对国家大学科技园给予增值税、房产税、城镇土地使用税等优惠；对符合条件的大学科技园的收入给予企业所得税优惠；给予创新创业平台房租、运用费用补贴和创建资金支持。支持个人、企业、投资机构、行业组织等社会力量，投资建设或管理运营创客空间、创业咖啡、创新工场等新型孵化载体，打造低成本、便利化、全

要素、开放式的众创空间。对符合条件的众创空间，经认定后给予一定额度的一次性补助。支持创建高层次创业孵化基地（园区），对评估认定为国家级、省级创业孵化示范基地、创业示范园区，给予一次性奖补。其中，直接购买或租赁已开发闲置房地产楼盘作为创业孵化基地（园区）的，奖补标准可以适当提高。

具体内容参见表4-2。

表 4-2 我国对平台的税收优惠政策

项目	内容
平台税收优惠	科技企业孵化器和众创空间免征增值税
	科技企业孵化器和众创空间免征房产税
	科技企业孵化器和众创空间免征城镇土地使用税
	大学科技园免征增值税
	大学科技园免征房地产税
	大学科技园免征城镇土地使用税

三、鼓励资本、人才、土地等要素向创新创业高效集聚的财税政策

首先，构建资本向创新创业企业聚集的财税政策，对提供资金、非货币性资产投资的创投企业、银行、担保机构、基金机构、保险公司给予税收优惠。主要有：允许符合条件的公司制创投企业和有限合伙制创投企业法人合伙人以及天使投资人按投资额的一定比例抵扣应纳税所得额；允许以非货币性资产对外投资确认的非货币性资产转让所得分期缴纳企业所得税和个人所得税；允许金融企业发放中小企业贷款按比例计提的贷款损失准备金税前扣除，如果各银行业金融机构新增小微企业贷款超过全省平均增幅的部分，可增加一定比例计提贷款损失准备金，同时允许金融机构对小微企业贷款获得的部分利息收

入免征增值税，推动金融机构增加对小微企业的信贷投放；允许金融机构与小型微型企业签订借款合同免征印花税；对信用担保机构实行风险补偿和税收优惠政策；制定鼓励社会捐赠创新活动的税收优惠政策；鼓励保险机构开展科技保险业务，对在科技型中小企业技术研发、成果转化、产业化过程中提供各类产品研发责任保险、产品责任保险、专利保险、关键研发设备保险等险种的保险机构，给予科技保险保费收入一定额度的补贴。

具体内容参见表4–3。

表4–3　我国对创投企业、金融机构的税收优惠政策

项目	内容
对提供资金、非货币性资产投资的创投企业给予税收优惠	创投企业投资未上市的中小高新技术企业按比例抵扣应纳税所得额
	有限合伙制创业投资企业法人合伙人投资未上市的中小高新技术企业按比例抵扣应纳税所得额
	公司制创业投资企业投资初创科技型企业抵扣应纳税所得额
	有限合伙制创投企业法人合伙人投资初创科技型企业抵扣从合伙企业中分得的所得
	有限合伙制创投企业个人合伙人投资初创科技型企业抵扣从合伙企业中分得的经营所得
	天使投资个人投资初创科技型企业抵扣应纳税所得额
	创业投资企业灵活选择个人合伙人所得税核算方式
	中关村国家自主创新示范区试行公司型创业投资企业所得税优惠政策
	创新企业境内发行存托凭证试点阶段增值税优惠政策
	创新企业境内发行存托凭证试点阶段企业所得税优惠政策
	创新企业境内发行存托凭证试点阶段个人所得税优惠政策
	以非货币性资产对外投资确认的非货币性资产转让所得分期缴纳企业所得税
	以非货币性资产对外投资确认的非货币性资产转让所得分期缴纳个人所得税

（续表）

项目	内容
对金融机构给予的税收优惠	金融机构小微企业及个体工商户小额贷款利息收入免征增值税
	金融机构农户小额贷款利息收入企业所得税减计收入
	金融企业涉农和中小企业贷款损失准备金税前扣除、贷款损失税前扣除
	金融机构与小型微型企业签订借款合同免征印花税
	小额贷款公司农户小额贷款利息收入免征增值税、企业所得税减计收入
	小额贷款公司贷款损失准备金企业所得税税前扣除
	为农户及小型微型企业提供融资担保及再担保业务免征增值税
	中小企业融资（信用）担保机构有关准备金企业所得税税前扣除
	账簿印花税减免

其次，鼓励创新人才为企业提供充分的智力保障和支持的税收政策。主要有：允许科研机构、高等学校股权奖励延期缴纳个人所得税；允许高新技术企业技术人员股权奖励分期缴纳个人所得税；允许中小高新技术企业个人股东分期缴纳个人所得税；允许获得非上市公司股票期权、股权期权、限制性股票和股权奖励递延缴纳个人所得税，获得上市公司股票期权、限制性股票和股权奖励适当延长纳税期限；允许企业以及个人以技术成果投资入股递延缴纳个人所得税；对科技人员获得的国家级、省部级以及由国际组织颁发的科技奖金免征个人所得税；提高符合条件的科技企业、科技服务企业职工教育经费税前扣除的比例。这些政策的实施有利于促进人力资源素质提高和合理利用，帮助企业和科研机构留住创新人才，鼓励创新人才，为企业发展提供充分的智力保障。

最后，完善土地使用税费政策。发挥好税收引导土地节约集约利用的作用，引导土地资源向创新创业领域配置。

四、优化纳税服务

加强制度供给，建立多元化纳税服务体系，优化纳税服务和提升服务质量，进一步减轻纳税成本。与此同时，落实好创新创业的优惠政策。提高政策的可操作性，加大对财税政策的宣传力度，解决政策"最后一公里"问题，实实在在地减轻创新创业企业的税收负担。具体来看，一是组建"辅导队"精准实施宣传辅导。各级税务部门应组织业务骨干和成立辅导团队，强化在办税服务厅的现场辅导和审核，深入重点企业帮助纳税人准确理解、掌握政策关键和要领。同时，借助涉税专业服务社会组织的"外力"作用，把服务触角延伸到每一位纳税人，全面提升宣传和辅导效果。二是拓展办税渠道让纳税人"少等待"。力推预约办税，合理疏导，缩减纳税人等待时间。完善网上办税、自助办税和移动办税平台，积极稳妥地拓展网上业务功能，实现新的减税措施网上备案。三是加强落实工作的监督检查。税务机关还要做好减税效应的统计和分析工作，加强监督检查。通过专项督导、执法督察、绩效考评等方式来跟踪问效和监督问责，确保减税优惠政策落实到位。

具体参见专栏4-2中的内容。

专栏4-2　山东省潍坊市出台30条财税政策支持创新创业发展

为进一步激发"大众创业万众创新"活力，汇聚经济发展新动能，打造转型升级新优势，潍坊市制定出台了支持创新创业财税政策，从打造环境、资金扶持、搭建平台、资助渠道、配套服务等5个方面给出30条政策。

一、打造"零成本"创新创业环境

1. 落实免征行政事业性收费政策。

2. 补助高校毕业生创业场地租金。高校毕业生在指定的创业孵化器外租用经营场地创办小微企业，自注册登记之日起正常运营6个月以上并吸纳3人以上就业的，给予最长2年、每年最多5000元的租金补贴。

3. 减免市级创业孵化器入驻企业房租。对入驻市级创业孵化器的企业，在3年孵化期内，前2年免缴房租，第3年享受50%的减免。

4. 落实小微企业增值税延期政策。

5. 加大科技型小微企业奖励扶持力度。对科技型小微企业，以国家优惠数额为基数，按30%的比例给予奖励。

二、提供低成本资金扶持

6. 加大创业担保贷款扶持力度。符合条件的各类创业人员，可申请最高20万元的创业担保贷款，政府给予同期贷款基准利率上浮不超过3个百分点的贴息；符合条件的小微企业，可申请最高300万元的创业担保贷款，政府给予同期贷款基准利率50%的贴息；对还款及时、无不良信贷记录的个人和企业，允许其再申请一次创业担保贷款。

7. 鼓励增加小微企业贷款投放。对各银行业金融机构新增小微企业贷款，超过全市平均增幅的部分，按1%的比例提供风险补偿，推动增加小微企业信贷投放。

8. 发挥天使投资基金引导作用。种子期、初创期科技型中小企业以及互联网众筹创新项目，可向市、县科技部门提出申请，由各级天使投资基金给予其资金支持。

9. 加大重大科技项目风投基金支持力度。列入国家科技计划的重大科技创新项目，有资金需求的，可向市科技局提出申请，按程序决策后，给予其风险投资基金支持。

10. 鼓励发展社会化风险投资。对在潍坊市设立的注册资本1亿元以上且投资本地企业占其投资总额70%以上的股权投资类企业，3年内每年给予营业收入8%的补助，最高累计不超过300万元；购买或租赁办公场所500平方米以上的，分别给予每平方米500元的购房补贴，或3年内给予60%的租房补贴，最高累计不超过50万元。

11. 提供政策性融资担保服务。有融资担保需求的科技型中小企业，可向市、县科技部门提出申请，按程序决策后，给予其政策性融资担保服务。

12. 实施全方位风险缓释基金支持。鼓励银行业金融机构向科技型中小企业提供展期贷款服务，政府在资源配置方面给予倾斜。

13. 鼓励利用知识产权质押融资。市级财政对科技型中小企业以专利权、商标权质押贷款给予贴息补助，贴息比例为实际支付利息总额的50%，每家企业每年贴息最高不超过20万元。

14. 支持利用政府采购合同融资。对银行业金融机构为科技型中小企业利用政府采购合同融资提供优惠利率的，低于同期贷款基准利率1.25倍的部分，由所在地政府给予等额风险补偿，最高补偿比例为1.5%。

三、搭建多元化创新创业平台

15. 鼓励社会力量兴办众创空间。对符合条件的众创空间，经认定后，给予50万元的一次性补助。

16.支持创建高层次创业孵化基地（园区）。对评估认定为省级、市级创业孵化示范基地、创业示范园区，在上一级政府补助的基础上，再给予一定数额的补助。

四、实施多渠道创新创业资助

17.资助创业者购买住房。对来潍坊市自主创业的各类人才，只要符合一定条件，发放10万元"购房券"，用于购买自有住房。"购房券"的金额随着投资额增加有所提高。

18.资助创业者租赁住房。对到中心城区自主创业的本科以上（含本科）高校毕业生，租赁普通住房的，按租赁合同给予每月300元补贴，最长补贴期限不超过2年。

19.资助高端人才创业经费。每年遴选一批，对符合条件的高端创新人才给予每人100万元、每个团队300万元的经费资助。

20.提供创业社会保险补贴。自主创业人员招用应届高校毕业生，签订1年以上期限劳动合同并缴纳社会保险费的，可按实际招用人数，参照用人单位招用就业困难人员的社会保险补贴标准，给予最长3年的补贴。

21.提高创业补贴标准。对首次领取小微企业营业执照、正常经营，并在创办企业缴纳社会保险费满12个月的创业者，发放一次性创业补贴。

22.提高创业岗位开发补贴标准。对首次领取营业执照、正常经营1年以上的小微企业，吸纳登记失业人员和毕业年度高校毕业生，并与其签订1年及以上期限劳动合同的，按照申请补贴时创造的就业岗位数量，给予一次性创业岗位开发补贴。

23.提高创业培训补助标准。面向全国选择高质量培训机构，建立政府购买服务和订单式培训机制，支持免费向学员提供定向创业培训服务，在省级每培训1人补助培训机构800元的基础上，市级再按每人800元的标准给予补助。

五、完善创新创业配套服务

24. 支持申请发明专利。对相应的发明专利给予一定规模的补助。

25. 支持科研成果转化。科技人员就地转化科技成果所得收益，可按至少70%的比例奖励给技术成果完成人以及对技术成果转化有突出贡献的人员，有合同约定的从其约定。科技人员可以高新技术成果或知识产权作为无形资产入股创办科技型企业，所占注册资本比例最高可达100%。

26. 鼓励保险机构开展科技保险业务。对符合一定条件的保险机构，给予科技保险保费收入20%的补贴。

27. 政府采购向创新产品和服务倾斜。

28. 支持举办各类创业宣传活动。对社会力量举办的创业训练营、创新创业大赛、创客成果展等活动，经认定为市级重大创业宣传活动的，给予10万元一次性奖励。

29. 表彰奖励创新创业先进典型。对列入"潍坊市专业技术创新人才工程"的创新人才，到国内外重点高等院校或科研院所进行研修的，提供研修学习费用补助。设立"市政府创业奖"，对作出突出贡献的创业者和集体给予表彰奖励，激发全民的创新创业热情。

30. 优化创业审批服务。实行创业项目"一口受理、并联审批、一站服务"，简化登记手续，提高服务效率，审批结果在网上即时发布。

第五章　创新创业金融体系

我国创新创业发展进入加速时期之后，新技术、新业态、新模式竞相迸发，科技成果加速转化，对我国金融体系的功能、形式、层次提出了新的要求。我们需要积极适应创新创业发展的要求，分析金融体系推进创新创业的作用机理，确立金融体系支持创新创业的基本原则，建立与之匹配的金融体系：一方面，做好存量改革，让更多金融资源流向创新创业；另一方面，积极做大增量，促进金融市场充分竞争，增加有效金融供给，引导各方资本转化为促进创新创业的金融资本，积极创新金融服务组织和模式，建立适应创新创业需求的多层次、多元化、功能型金融体系，努力提升金融服务质效，下沉金融服务重心，提高金融服务效率，不断提升创新创业企业金融服务的可获性和覆盖率。

第一节　全面、有效的金融体系在推进创新创业中的作用机理

创新创业是一项具有"高风险、高投入、高成长"特征的活动，离不开金融体系的支持。全面、有效的金融系统能够为创新创业提供良好的融资方式并分散风险，在继续深入推进创新创业进程中具有重要的支撑和促进作用，是创新创业系统的另一重要组成部分。在支持创新创业方面，金融体系具有独到的优势，能够解决创新创业者的资金需求，分散创新创业的风险，为创新创业者提供宽松的创新环境，提高创新创业的成功率。金融体系促进创新创业的作用机理如下。

一、解决创新创业的资金需求和分散风险

创新创业企业的特点是中小企业多、大企业少，专业性强，不确定因素多，具有较大的风险，在融资方面呈现出"小、散、专"的特点，知识产权等"软资产"较多，固定资产等传统实物抵押品少。金融体系包括股权、债券、风险投资等方式，银行、证券、保险、基金等众多金融机构能够提供多元化的融资方式，从不同方面、不同阶段满足创新创业者的资金需求，分散风险，解除后顾之忧，提高创新创业发生的频率和成功的概率。

二、为创新创业主体提供增值服务获取高收益

传统和成熟行业只需金融体系提供资金服务，但是创新创业不确定性大，具有较大的技术风险和市场风险，情况非常复杂，在创新创

业生命周期中不仅需要资金支持，而且需要技术应用、市场开拓、公司管理等方面的支持。因此，金融体系对创新创业的支持不能和对传统行业一样，除满足资金需求外，还需要提供商业模式、市场开发、公司治理、再融资以及发展战略等增值服务，帮助创新企业提升科技创新的能力、商务模式先进及扩张的能力、公司治理构建及执行的能力、社会资本运用的能力、获得政府支持的能力，帮助企业分散和化解风险，提高创新创业的成功率。金融体系自身也可在为创新创业服务的过程中获得高收益。

三、支持创新创业的示范效应

金融体系，特别是资本市场，对高新技术企业通过点对点的支持，可以培育一批具备较高创新能力的高科技企业，树立起产业转型的标杆，其所显示出来的持续爆发力会激励和引领更多的企业成为科技创新的龙头。与此同时，资本市场还可以起到以点带面的作用。能够上市的科技型中小企业毕竟是少数，但它们的上市可以带动风险投资，以及专门针对中小企业、高科技企业的银行信贷创新工具等各种金融支持手段的发展，可以激发全社会的科技创新、科技创业的热情，从而起到调整结构、助推创新和优化资源配置的作用。

第二节　构建适应创新创业发展金融体系的基本原则

金融体系是指一个经济体中资金流动的基本框架，是资金流动工具（金融资产）、市场参与者（中介机构）、交易方式（市场）等各金融要素构成的综合体。金融体系演化与创新创业发展之间存在密切的耦合关系，高效的金融体系对提高创新创业绩效具有重要意义。为适应创新创业发展的需要，应建立多元化、多层次的金融体系，加强金融体系服务的精准性以及提高金融体系对创新创业试错过程的包容性。

一、金融体系应具有多元化、多层次的特征

支持创新创业的金融体系应该是多元化、多层次的，以满足创新创业主体复杂的金融服务需求。不同经济发展阶段的经济体具有不同的要素禀赋结构，处于不同经济发展阶段的实体经济对于金融服务的需求存在系统性差异，推动创新创业发展必须要建立与之相适应的金融体系。创新创业发展有别于以往的投资驱动和要素驱动发展模式，对金融体系提出了有别于以往的金融服务需求，而我国现有金融体系的服务对象多为大企业和成熟企业，针对创新创业发展的生力军（比如初创型和科技型中小企业等）的资金支持严重不足。处于不同发展阶段的创新创业主体面临的创新特征、风险特征各不相同，需要多元化、多层次的金融服务体系来支持创新创业的各个环节。创新创业主体遇到资金筹集、资源整合、技术定价、项目遴选、信息甄别、委托代理等诸多方面的难题，而解决好这些难题更需要一个完善的金融体系。

二、金融体系的服务应具有精准性

金融体系支持创新创业，是指金融体系对创新创业主体发展的各个阶段，包括种子期、初创期、成长期和成熟期所面临的技术风险、市场风险、产品风险、融资风险、管理风险和政策风险的动态管理过程。企业技术创新过程的各个环节会存在不同的风险，使得企业对金融服务的需求存在较大差异。因此，金融支持创新创业的重点在于实现创新链和融资链的良好匹配，针对创新创业各阶段的特点给予精准服务，满足创新创业主体的需求。

金融体系支持创新创业的路径，是金融体系根据创新创业各阶段的创新特征、产品特征、风险特征在资金需求和资金来源上的动态匹配过程。具体而言，金融体系支持路径如下：一是种子期创新创业主体主要面临技术研发和产品概念验证的技术风险，总体风险最高，需要更大风险偏好和风险容忍度的天使资金和政府资金支持。二是初创期创新创业主体主要面临技术中试的技术风险和产品试制的产品风险，需要风险偏好较高的创业投资和私募资本投资支持。三是成长期创新创业主体主要面临技术工业性试验的技术风险和产品商业化的市场风险、产品风险和管理风险，此时风险较低，需要风险投资、股票市场和银行贷款的融资支持。四是成熟期创新创业主体主要面临较低的技术改进的技术风险和产品质量管理所面临的经营风险、产品风险、市场风险，此时企业总体风险最低，主要需要股票市场和银行贷款资金支持。另外，创新创业过程中所需的融资模式也是动态演进的。创新创业主体的发展前期更多需要股权融资，发展后期更多需要债权融资，因此需要支持创新创业主体从初创期发展到成熟期，对企业技术风险、市场风险、产品风险和管理风险的全过程全覆盖的金融体系。

三、金融体系应该具有较高的风险分担能力和较强的风险容忍度

创新创业主体普遍存在"高风险、高投入、高成长"特征，适应创新创业的金融体系首先要有较强的风险管理职能，通过促进金融链、创新链和产业链的融合，成为落实科技与金融结合、实现创新驱动发展战略最重要的切入点和着力点。有效金融体系需要通过发挥其动员储蓄、管理风险、处理信息、便利交易、公司治理等金融服务功能，对创新创业的潜在价值和市场潜力进行风险识别，进而实现创新资源和金融资源的有效对接。金融中介和金融市场通过吸收创新创业的风险，支持了技术进步、产业创新进而促进了经济增长。金融体系通过建立"风险共担、收益共享"机制，一方面使得承担高风险的投资人分享了创新创业的高收益，进而吸引更多资金投入到创新过程；另一方面通过分担风险，分散了创新创业风险。金融体系还应对创新创业活动具有更大的风险容忍度，有能力应对创新创业主体由于高研发投入、低资产抵押物导致的技术风险和市场风险。需要更多的金融服务支持创新创业主体发展前期的种子期、初创期。需要金融体系增强对创新创业主体创新试错和创业失败的包容性和容忍性。创新创业发展需要金融体系积极优化风险配置和提高风险管理能力，通过金融创新降低创新创业的试错成本，进而提升金融体系的风险容忍度，使金融体系有能力支持更多的创新创业活动、鼓励更多的投资者参与创新投资。

第三节　支持创新创业金融体系的主要内容

发挥金融体系对创新创业的重要助推作用，应开发符合创新需求的金融产品和服务，大力发展创业投资和多层次资本市场，完善创新创业和金融相结合机制，提高直接融资比重，形成各类金融工具协同融合的创新创业金融生态。

一、扩大创新创业投资规模

第一，扩大政府资金用于创新创业。全面实施国家科技成果转化引导基金，吸引优秀创业投资管理团队联合设立一批创业投资子基金。壮大政府创业投资引导基金规模，充分发挥国家新兴产业创业投资引导基金和国家中小企业发展基金的作用，带动社会资本支持高新技术产业发展。具体可参见专栏5-1中的内容。

专栏5-1　政府引导基金加快设立运行

自创新创业概念提出后，创投行业迎来历史上最好的发展时期，行业地位大幅上升。无论是政策的支持力度，还是业务实践状况，都有很好的发展前景。受创投行业火爆的影响，全国各地近些年纷纷设立政府引导基金以支持创投行业发展，呈现出"遍地开花"的趋势。

大型政府引导基金纷纷涌现。根据投中数据，截至2016年底，全国目标规模百亿元以上的引导基金共有45只，披

露总目标规模为13637.2亿元，其中，国家级5只，总规模为2760.2亿元；省级15只，总规模为4275亿元。从区域分布来看，目标规模百亿元以上的基金主要集中在华北和华东地区，华北地区总规模为5360.2亿元，在全国目标规模百亿元以上基金中的占比为42.4%。此外，2016年设立的目标规模百亿元以上基金共31只，总规模为8700亿元，超过此前设立的总和。最早期的政府引导基金多数是直投的，管理的规模也比较小，而现在政府引导基金从直投基金转向了发起设立母基金，和过去相比，规模要大得多。

政府引导基金的运行模式基本上得到各地政府认可，且在北京、深圳等地效果显著。政府引导基金以出资人的角色参与新经济的风险投资过程，并通过杠杆作用，撬动更多社会资本共同参与。从政府角度来讲，就是要支持当地的中小企业发展，在资金层面有一定规模的放大，并且委托专业的机构来管理，发挥市场作用，通过设立不同的风险投资基金和股权投资基金来支持中小企业的直投。政府引导基金发展到今天，一个重大的变化就是政府的出资已经纳入预算，出资额也越来越大。

第二，引导社会资金支持创新创业。发展天使投资、创业投资、产业投资，壮大创业投资规模，强化对种子期、初创期创业企业的直接融资支持。研究制定天使投资相关法律法规，鼓励和规范天使投资发展。引导保险资金投资创业投资基金，加大对外资创业投资企业的支持力度，引导境外资本投向创新领域。

2016年以来，国内创业投资市场发展十分迅速，机构数量也大幅增加。截至2016年底，我国私募股权投资市场中活跃的投资机构达1万家，管理资本量超过7万亿元，按此规模计算，中国已经成为全球第二大股权投资市场。其中，创业投资机构数量近3500家，管理资本量接近2万亿元。反观2015年，创业投资机构数量还只有2500多家，管理资本量1万亿元。

从目前来看，我国创业投资发展呈现出以下4个方面的特征。

一是投资项目估值趋于理性。2016年我国创业投资机构共发生3683起投资案例，所披露的投资金额约为1313亿元，投资案例数与投资金额均略微超过2015年的水平，而单项投资规模有所下降，平均投资金额为3839.04万元，项目估值逐渐趋于理性。

二是创业投资从流量式电商创业向技术型创业转变。根据对我国创业投资机构的行业分布情况分析，2016年我国创业投资主要分布于23个一级行业。其中，互联网行业在投资案例数、投资金额中虽然位居首位，但比例较上年明显下降，分别降低7.6个和6.2个百分点。而信息技术、生物技术/医疗健康行业发生的投资案例数和投资金额快速提升，超越电信及增值业务，位居第二、三位。其中，信息技术行业发生的投资案例数和投资金额所占比重分别较上年同期上升2.5个和5.4个百分点，生物技术和医疗健康领域发生的投资案例数和投资金额所占比重分别较上年同期上升2.9个和2.8个百分点。

三是投资阶段以早期项目为主。统计数据显示，2016年我国创业投资机构投资于种子期的案例数占15.2%，投资于初创期的案例数占到38.6%，二者合计达53.8%。可见，国内创业投资的投资阶段以早期为主，为创业企业提供了大量起步资本。从投资金额角度来分析，种子期和初创期的平均投资分别是0.17亿元和0.30亿元，明显少于扩张期和成熟期的项目。由于种子期和初创期单个项目的平均投资金额小，因此，早期投资阶段的投资总规模不大，早期项目合计获得投资为482.78亿元，只占到创业投资机构对外投资总额的36.8%，与上年基本持平。

四是我国创业投资机构主要投资地域集中分布在北京、上海、深圳、浙江等东部发达地区。凭借着人才、资金、政策等优势，北京市稳居国内创业投资市场第一的位置。2016年北京市共发生1106起投资案例，占到全国案例总数的30%，获得投资金额459亿元，占到全国创投机构已披露对外投资总额的35%。紧随北京之后便是上海，同期共发生620起投资案例，获得227.15亿元的创投资金。接着是深圳市和浙江省，分别发生376起和324起投资案例，各获得100多亿元的创投资金。由此可见，京沪深浙四地的投资案例合计占到全国创业投资事件的65.9%，投资金额也占到全国总投资金额的69.4%，远超全国其他地区。

二、发展支持创新创业的多层次资本市场

第一，拓宽创新创业企业在资本市场上的融资渠道。支持创新创业企业进入资本市场融资，完善企业兼并重组机制，鼓励发展多种形式的并购融资。深化创业板市场改革，健全适合创新型、成长型企业发展的制度安排，扩大服务实体经济覆盖面。强化全国中小企业股份转让系统融资、并购、交易等功能。规范发展区域性股权市场，增强服务中小微企业的能力。

第二，加强各类资本市场的融合。打通各类资本市场，加强不同层次资本市场在促进创新创业融资上的衔接，积极推进高收益债券及股债相结合的融资模式。积极发挥沪深交易所股权质押融资机制作用，支持符合条件的创新创业企业主要通过非公开方式发行公司信用类债券。支持符合条件的企业发行项目收益债，募集资金用于加大创新投入。

为满足创投企业多元化的融资需求，2016年起，创业投资企业可在银行间债券市场以公募的方式发债融资，将募集资金用途扩大至补充创投基金的资本金和股权投资。同时，战略性新兴产业企业在银行间债券市场的融资规模不断扩大，截至2016年底，创投类企业累计发

行债务融资工具8只共35.4亿元;共有769家战略性新兴产业企业在银行间债券市场累计募集资金7.2万亿元。

具体可参见专栏5-2中的内容。

专栏5-2 创新创业债稳步发展

创新创业债——中小企业私募债的2.0版本,全称为创新创业公司债券,也称创新创业公司债。

2012年5月,沪深交易所出台《中小企业私募债券业务试点办法》,新三板企业开始发行中小企业私募债。当时试点的中小企业私募债券,在发行人门槛、审批速度等方面和其他债券品种相比,优势突出,成为中小企业融资的重要途径。据不完全统计,已有30余家新三板公司计划或发行私募债,总融资额接近20亿元。2015年1月,中国证监会发布修订后的《公司债券发行与交易管理办法》,将公司债发行范围由上市公司扩大到所有公司制法人主体。随后,沪深交易所废止了《中小企业私募债券暂行办法》。2015年10月,中小企业私募债并入公司债的范畴,不再单独备案。2016年3月,全国首批创新创业公司债券在上海证券交易所发行,由"16苏方林"、"16普滤得"和"16苏金宏"三单公司债券组成,发行人均为新三板挂牌公司。2016年6月,证监会成立创新创业债券专项小组,统筹推动创新创业债券试点发展。2017年5月,创新创业债进入除交易所市场之外的银行间债券市场。银行间市场首单创新创业专项债务融资工具——成都高新投资集团有限公司2017年度第一期创新创业专项债务融资工具发行。其注册金额10亿元,首期发行5亿元,期限5年,发行利率5.6%。2017年7月,证监会发布《中国证监会关

于开展创新创业公司债券试点的指导意见》，创新创业债将
步入常规发行，纳入地方政府金融支持体系，下一步证监会
将继续推广试点工作。

三、促进创新创业金融产品和服务创新

第一，努力探索新的融资模式和融资方式。深化促进创新创业和
金融结合试点，建立全过程、多元化和差异性的创新创业融资模式，
鼓励和引导金融机构参与产学研合作创新。在依法合规、风险可控的
前提下，支持符合创新特点的结构性、复合性金融产品开发，加大对
创新创业活动的金融支持力度。选择符合条件的银行业金融机构，为
创新创业企业提供股权和债权相结合的融资方式，与创业投资机构合
作实现投贷联动。具体可参见专栏5-3中的内容。

专栏5-3　投贷联合支持创新创业

2016年4月20日，银监会、科技部、人民银行联合印发
《关于支持银行业金融机构加大创新力度开展科创企业投贷
联动试点的指导意见》，允许有条件的银行在依法合规、风
险可控的前提下，对科技创新创业型小微企业试点探索投贷
联动融资服务。目前，国家开发银行与中关村管委会、中关
村科技担保公司合作，成功建立起"投、担、贷"联动合作
模式，利用已有的投资平台，率先在北京中关村国家自主创
新示范区开展全国首笔投贷联动业务。截至2016年底，该行
已累计实现5个投贷联动项目落地，投资金额4600万元，实际
发放贷款金额1.06亿元。中国银行在本行投贷联动框架下的
"我投我贷"模式贷款余额3.1亿元，投资3.3亿元；与外部投
资机构合作的"他投我贷"模式贷款余额6.8亿元。

第二，积极引导各类金融机构进行产品和服务创新。充分发挥政策性银行的作用，在业务范围内加大对创新创业活动的支持力度；引导银行等金融机构创新信贷产品与金融服务，提高信贷支持创新创业的灵活性和便利性；支持民营银行对中小微企业创新需求的金融产品创新；加快发展创新创业保险，鼓励保险机构发起或参与设立创新创业投资基金，探索保险资金支持重大科技项目和科技企业发展；推进知识产权证券化试点和股权众筹融资试点，探索和规范发展服务创新创业的互联网金融。具体可参见专栏5-4、专栏5-5中的内容。

专栏5-4　商业银行积极创新支持创新创业

创新创业提出以来，多家商业银行积极尝试金融创新，先后推出多款针对创新创业企业的专属信贷产品。例如，中国银行推出针对科技企业的专属融资模式——"中关村模式"，从业务营销、授信审批、风险管理等各个环节实现创新，目前已累计为2956户中小科技企业提供授信，发放贷款296亿元。中国邮政储蓄银行依托财政风险补偿基金，截至2016年12月末，发放科技产业链贷款余额达30.05亿元，并在创新创业示范城市（包括财政部创新创业基地城市和中国科协创新驱动示范城市）发放小微企业创新创业贷款，贷款余额10亿元。浦发银行推出"科技创客贷"，这是浦发银行针对初创期及成长期的科创小微企业及创业者个人设计的信用贷款，采取定性与定量相结合的多维度评价体系，从而更为全面地评估创客群体的成长性，并由此形成打分表，根据打分情况，给予科创小微企业或企业主个人的信用贷款额度。中国建设银行专项营销推高创新创业服务热度。中国建设银行在系统内开展了"创新创业示范基地"专项营销活动，积

极对接政府部门，走访行业协会、创客群体，充分调动社会
各种力量服务创新创业的热情与热度，形成了一系列独具特
色的创新创业服务品牌，比如"芝麻开门创客汇""创客沙
龙日""蓝色梦工厂创客大赛""创客训练营"等"建行创
客行"系列活动，将"融资"与"融智"有效结合，为创新
创业主体提供资金支持、品牌传播、技术指导和业务交流。

专栏5-5 政策性银行支持创新创业推进

开发性和政策性银行发挥自身优势，努力支持创新创业发展。

一是国家开发银行发挥开发性金融优势支持科创企业发
展，2016年发放科技型企业贷款262亿元，相关贷款余额724
亿元。

二是中国进出口银行积极扶持初创期企业和创业型小微
企业的发展，截至2016年12月末，该行小微企业贷款余额
2653亿元，较年初增加975亿元；通过项目推荐机制，对28个
科技部推荐的重点创新创业项目累计发放贷款131.5亿元。

三是中国农业发展银行重点支持农业科技成果推广应用
（主要包括种业、农机、节水灌溉、粮油生产实用技术等4个
领域），助推农业供给侧结构性改革，2016年共投放农业科
技贷款52.54亿元，贷款余额为62.15亿元；"创新创业三年行
动计划及新型产业"类项目114个，贷款金额达86.8亿元。

第三，加强应对风险的能力和建立支持创新创业的服务平台。完
善金融体系对创新创业支持的风险分担和风险分散机制，提升金融体
系对技术创新和创业的风险容忍度，增强金融体系对创新试错过程的
包容性；推进各具特色的孵化器、众创空间、大学科技园等创新创业

平台的建设，集聚科技资源和金融资源，打造区域创新创业金融服务品牌。具体可参见专栏5-6中的内容。

专栏5-6 创业担保机制逐步健全

2016年，全面贯彻落实《国务院关于促进融资担保行业加快发展的意见》（国发〔2015〕43号）的精神和要求，加快发展主要为小微企业和"三农"服务的新型融资担保行业，完善政府性融资担保体系，扩大创业融资新渠道。为此，在中央和地方政府的大力支持下，2016年的融资担保行业出现新亮点。一是政府性融资担保机构的数量和规模不断增长，据初步统计，截至2016年末，政府性融资担保机构的数量占比已接近40%、资本规模占比已超过50%、担保业务规模占比超过70%。二是各地省级再担保机构已基本建立，安徽、重庆等省份已初步建立起统一、规范的政府性融资担保机构服务体系。三是北京、上海等地通过大力发展政策性科技融资担保机构、设立中小微企业政策性融资担保基金等，为科技型中小微企业提供融资担保服务，积极支持当地"高、精、尖"产业发展和国家自主创新示范区建设。

此外，中国人民银行会同财政部、人力资源社会保障部出台《关于实施创业担保贷款支持创业就业工作的通知》，扩大创业担保贷款支持对象，将最高贷款额度统一调整为10万元，延长贷款期限，中国人民银行各分支机构积极协调地方政府有关部门，结合辖区实际推动创业担保贷款政策落地实施。截至2016年底，创业担保贷款余额为964亿元，全年累计发放719亿元。

第四节　构建支持创新创业发展金融体系的政策建议

金融体系支持创新创业发展的过程是金融链与创新链相互融合、相互促进的过程。需要优化金融结构，激发金融机构活力，建立以金融市场为主导的金融体系，激发各个金融经营主体参与创新创业的积极性，建立全周期的创新融资支持链；建立完善金融体系风险分担机制，强化金融服务功能，增强金融体系对创新试错过程的包容性；需要强化金融机构风险配置和风险管理的能力，完善风险补偿机制。

一、针对创新创业金融特点，加强顶层设计和激励机制设计

1. 金融支持创新创业需要顶层设计的大胆突破

构建创新创业金融支持体系必须从国家战略的高度进行部署，而不是仅仅对传统商业金融体系的简单修补调整，必须要实现金融支持创新创业顶层设计的重大突破。在法律制度上，针对创新创业金融的特点制定支持、优化相关法律法规，赋予金融支持创新创业合法性，合理限定创新创业金融的风险边界。在管理制度上，统一整合有关部委、监管机构及地方政府对创新创业金融的管理办法，形成一套简明高效的创新创业金融管理制度，规范目前分散的创新创业金融监管体系。积极培育创新创业金融市场环境与创业金融主体，实现政府职能转变，简政放权，充分释放创新创业金融的活力。

2. 建立与创新创业金融相适应的激励绩效考核和尽职免责机制

金融机构需要加快制定和完善与服务创新创业相适应的考核激励

和尽职免责机制，制定科学、合理、可操作的实施细则，真正把不良贷款尽职免责制度落到实处，切实提高基层员工服务初创期创新型企业的积极性。各级监管部门要加强对金融机构考核激励与尽职免责机制建设情况的督促与跟踪。

3. 差异化监管以激发金融机构支持创新创业的内在动力

监管部门需要综合运用各种监管手段，引导和督促金融机构支持大众创新创业。将金融机构支持创新创业工作的情况及实绩与机构监管评级、市场准入和高管履职评价挂钩。支持符合条件的银行、资产管理公司等金融机构发行专项金融债，用于科技型小微企业贷款和相关资产证券化产品。进一步完善小微企业金融服务评价机制，将金融机构支持小微企业创新创业绩效作为一项重要内容纳入评价体系。

二、围绕创新创业需求创新金融产品、提供综合金融服务

1. 整合现有资源择机成立"创新创业银行"，丰富有利于创新创业的金融业态

我国没有真正意义上的专门服务于创新创业、科技金融的专业银行机构，国家可考虑在牌照申请、资本要求等方面给予一定扶持，将经营较好的一些科技支行进行合并重组，或将具有科技银行属性的中小商业银行改革为"创新创业银行"，通过制定清晰的战略目标，重点支持普惠性创新创业活动。加强"创新创业银行"与天使投资、风险投资、股权投资基金等机构合作，实现资源和信息共享，提高对企业的识别能力，缓解信息不对称的问题。

2. 探索支持创新创业企业的有效金融产品和服务模式

银行业需要结合自身特点和实际，积极开展科技和金融结合试点。鼓励商业银行丰富创新创业信贷产品体系，创新创业金融服务模式。开发和完善适合创新创业企业融资需求特点的授信模式，积

极为创新创业企业提供开户、结算、融资、理财、咨询、现金管理、国际业务等一站式、系统化金融服务，为不同发展阶段的创新创业企业提供适宜的金融产品。加大金融产品和服务创新，从技术引进、产品研发与试验等多个层面提供更加符合创新创业企业需求的融资产品和服务，从创业指导、投资者推荐、资金管理、国际化发展和并购咨询等多个维度全方位满足企业不同发展阶段的差异化金融需求。创新风险管控模式，积极开展知识产权质押贷款等产品创新，提高信贷风险容忍度。以"银行贷款+认股权证"的创新融资服务方式，为初创期轻资产创新创业企业提供银行信贷资金支持。充分发挥政策性银行作用，在业务范围内加大对企业创新活动的支持力度。引导银行等金融机构创新信贷产品与金融服务，提高信贷支持创新的灵活性和便利性，支持民营银行面向中小微企业创新需求的金融产品创新。加快发展科技保险，鼓励保险机构发起或参与设立创业投资基金，探索保险资金支持重大科技项目和科技企业发展。推进知识产权证券化试点和股权众筹融资试点，探索和规范发展服务创新的互联网金融。建立知识产权质押融资市场化风险补偿机制，简化知识产权质押融资流程，鼓励有条件的地区建立科技保险奖补机制和再保险制度。开展专利保险试点，完善专利保险服务机制。推进各具特色的科技金融专营机构和服务中心建设，集聚科技资源和金融资源，打造区域科技金融服务品牌，鼓励高新区和自贸试验区开展科技金融先行先试。支持各地众创空间、孵化器建设。通过传统园区建设贷款或与政府共同设立孵化器基金的形式，满足众创空间、孵化器园区建设的融资需求，并向孵化器中的在孵企业提供信用贷款。

3. 积极开发金融产品，拓宽创新创业企业融资渠道

引导银行、证券、保险、风投、担保等各类金融机构、创新投资机构、中介服务机构设立创新创业企业专营机构，提供切实可行、

操作性强的金融产品，帮助和指导创新创业企业通过抵押担保进行融资，以及开展知识产权（商标、专利权）、股权、仓单、订单、应收账款和票据等质押贷款，适当扩大质押贷款规模。支持创新创业企业通过发行集合债券、集合票据、短期融资券等融资产品进行直接融资，放宽对创新创业企业债券融资的额度限制，扩大发行规模，并对发行企业债券、信托计划、中期票据、短期融资券等直接融资产品的科技型企业给予社会筹资利息补贴。

4. 稳步扩大投贷联动试点范围

投贷联动不仅能够提升银行业对创新创业企业的金融供给能力，而且也有利于促进银行自身转型发展。当前，我国投贷联动试点已进入实施阶段，可稳步推广试点范围，加快批复试点银行的投贷功能子公司，促进投贷联动试点规范稳健发展。投资子公司应明确重点投资领域，加强与中介机构合作，选择市场前景良好的目标客户，做好投资业务与信贷业务的风险隔离。试点银行应尽快建立完善风险分担和补偿机制，明确银行、投资功能子公司、政府贷款风险补充基金、担保公司和保险公司等机构之间的不良本金分担补偿机制和比例，降低相关信贷风险。

5. 深入推进贷款方式和还款方式创新，更好地适应创新创业金融需求

在贷款方式方面，银行应针对创新创业阶段的企业轻资产、缺担保等实际情况，转变传统信贷理念，创新贷款担保抵押方式，拓宽企业贷款抵（质）押物范围，大力推进各类权利质押贷款，力争在专利权、农村"三权"抵押等方面取得新突破。在风险可控的前提下进一步推进信用贷款方式，努力提高信用贷款比重。积极引导涉农机构大力拓展小额农户信用贷款，推广微贷技术在农村地区的运用。

在还款方式方面，银行应在加强信贷精细化管理、最小化期限错配基础上，进一步探索年审制等还款方式，对符合依法合规经营、信

用资质较佳、经营状况良好、主营业务突出、对外负债适度、业主行为规范等良好标准的创新创业企业提供相应的还款方式创新服务，实现信贷供给与企业生产流通融资需求的无缝对接。探索借助中小企业转贷引导基金等新型机制，缓解企业期限错配所带来的续贷难问题，降低融资成本。

6. 加强社区化服务能力，对接大众创新创业

下沉金融服务重心，降低金融服务门槛，提高金融服务覆盖面。银行应结合市场定位和各自特色，积极探索社区化金融服务模式。围绕服务大众创新创业，下沉服务重心，降低服务门槛；依托社区，开展批量化营销业务，努力降低营销成本，从而降低企业融资成本，为创新创业群体提供资金融通、风险规避、财务管理、资产保值增值等一篮子金融产品。强化"以客户为中心"的服务理念，按照商业可持续原则和互惠互利原则，科学合理定价，规范收费行为，尽可能减轻企业融资负担，构建良性互动的长期合作关系。

7. 银政、银税、银担、银保加大合作

银政合作方面，发挥财政资金撬动作用，与科技部门、国家高新区、经济技术开发区等合作，以"助保贷"为切入点，搭建服务平台，通过平台资源整合、财政科技资金风险补偿、综合金融服务等三个方面，以市场化方式推动金融支持创新创业企业。金融机构要主动对接政府部门支持创新创业的战略、平台和项目，借助政府主导的信用担保基金、科技型企业信用贷款风险池等增信机制，推进信用贷款试点，使更多的创新创业者能获得信贷支持。

银税合作方面，以"纳税信用"享"银行信用"。对于初创期小微企业，银行与税务部门建立以征信互认、信息共享为基础的银税合作机制，将其纳税信用、税收贡献与企业融资发展相联系，纳税信用级别越高，纳税金额越多，贷款额度就越大，而且贷款仅以纳税信用

为担保，帮助诚信纳税、规范经营的创新创业客户轻松获得贷款。

银担合作方面，探索多种风险共担机制。探索"政府+银行+第三方"多种风险共担机制，比如创新"比例再担保"融资方式，政府给予部分财政支持、担保机构提供部分担保责任，引入再担保公司提供再担保，银、政、担多方合作增信，帮助轻资产的创新创业企业克服抵（质）押物价值不足的瓶颈，提升企业信用和可贷额度。按照"风险共担、利益共享"的原则，加强与运作规范的融资担保机构的合作，增强大量缺乏有效抵押和第三方担保的创新创业者的信用，提高其获取银行融资的能力。

银保合作方面，加强与保险机构合作，建立合理的风险分担机制，通过"银、政、保"风险共担模式，着力推进小额信用保证保险业务。地方政府可构建以政策性担保机构为主体，商业性担保机构、互助性担保机构为辅助，再担保机构为后盾的信用担保体系。

8. 推动"互联网+"与创新创业金融融合发展

金融机构应适应"互联网+"的新格局、新态势，紧紧依托众创空间、小微企业创业示范基地、商贸企业集聚区、微型企业孵化园等创新创业集聚区，以及创客小镇、梦想小镇、互联网小镇、云计算产业小镇等特色小镇，充分利用互联网、大数据，不断提供契合新形势下大众创新创业需求的金融服务，为创新创业者提供贴身服务。主动对接各类科技创新服务平台，打通线上线下金融服务链条，为创新创业提供高效金融服务。探索与第三方支付机构、第三方电商平台规范开展合作。大力探索农村互联网金融，为农户提供方便、快捷、低成本的综合性金融服务。充分利用互联网、大数据、云计算等技术，在大数据、移动金融和社交等领域积极尝试与应用，通过大数据分析挖掘创新创业企业客户群体的需求，开展精准金融服务。充分运用各地税务、工商（市场监管）等部门掌握的大数据信息，为小微企业提供信用贷款，扩大"税易贷""创业贷"等特色产品的覆盖面。

9.针对科技型创新创业企业的融资需求来设计金融产品

在数量巨大的创新创业企业中，科技型小企业占据了很大比例，服务这类企业时，金融机构不应像传统企业那样锦上添花，更多的应是雪中送炭。金融机构需要量身定制金融产品，综合考虑诸如企业专利申请、拥有量、专利应用情况、科技产品独创性、获得政府科技补贴金额、承接政府高校研究项目数量、科研人员占比等科技企业的独有特性，将知识产权、非上市公众公司股份作为可接受抵（质）押品研发科技企业发展贷款、上市贷、创投贷、科技智慧贷、科技投联贷等一系列产品，解决创新创业企业轻资产、无抵押、融资难的"痛点"和"难点"。深化促进科技和金融结合试点，建立从实验研究、中试到生产的全过程、多元化和差异性的融资模式，鼓励和引导金融机构参与产学研合作创新。在依法合规、风险可控的前提下，支持符合创新特点的结构性、复合性金融产品开发，加大对企业创新活动的金融支持力度。

10.为创新创业企业提供综合性金融服务

金融机构通过债券、咨询、理财、基金、租赁等多种方式为客户提供全面金融服务。创设创新创业服务联盟，整合股权交易机构、券商、股权投资机构、会计师事务所、律师事务所等市场服务主体，通过专业化服务团队，设立创新创业服务联盟，打造信息交流平台，指导和帮助创新创业企业了解、认知金融及资本市场，为科技型企业提供结算、信贷融资、挂牌上市、并购重组、股权转让等全链条一站式服务。将融资与融智有效结合，为创新创业主体提供资金支持、品牌传播、技术指导和业务交流。

三、加快发展有利于支持创新创业发展的多层次资本市场

1. 探索用好创新创业专项债的作用

2016年以来，为进一步优化国内中小企业融资结构、降低融资成本，中国证监会启动了探索在新三板创新层里进一步推进发行"创新创业公司债"，试点重点是新三板挂牌企业和创新创业中小企业。2017年4月28日，中国证监会进一步就关于开展创新创业公司债券试点的指导意见公开征求意见，这将推动创新创业债进一步发展，为完善债券市场服务实体经济模式以及创新创业发展提供支持。值得注意的是，创新创业公司债券试点范围，将为创新创业企业提供直接融资服务的创业投资公司也纳入其中，这也是首次从政策上明确创业投资公司可以发行债券，肯定了创业投资公司通过股权投资支持创新创业企业的作用，为创业投资公司提供了新的融资渠道。

2. 壮大各类支持创新创业的投资基金规模

大力培育和壮大包括风险投资基金、创业投资基金、天使投资基金、私募股权基金等创业投资机构，扩大各类基金规模，引导更多资金流向创新创业企业，强化对种子期、初创期企业的融资支持。适度放松风险资本来源的限制，允许风险投资机构采用有限合伙等更灵活的组织方式，研究制定天使投资相关法律法规，鼓励和规范天使投资发展。利用好财政资金的杠杆和引导作用，吸引更多的民间资本和外国资金进入高新技术领域，扩大国家新兴产业创业投资引导基金和国家中小企业发展基金等政府性基金的规模。全面实施国家科技成果转化引导基金，吸引优秀创业投资管理团队联合设立一批创业投资子基金。充分发挥国家新兴产业创业投资引导基金和国家中小企业发展基金的作用，带动社会资本支持高新技术产业发展。研究制定天使投资

相关法律法规，鼓励和规范天使投资发展。引导保险资金投资创业投资基金，加大对外资创业投资企业的支持力度，引导境外资本投向创新领域。减少政府过度干预，政府在创业投资初期进行引导和示范，后期要择机退出，提高基金的市场化运作水平。

3. 发展支持创新创业的多层次资本市场

支持创新创业企业进入资本市场融资，完善企业兼并重组机制，鼓励发展多种形式的并购融资。深化创业板市场改革，推进创业板市场制度创新，明确创业板的功能特征，把主要服务对象准确定位在创新型、成长型企业上，健全适合创新型、成长型企业发展的制度安排，进一步扩大其对实体经济的支持力度，扩大服务实体经济的覆盖面。按照市场化原则，强化新三板的融资、并购、交易等功能，改革交易制度，丰富做市商类型，完善分层管理机制，适当降低投资者门槛，提高市场流动性，促进市场功能的有效发挥。规范发展区域性股权市场，夯实多层次资本市场基础，增强服务小微企业的能力。建立健全三板和四板市场的合作对接机制，促进两者协同发展，加强对创新创业支持的有机衔接。开发符合创新需求的金融服务，推进高收益债券及股债相结合的融资方式。发挥沪深交易所股权质押融资机制作用，支持符合条件的创新创业企业主要通过非公开方式发行公司信用类债券。支持符合条件的企业发行项目收益债，募集资金用于加大创新投入。加快发展支持节能环保等领域的绿色金融。进一步健全拓展多层次资本市场，充分运用互联网金融、众筹等创新方式，为创新创业行为提供多元化的融资渠道。

四、健全风险分担机制，完善相关配套措施

1. 完善风险管控模式，建立有利于创新创业金融业务发展的风险容忍、控制和补偿机制

创新创业企业往往具有高不确定性、高波动性、低资产、低担保的风险特征，需要探索设计专门针对创新创业金融的风险管理模式。金融机构需要从全产业链视角出发，扩大抵押物范围，深化与担保机构合作。根据创新创业企业成长状况，完善企业贷款利率定价机制，用贷款利率风险定价和浮动计息规则，动态分享相关收益并降低风险。建立风险分担和信息共享机制，增加金融机构的信贷意愿。可考虑仿效欧洲模式，建立政府公共征信机构，扩大国家风险投资担保基金的规模，探索采用信息共享并联合评审，设立风险补偿资金池来实现多方风险共担。

2. 探索创新创业融资风险分担补偿机制

建立担保基金和市场化风险的补偿基金，通过国家新型创业投资引导基金、中小企业发展基金建立一个分担创新创业企业风险的分担机制。与中小微企业融资担保基金创新开展贷投联动的合作模式，以进一步扩大科技型小微企业的受益面。

3. 健全融资担保体系，优化融资服务环境

建立融资担保机构的货币资本金补入机制，支持融资担保机构做大、做强，增强为创新创业企业提供融资担保的能力。深入推进担保类金融机构重组，打造担保集团，增强担保公司的资金实力，扩大对创新创业企业的贷款担保业务。建立健全"政银担企"激励相容与风险分担机制，政府、银行、担保机构按照一定比例出资，设立创新创业企业担保贷款风险补偿基金，对符合条件的创新创业企业担保贷款

代偿损失进行风险分担，充分调动银行、担保机构开展创新创业企业融资担保业务的积极性。深化政银合作模式，进一步扩大助贷业务规模，逐步解决创新创业企业信贷抵押难、担保贵的问题。

4. 建设以政府为主体的信用担保体系

国际经验显示，信用担保是政策性金融的职责所在。我国可借鉴德、日等国的经验，结合我国国情，建立涵盖政策性金融机构与政府、中央与地方、担保与保险相结合的多层次融资担保体系。一方面，可考虑由地方政府建立创新创业企业信用担保银行，担保银行与商业银行签订信用担保合同，按照一定比例分担风险责任和承担损失，中央和地方政府为担保银行提供低成本资金支持；另一方面，建立创新创业企业信用保险公司，作为政策性金融机构，为担保银行提供再担保，形成双层担保融资模式。

5. 探索设立全国性的服务科技创新型创新创业企业的专业管理机构

借鉴发达国家的经验，设置政策性管理机构，比如创新创业企业管理局，统筹安排包括财税补贴、融资支持、法律评估、咨询培训和信息交流等各类科技创新支持政策。此外，还要完善各部门之间的合作协调机制，促进相关政策间的协同。

6. 加强国际合作以提升金融支持创新创业的服务水平

德国、以色列等发达国家在金融支持创新创业方面积累了丰富的经验，印度、俄罗斯等新兴市场国家近年来也加快探索搭建创业金融体系。通过积极对外交流、加强国际合作，有利于进一步吸收借鉴发达国家金融支持创新创业的成功经验，进一步提升我国金融支持创新创业的服务水平。

实践篇

第六章　中关村创新创业生态体系建设经验

中关村是我国最具代表性的创新创业高地之一。依托"创新创业生态系统=机构与要素+结构+机制+环境"的理论模型，分析表明中关村创新创业生态系统呈现出要素丰裕度提高、结构更趋合理、体制机制和创新创业环境不断优化等特点。但对标美国硅谷，仍存在要素质量与机构功能偏低偏弱、人才要素的结构比例亟须大幅改善、产学研合作不紧密不通畅降低系统效率、文化基因与开放包容环境有待培育等问题。其中，产学研合作不紧密是中关村相对于硅谷的最大短板。

针对上述问题，本章提出中关村需要建设世界一流高校院所、形成良好的产业企业生态、以改革推进技术转移转化、完善制度促进融资便利化、优化人才吸引和服务机制、提高孵化机构的服务质量、加强创新创业信用体系建设、营造友好的营商环境、争取财税政策有所突破、持续培育创新创业文化氛围等共计10个方面的对策建议。

第一节　中关村创新创业生态系统的特点

中关村源于20世纪80年代初期的中关村电子一条街，此后经历了北京市新技术产业开发试验区时期、中关村科技园区时期，2009年进入中关村国家自主创新示范区时期，是我国改革开放的产物。此后我国经济经历了多轮上下波动周期，而中关村始终"风景这边独好"，不断推进创新创业，取得骄人成绩。在当前新一轮创新创业浪潮中，中关村亮点纷呈，已成为我国经济转型升级的重要风向标、全国新经济发展的重要引擎之一。在规模上，2015年实现总收入4.08万亿元。这一数字比天津高新区、西安高新区、武汉东湖、上海张江等4个国家级高新区的总和还要高，对北京全市经济增长的贡献率约为37%。在质量上，中关村在"互联网+"、人工智能、生物医药、智能制造、新材料等领域已开始步入世界领先水平。具体如图6-1所示。

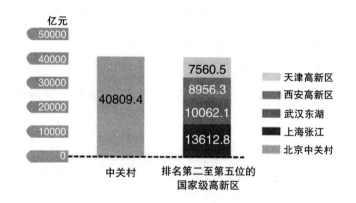

图6-1　2015年中关村与其他国家级高新区总收入比较

资料来源：《中关村指数2016》。

我们认为，这主要应归功于中关村不断优化的创新创业生态系统。以下我们按照创新创业生态系统的理论框架，归纳总结中关村创新创业生态系统的一些突出特点。

一、创新创业要素十分丰沛，奠定创新创业坚实基础

一个较易达成的共识是，与全国其他地区相比，中关村在人才、技术、资金，以及大学、科研机构、企业等创新创业要素上有着明显的领先优势，各种要素搭配得较为协调。

1. 大学、科研机构和各类人才集聚，中高端人才优势突出

与全国其他地区相比，优越的区位条件为中关村聚集了最核心的创新机构和人才要素。首都聚集了大量的高校和科研院所，科研氛围十分浓厚，90余所高校、280余家科研院所、700余名两院院士、1486名"千人计划"专家等成为支撑创新技术发展的强大基石。

从人才结构来看，中高端人才优势突出。截至2015年底，中关村入选"千人计划"海外高层次人才1091人，占全市82%、占全国21%；入选北京市"海聚工程"512人，占全市68%；入选中关村"高聚工程"239名（含团队）。2015年，中关村留学归国人才2.7万人，同比增长26.2%；外籍人才8533人，同比增加779人。2015年，中关村企业从业人员中有120.2万人拥有本科及以上学历，占从业人员总数的52.1%，占比较2010年提高了2.1个百分点。其中，硕士和博士学历的从业人员数量分别达到23.8万人和2.3万人，分别占10.3%和1.0%；科技活动人员60.5万人，同比增长13.7%，占从业人员总数的26.2%。入选全球性人物榜单的中关村领军企业家、顶尖科学家越来越多，比如李彦宏入选福布斯"2015全球权势人物榜"（位居第56名），物灵科技联合创始人顾嘉唯、清华大学副教授张一慧均入选《麻省理工科技评论》"2016年度35位35岁以下全球科技创新俊杰（TR35）"。2015

年，中关村创业者的平均年龄为 38.1 岁，较 2010 年减少 2.4 岁；30 岁及以下创业者占创业者总数的 24.7%，其中"90 后"占到 7.0%。具体如图6-2所示。

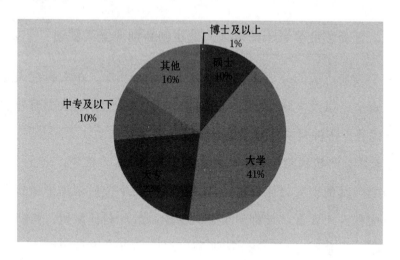

图6-2 中关村企业从业人员学历结构

资料来源：作者根据相关数据制作。

2. 技术研发综合实力强，部分领域开始引领前沿

中关村不断强化原始创新，企业持续加大创新投入，创新产出成果快速涌现，引领我国技术发展潮流，尤其是在前沿技术领域实现了突破性进展，部分成果已接近或达到世界先进水平。

一是技术研发投入力度大。2015 年，中关村科技活动投入继续保持较快增长，科技活动经费支出1776.1亿元，同比增长22.3%；R&D经费（全社会研究与试验发展经费）费用支出595.6亿元，同比增长19.8%，占增加值的 10.7%，占比较上年提高了0.7个百分点。领军企业持续加大研发投入，百度2015 年研发投入超过 100亿元（源自上市财报）。在人工智能领域，百度深度语音识别系统入选MIT 2016十大突破技术，在深度学习方面，百度的万亿参数排名世界第一。中关村企业积极创办技术中心、研究院所、开发中心、中试车间、试验基地等科技机构，截至2015年底，企业创办科技机构2345家，较上年增加104家。这些活动使得企业的创新主体地位愈加显著，创新效率稳步提升。具体如图6-3所示。

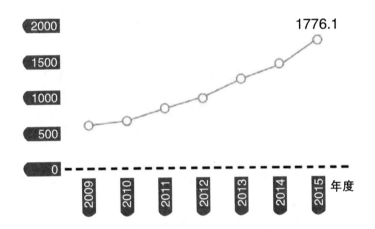

图6-3　2009—2015年中关村企业科技活动经费支出（亿元）

资料来源：《中关村指数2016》。

二是技术研发成果显著。2015年，中关村企业专利申请突破6万件（60603件），同比增长38.4%，占北京市的42.6%；获得专利授权34946件，同比增长52.5%，占北京市的37.2%。小米、京东方、奇虎、联想等6家企业的专利申请量突破千件。2016年1—9月，中关村企业申请专利44974件，同比增长11.9%，占同期全市专利申请量的33.2%；获得专利授权27125件，同比增长9.9%，占全市专利授权量的33.8%。截至2016年9月底，示范区企业拥有有效发明专利59162件，占北京市企业同期有效发明专利量的62.0%。从技术专利效率来看，中关村显著领先于北京市及全国水平。2015年中关村企业万人发明专利申请数164.0件，连续5年攀升，约是2010年的2.1倍；万人发明专利授权数55.5件，

较上年增加17.1件，约是 2010年的2.2倍；万人发明专利拥有量209.7
件，约是2010年的1.7倍。具体如图6-4所示。

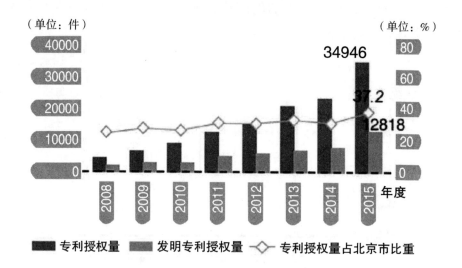

图6-4　2008—2015年中关村企业专利授权及发明授权量

资料来源：《中关村指数2016》。

三是前沿性技术成果突出。中关村是我国自主创新和原始创新的
主要策源地，创新创业领域已经由过去的互联网、创意设计等逐步拓
展到专业性前沿领域，比如"互联网+"、"人工智能+"、颠覆性新
材料、前沿生物技术等方面，移动VR交互、工业级定制无人机、逆势
纳米材料、单克隆抗体药物等一批原创、首创成果不断涌现，科技硬
实力显著增强。一批"创客"、"痛客"和"极客"抢抓"奇点"、
瞄准"痛点"、追求"极点"，催生了大量引领科技产业发展、着
力普惠民生的原创性成果。在中关村不断增长的创新成果中，人工智
能、计算机、集成电路、生物医药等影响产业未来的颠覆性技术逐渐
脱颖而出，一些成果已接近或达到世界先进水平，相关领域与发达国
家的差距正在迅速缩小。比如在人工智能、颠覆性新材料、生物技术

等前沿领域涌现了百度和格灵深瞳的无人驾驶汽车、中科院的液态金属、中航工业航材院的石墨烯、王中林院士团队的纳米压力发电机、商汤科技的计算机视觉和深度学习原创技术、北京生命科学院的靶向型小分子抗癌新药等全球领先的技术创新成果。此外，中关村的一些硬科技企业在成立之初就瞄准全球前沿，比如商汤科技在全球最为权威的计算机视觉大赛中包揽5个单项中的3项冠军。截至2015年底，中关村企业累计创制国际标准207项，在人工智能、移动互联网、高端显示等领域逐步掌握话语权。中关村在全球科技竞争中逐步由过去的跟跑者转变为现在的并跑者，其中在部分领域已经成为领跑者。

3. 多种形式的资金支持，资本追逐好项目

我国创新创业活动掀起新一波浪潮，资金是较为丰裕的，这对于中关村来说更是如此，资金要素从来都是长板而非短板。

一是汇聚多种形式的资金用于支持创新创业活动。除了各地争相设立的政府引导基金支持创新创业外，中关村的天使投资、风险资本、银行资本等资本集聚已经形成相当规模，特别是股权投资机构数量及资金规模在全国首屈一指。2015年，中关村内进行股权投资的机构为672家，占同期全国股权投资机构的41%。天使投资是中关村创新创业生态系统中最重要的组成部分，目前活跃在中关村的天使投资人已经超过1万名，占到全国的80%。此外，中关村汇集了近千家众筹平台、互联网支付、大数据金融等各具特色的互联网金融机构，比如第三方支付领域，56家企业获得央行颁发的第三方支付牌照，占全国的21%。同时，中关村已成为全球风险投资热点区域之一，在2015年安永的"全球风险投资集聚地排名"中位居全球第二，仅次于美国加州湾区。

二是实际投资活动已呈资本追逐好项目趋势。从实际投资活动来看，2015年发生股权投资案例2413起，是上年的2.6倍；已披露股权投资金额约人民币1020.3亿元，约是上年的3倍。2016年上半年，中关

村发生379起天使投资案例，占全国的46.3%，披露金额23.41亿元，占全国的45.1%，居全国首位。2016年上半年，中关村有705家企业获得总计1255亿元的投资额，同比实现翻番增长，平均每天发生3.9起融资，每起获投金额6.9亿元。总体来看，"资本追逐好项目"趋势显现。比如旷视科技在初创时期已获得创新工场的A轮投资；地平线机器人是一家主打机器人专用"大脑"芯片研发的科技公司，仅在公司成立一个月后，就获得晨兴资本领投的天使投资。各类资金的大力投入催生了美团等一批估值超过10亿美元的"独角兽"企业，目前中关村"独角兽"企业已超过40家，在全球仅次于美国硅谷。具体如图6-5所示。

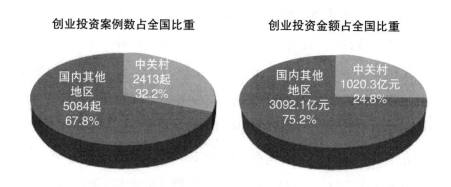

创业投资案例数占全国比重　　　　创业投资金额占全国比重

图6-5　中关村2015年创业投资案例和金额

资料来源：《中关村指数2016》。

三是多层次资本市场持续拓宽融资渠道。中关村上市公司数量继续领跑，2015年中关村新增上市企业27家，其中境外上市5家，截至当年12月末，总数达281家，累计IPO融资2590.3亿元；截至2015年底，新三板挂牌公司783家，同比增长92.3%。有176家中关村企业成功挺进创新层，居全国首位；截至2015年底，中关村股权交易服务集团（原北京股权交易中心）服务企业总数2147家，同比增长193.3%；备案私募债27只，备案金额32.5亿元。在多层次资本市场上持续融资为创新创业活动的风险投资资金提供了有效退出通道，这一通道越顺畅，风险投资在前期的投入热情也就越高。

4. 企业主体大量涌现，科技型企业特征明显

企业是创新创业活动的主体，而且与浙江的初创企业多以模式创新为主不同，中关村的科技创新特征非常鲜明。

一是新创办企业数量多。随着创业风口来临和政策利好频现，中关村创业企业如雨后春笋，发展势头迅猛。2013年，中关村平均每1.5小时诞生一家新企业，平均每天诞生一家亿元级企业。2014年，中关村新创办科技型企业超过1.3万家；2015年则达到2.4万家，平均每天新创66家科技型企业，增长近一倍，是中关村多年来新创办企业数量增长最多的一年。许多新创办企业技术独特、市场前景看好，成立之初就受到风险投资的青睐，373家（416次）当年新创办企业获得融资，约占中关村获得融资企业总数的四分之一。中关村初创企业在全球知名榜单中频频出现，比如口袋购物、美团网等20家企业成功入选"2015福布斯中国成长最快科技公司"榜单；在行等16家企业入选国际知名杂志《快公司》"2015中国最佳创新公司50强"；利德曼等15家企业入选"2015福布斯亚洲中小上市企业200强"。值得特别指出的是，中关村创业大街已成为我国科技创业的新地标，聚集创新工场、车库咖啡、36氪等创新型孵化器40家，日均孵化企业4.9家。

二是高成长高估值企业快速增长，"独角兽"企业占据全国半壁江山。中关村已累计孵化培育创新型企业1.3万家，每年20家以上企业成功实现IPO（首次公开募股），上市前估值超过10亿美元的"独角兽"公司已达40余家，在全国范围内占比逾50%。比如亚杰商会培育的美团网、大众点评网、百合网，创新工场孵化的豌豆荚，联想之星投资的旷视科技，北京创客空间孵化的蚁视科技，36氪投资发展的氪

空间、3W咖啡投资发展的拉勾网等企业。微软创投加速器已成功孵化
126家企业，93%的企业获得新一轮融资，总估值达到57亿美元。截至
2015年底，中关村累计上市企业总数281家，上市企业总市值达48896.3
亿元，连续3年市值增长超过50%；中关村新三板累计挂牌企业达 783
家，总市值 3780.4亿元。

三是企业纷纷布局产业生态圈，加速产业重组。中关村一批优势
企业积极通过资本运作来构建产业生态圈、打造平台型企业。比如小
米以智能手机、电视、路由器、机顶盒和可穿戴设备等5条产品线为
核心，建立以大数据挖掘、分析、应用为核心的智能硬件生态圈；京
东在各领域频频出手，比如联手3W，并购达达，打造京东金融、京
东云、京东物流、京东智能等多平台融合的生态圈；百度进军医疗健
康、物联网、智能硬件等领域，加速构建互联网生态圈。

二、创新创业机制创新灵活，激发出广泛的创新创业热情

在推动创新创业活动的相关机制方面，中关村领风气之先，政府
勇于创新突破，市场不断探索新模式，二者共同推动创新创业迈向新
高度。

1. 聚集要素资源的吸附力强大

中关村创新创业的发展程度高，排在首位的关键在于能够聚集足
量的资源持续不断地做有价值的创新创业活动，使优质资源留下来、
创新创业文化沉下去。从政府层面的政策，到市场自身的集聚效应，
中国宏观经济研究院课题组认为，中关村在留住存量资源和吸引增量
资源这两个方面都形成了较为强大的吸附机制，能够及时让资源从效
率不高的旧配置模式迅速转换为更有效的新配置模式。单个企业的资
源技术在生态系统内快速流动，使得更具竞争力的行业企业拥有巨大
的创新创业资源池。这使得即便面临失败，创新创业主体仍愿留下来

开始二次创业，创业已经成为一种生活方式。

2. 跨界融合和独特创业模式

中关村的创新创业已抢先进入跨界融合创新时代，前沿技术研发、商业模式创新、科技金融创新相结合，不断催生新业态。58同城、美团等企业，已成为我国分享经济的典型。以天使汇股权众筹、京东O2O众包、航天科工云网众创、36氪众扶等为代表的"四众"新模式，助推新经济发展，创造了新需求、新就业、新价值。同时，形成"天使投资+合伙人制+股权众筹"创业模式——这一中关村的主流创业模式更有利于科技创业公司成功，政府也因势利导积极推广。1万多名活跃的天使投资人被认为是中关村创业生态的"腐殖层"，为创业提供了广阔而肥沃的土壤。合伙人制则意味着人比资本重要，集体智慧比单枪匹马重要。不是资本说了算，而是人说了算；不是个人说了算，而是合伙人之间各取所长、优势互补、合作共赢。股权众筹使得融资不再是面向少数人，而是面向多数人的融资，特别是向有经验、有资源、有经济实力的特殊人群融资。这一创业模式能将商业模式创新、技术创新和金融创新更有效地结合，推动创业企业走向成功。

3. 领军企业发挥动力源作用

中关村日益成为大企业、跨国公司研发中心的首选之地，微软、英特尔、IBM、默克雪兰诺等大型跨国公司在此设立有区域总部或研发中心。同时，通过实施"十百千工程""瞪羚计划"（具体参见专栏6-1中的内容）等举措，支持培育了一批十亿元、百亿元、千亿元级的创新型领军企业，形成具有全球影响力的创新企业群。一方面，面对跨界融合等市场激烈竞争带来的不确定性，领军企业倾向于鼓励内部创业，充分利用企业内部资源，使企业既能留住人才又能保持活力。联想、百度、京东、亚信等纷纷建立内部创业孵化机制，建立创业孵化基地，鼓励员工内部创业。另一方面，领军企业发挥着明显的外溢效应，一批高管离职出走创业，催生和培育出许多高质量的创业企业，形成了独具特色的创业系，如百度系、联想系、华为系、网易系、搜狐系、金山系、微软系等，每一个"系"都聚集了上百家企业。2015年中关村新创办科技型企业中，近半数来自规模以上企业的高管、骨干离职创业。

专栏6-1　瞪羚计划

制定"瞪羚计划"的目的就是为中关村科技园区的"瞪羚企业"提供融资解决方案，帮助它们跳得更高，跑得更快。瞪羚计划将信用评价、信用激励和约束机制同担保贷款业务进行有机结合，通过政府的引导和推动，凝聚金融资源，构建高效、低成本的担保贷款通道。

中关村科技园区管委会负责组织和监管"瞪羚计划"的实施，提供贷款贴息及担保补贴。中关村科技担保公司负责受理"瞪羚企业"的担保申请和资格认定，提供快捷担保服务，实施在保管理和违约追偿，代办贴息业务。对不能给予担保的项目，需向中关村科技园区管委会作出说明。中关村企业信用促进会负责对"瞪羚企业"进行信用管理和"五星级"评定，负责对其指定的信用评级机构的相关业务进行指导和监督。信用评级机构负责对"瞪羚企业"进行信用评级，对企业的信用疑点必须进行深度调查，并有义务将相关情况告知中关村科技担保公司。对不能评为ZC3的项目，需向中关村企业信用促进会作出说明。协作银行负责向获得担保的"瞪羚企业"发放贷款，实行"见保即贷"，执行优惠利率。

参考资料：根据公开资料整理。

---

4. 创新要素整合机制激发积极性

激励机制是动力机制，中关村在创新各类激励机制方面的亮点较多，给创新创业活动注入了勃勃生机。

一是坚持人才为本。围绕"人"的解放发展，发挥"人"的积极性和创造性，在中关村建设人才管理改革试验区。推动出台"京校十条""京科九条"政策文件，鼓励高校院所转化科技成果。在中关村试点实施简化"绿卡"办理程序等10项出入境管理改革措施，支持企业引进全球顶尖人才。比如创新北京生命科学研究所的科研体制，赋予研究所有较大的科研自主权，实行长期经费支持机制，结出了累累硕果，目前研究所已成为培养青年科学家的"黄埔军校"、重大原创成果的"产出高地"。

二是发挥资本驱动力。推动完善多层次资本市场，率先开展建设全国中小企业股份转让系统（新三板）试点，推动成立中关村股权交易服务集团（"北京四板"）。引导壮大天使投资和创业投资规模，率先建立天使投资和创业投资引导资金。陆续推动外债宏观审慎管理改革、境外并购外汇管理改革等在中关村试点。比如2016年11月，国家开发银行与北京中关村重点科创企业——北京仁创生态公司签订"投资+贷款"合同，落地全国首单投贷联动支持科创企业项目。

三是注重构建开放系统。开放是创新创业生态系统的生命线。中关村立足周边，与天津、河北联合构建创新创业生态系统，支持中关村企业在津冀设立了2000余家分支机构，跨京津冀地区的创业资源链初步形成。着眼全国，中关村创新型孵化器在全国设立分支机构共305个，通过开展连锁化运营，以品牌和理念输出替代原来的技术和产品输出，带动了各地创业服务业升级发展。面向全球，中关村主动链接和配置全球创新创业资源，深度融入全球创新创业网络。超过10家中关村众创空间在全球主要发达国家设立分支机构，中关村创新型孵化器在海外设立分支机构22个。中关村已成为全球创业资源快速流动与汇聚的关键枢纽之一。

三、创新创业环境优越，引领创新创业成为潮流

中关村的创新创业环境具有较好的基础，近年来市场决定理念深入人心，政府营造的制度和政策环境大力支持创新创业，以市场为主导的创业服务也进入了3.0时代，这都进一步提升了中关村的创新创业环境。

1. 市场决定资源配置的观念深入人心

中关村创新创业是市场决定资源配置的创新创业，坚持有为政府、有效市场、有用社会，已初步形成政府引导、市场主导、社会参与的联合治理格局。经营主体主导创新方向、配置创新资源、选择攻关项目、组织创新行为、推进成果转化。政府可以有为，更应有位，既不缺位也不越位，主要工作是优化创新创业生态系统，提供公共服务和改善发展环境，而不能"赤膊上阵"。社会组织则在政府相关部门的引导和协调下，发挥比较优势，促进资源整合。在联合治理格局下，民间资本成为中关村创新创业的主要驱动力，创业投资、天使投资案例和金额都占到全国40%。以创新工场、联想之星等为代表的70余家创新型孵化器，都是经营主体自主创办、自主经营的。产业技术联盟、行业协会组织等创新型社会组织已超过200家，有力推动了大中小企业、产业链上下游企业协同创新。

2. 制度政策环境不断优化以支撑创新创业活动

精准激励是优化创新创业生态的关键环节，中关村争取公安部推出了开通申请永久居留"直通车"、设立审批服务窗口等10项全国首创的出入境政策，成为全国外籍人才（外籍华人）管理力度最大的制度创新。北京市出台支持高校学生创业等"京校十条"政策，2015年在全国率先设立高校科技人员和教师投资学生创业支持资金，首批

支持了55个高校师生创业项目。继续深化职称评价等改革试点，实施"中关村高端领军人才教授级高级工程师职称评审直通车""研究员系列职称评审直通车"。持续推动北京生命科学研究所、国家作物分子设计工程技术研究中心、北京大数据研究院和北京纳米能源与系统研究所等新型科研机构建设，实行以科学家为主体主导的经费管理制度和科技成果转化机制，为高端人才干事创业提供支撑。通过实施技术入股、股权奖励、分红权等多种形式的激励，使人才能够直接享有成果转化收益，充分释放高校、院所的创新活力。截至2015年底，中关村共有105项激励试点方案获得批复，404名科研和管理人员获得股权，激励总额2.17亿元，人均激励额度53.6万元。

3. 创业服务进入3.0时代

新技术、新工艺、新模式、新业态不断涌现，中关村的创新创业服务不断迭代升级，从提供基础服务的1.0时代、提供增值软服务的2.0时代，演进到创业资源共享融合、专业垂直、生态多维的3.0时代，形成让创业更简单、更专注、更高精尖的创业服务生态系统。创新型孵化器、众创空间、大学科技园向专业化、集成化、网络化发展，演进出创客孵化、联合办公、创业社区等新型孵化模式，形成了与美国硅谷同步发展的创业服务新业态。截至2015年底，中关村拥有创业服务机构800余家，其中，入选国家级科技企业孵化器42家、国家级大学科技园15家、通过科技部备案的众创空间57家。比如中关村创业大街（具体内容参见专栏6-2所示）已经成为让各类资金、技术、人才相互碰撞，发挥集聚效应的空间，是全国众创空间发展的旗帜；"YOU+青年创业社区"，整合了办公、生活、展示、居住等功能，降低了创业门槛，提高了创业效率，成为实实在在的创业者之家。此外，英国ARM、硅谷 Plug&Play、以色列Trend Lines 等企业和国际顶尖孵化器相继在中关村设立孵化器，陆续与中关村开展合作。

专栏6-2　中关村创业大街

　　顺应创新创业发展趋势，2013年3月，北京市提出打造"一城三街"，聚集高端创业要素。按照这一要求，在海淀区委区政府的领导下，海淀置业全面推动海淀图书城向创业服务业态升级，推动中关村创业大街建设。基于优势互补、强强联合的原则，依托海淀置业的空间资源与硬环境建设经验，发挥清控科创在创新创业服务方面的优势，海淀置业和清控科创联合成立中关村创业大街运营公司——北京海置科创科技服务有限公司，按照"政府引导、市场化运作"的方式，着力打造创业服务集聚区、科技企业发源地、创业文化圣地和创业者精神家园。

　　街区致力于构建服务功能完善的创业生态。以创业企业的需求为导向，以全球范围内服务资源的整合为基础，街区积极引进各类创业服务机构，重点打造"创业投融资+创业展示"两大核心功能，以及"创业交流+创业会客厅+创业媒体+专业孵化+创业培训"五大重点功能。集聚了一批创业服务机构。目前，已经有车库咖啡、3W咖啡、Binggo咖啡、飞马旅、36氪、言几又、创业家、联想之星、天使汇等40家创业服务机构入驻街区。

　　自2014年6月开街以来，中关村创业大街建设取得显著成效。截至2015年底，中关村创业大街共入驻创业服务机构、投资机构40家，孵化创业团队共计1791家，其中约600个团队在街区孵化。举办各类活动超过1500场，累计参与人数15万人次。创业会客厅已累计有超过60余家企业和政务部门入驻，共有3426家企业前来咨询，其中，363家企业与服务机构

签订服务合作协议，80家初创企业在三证合一窗口完成企业
设立。

参考资料：根据网站资料整理，网址是*http://www.z-innoway.com/index.php?app= web&m=Article&a=detail&id=16*。

第二节　中关村创新创业生态系统存在的主要问题及原因分析

中关村的发展史就是我国奋力打造"中国硅谷"的历史。早在计划经济时期，我国就开始在中关村大量布局科技创新资源，着力打造"中国的硅谷"。经过30多年的培育，中关村已经成为我国数一数二的创新创业中心，中关村的创新创业生态无疑处于国内领先水平。即便从全球范围来看，北京也在部分排行榜上占有一席之地。例如，专注于早期项目的孵化器SparkLabs在2015年和2016年相继发布全球十大顶尖创业生态系统，北京不仅均有上榜，而且在排名上还有攀升的趋势（具体参见专栏6-3中的内容）。尽管如此，北京中关村仍与全球代表性的创新创业中心存在差距。美国硅谷是目前举世公认的创新创业之地。对标美国硅谷，有利于剖析中关村创新创业生态系统存在的问题和短板，为中关村打造具有全球影响力的科技创新中心提供支撑。

专栏6-3　中关村位列全球十大顶尖创业生态系统

著名的韩国孵化器SparkLabs自2015年开始发布全球创业生态系统的排行榜。评价内容包括融资和退出、工程技术人才、创业服务、技术基础设施、创业文化、法律和政策环境、经济条件、政府政策和项目等8个维度。2015年，北京位列第八位，位列美国硅谷、瑞典斯德哥尔摩、以色列特拉维夫、美国纽约、韩国首尔、美国波士顿、美国洛杉矶之后，位列英国伦敦和德国柏林之前。2016年，该企业再次更新榜单，北京跃

升至第六位，继续位列美国硅谷、瑞典斯德哥尔摩、以色列特拉维夫、美国纽约、美国洛杉矶之后，但引人关注的是，北京超过了韩国首尔和美国波士顿。北京位次上升的主要原因来自"独角兽"企业数量和成功退出案例的增加，同时，不断优化的政策支持环境和对人工智能领域的投资也是重要的原因。

参考资料：根据网站资料整理，网址是*http://venturebeat.com/2016/11/05/top-10-startup-ecosystems-in-the-world-2016/*。

一、机构要素维度：要素质量与机构功能偏低偏弱

"创新创业要素和机构"包括大学、科研机构、企业等机构和劳动力、技术、资金等要素，要素构成了创新创业生态的"土壤"，是整个创新创业生态系统中所有机构的"养分"来源。"养分"是否充足，既要看要素的丰裕程度，更要看要素质量和机构功能。对标美国硅谷，中关村创新创业生态系统的要素质量与机构功能偏低偏弱，具体表现在世界一流大学、优秀投资人相对偏少，以及企业创新层次较低和能力不强，导致中关村在知识生产、人力资本、创投发展、辐射带动等方面存在相对劣势。

中关村仍缺乏与硅谷相媲美的世界一流大学，难以形成强大和领先的"知识技术池"。调研发现，大学是硅谷创新创业的重要源头。以斯坦福大学、加州大学伯克利分校为代表的一个具有多元化特征的世界一流大学群为硅谷的企业提供源源不断的前沿知识。这里的"多元"体现在所有制、文化和学科等方面。例如，伯克利与斯坦福分属公立高校与私立高校，两所学校在学科特色和文化底蕴上也略有差别。另外，加州大学旧金山分校、西北理工大学等硅谷其他高校也发挥其在信息技术、生物医药等领域的特殊优势，为硅谷的两大高新

技术产业提供必不可少的智力支持。"一流"则体现在强大的科研实力和庞大的学术精英群体。硅谷地区全球顶尖高校云集，据不完全统计，截至2016年，加州大学伯克利分校的诺贝尔奖获奖人数已达到69人，在全球大学中排名第6位；斯坦福大学的诺贝尔奖获奖人数已达到58人，在全球大学中排名第8位。庞大的学术精英群体使硅谷具有令人难以望其项背的独特知识生产优势。尽管中关村也拥有中国最好的科研资源，但总体上难以与硅谷相媲美。由于缺少强大和领先的"知识技术池"，中关村与硅谷在科技创新实力上存在较大差距[1]。

中关村的创业企业数量已经远远超过硅谷，但创新层次相对偏低，企业科技创新能力和全球影响力亟待加强。数据显示，2016年上半年北京新登记注册企业10.7万家，同比增长6.2%。其中，金融、文化、科技类新设企业分别增长82.8%、26.4%和22.1%。仅从增量来看，中关村创业企业数量就超过硅谷与湾区。从更广的范围来看，主要创新创业生态圈中的创业企业数量均大幅低于中关村（如表6-1所示）。

表6-1　部分代表性创新创业生态圈的创业企业数量与密度比较

创业生态圈	创业企业数（家）	创业密度
硅谷与湾区	14000 ~ 19000	1.8 ~ 2.5
纽约	7100 ~ 9600	0.35 ~ 0.5
特拉维夫	3100 ~ 4200	0.85 ~ 1.15
伦敦东区	3200 ~ 5400	0.25 ~ 0.4
柏林	1800 ~ 3000	0.35 ~ 0.6
巴黎	2400 ~ 3200	0.2 ~ 0.25
班加罗尔	3100 ~ 4900	0.35 ~ 0.6
新加坡	2400 ~ 3600	0.45 ~ 0.65
圣保罗	1500 ~ 2700	0.05 ~ 0.15

资料来源：*The Global Startup Ecosystem Ranking 2015*。

[1] 一种形象的说法认为，美国硅谷更像是全球科技创新的发动机，而中关村则是科技创新的扩散器。后者依托人力资源与市场需求规模，将商业模式和创新效率的优势充分发挥。

但从企业创新的层次和全球影响力来看，中关村企业则明显偏弱。脱胎于互联网经济的中关村，有很多的商业模式创新、用户体验创新，但整体上在高科技领域的跟踪模仿较多，真正的科技创新相对偏少、影响力偏弱。以中关村发布的"独角兽"企业榜单为例，40家企业共涉及15个行业领域[1]，从估值上看，中关村前十大"独角兽"企业总估值约1000亿美元，其中，消费电子、电子商务、互联网金融和交通运输为估值前四的领域，而硅谷前三大"独角兽"企业估值之和就接近1000亿美元（如图6-6所示）。从企业分布的行业领域来看，电商仍然是中关村"独角兽"的主要来源，大数据、大健康、云服务领域的"独角兽"占据主要位置。而硅谷的"独角兽"企业中，大数据、云服务、软件企业占据了主流，其次是消费者科技（消费电子、在线教育等）、医疗健康和互联网金融。从超级"独角兽"企业的角度来看，除了小米之外，中关村拥有的新美大等均是合并而成。反观硅谷，其创业企业的颠覆性更强，大多开创并引领着行业发展。例如，*Uber*、*Airbnb*颠覆了传统的交通出行及酒店行业，属于全球共享经济的开创者；Palantir在政府和高端民用数据分析领域独树一帜，成为数据分析行业的领军者；*SpaceX*更是一再突破企业在高成本、高技术领域的禁忌，把低成本火箭发射和回收、超高速管道交通运输引入现实世界。

---

[1] 具体分布为：电子商务有14家，数量最多；其次是互联网金融6家、软件技术4家、交通运输3家、消费电子和大健康领域各2家，体育、大数据、云服务、移动竞技、旅游、物流、在线教育、传媒和服装各1家。

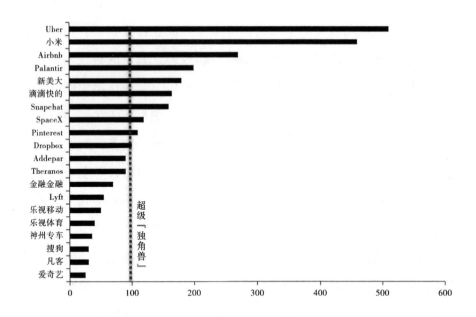

图6-6 硅谷与中关村"独角兽"前十名估值排名（亿美元）

数据来源：部分估值数据来自《2015年中关村"独角兽"企业榜单》，并根据互联网公开数据搜集整理（估值以企业最后一轮融资为依据）。

　　中关村创业资本规模快速增长，但缺乏优秀专业投资人及投资机构的问题越来越突出。近年来，中关村吸引了一大批天使投资、创业投资、股权众筹等机构，社会资本驱动优势进一步显现。数据显示，2016年上半年在中关村地区的VC（风险投资）和PE（私募股权投资）非常活跃，天使投资案例379起，披露金额23.4亿元，占全国披露金额的45%左右。根据安永"全球风险投资集聚地排名"，北京中关村的排名从2009年的第6位跃升至2015年的第2位，仅次于美国加州湾区。在投资规模快速上升并与美国硅谷看齐的同时，中关村缺乏优秀专业投资人和投资机构的问题也越来越突出。2016年数据显示，活跃在中关村的天使投资人超过1万名，占全国的80%，聚集了雷军、徐小平等一批知名的天使投资人和IDG、红杉、北极光等国内外知名投资机构。但活跃在硅谷的天使投资人有10万人以上，美国天使投资人总量甚至超过30万人，由于天使投资发展相对成熟，这些投资人所掌管的资金数量和资源网络更为庞大，判断预见方面更为专业精准。硅谷的风险资本投资人很多都有连续创业或者长期从事特定领域工作的经历，在这里"劳动可以雇佣资本"，更为重要的是投资人的背景、理念、智慧和眼光。这些特质使投资人坚持自己的投资方向，高度专注于企业创始人或团队的性格、学习的能力以及其创业的可持续性，从而可以使有限的资本在创业者无限的发展空间中放大，进而获得高额回报。相比之下，我国的投资人规模和专业性都还存在明显差距。尤其是在政府大力支持成立创投引导基金的背景下，更多社会资本开始向创投领域潮涌，投资人及机构的专业性问题日益凸显。在没有投资经验和一定专业基础的情况下，投资人的资源对接能力与风险承担能力也会略显不足，不利于创业投资本身的发展。具体参见专栏6-4中的内容。

专栏6-4　中关村创业大街与硅谷沙丘路的"相同"与"不同"

中关村创业大街是海淀置业集团按市场化运营管理的创业街区。随着街区业态升级和创业服务机构的引进，街区已经初步形成具有国际国内影响力的创业生态。沙丘路（Sand Hill Road）是斯坦福大学旁的风险资本集聚地，这条容纳了美国三分之一风险资本的街道被誉为"西海岸的华尔街"。

将中关村创业大街与硅谷沙丘路进行比较，可以从中一窥中关村与硅谷的相近与不同。

相似之处体现在三个方面。一是两者本身都是一条街道。中关村大街位于中关村西区核心位置，早先仅有数百米，后来不断延伸至7千米。沙丘路原先只是一条沿着Sand

Hill的普通道路，全长仅有2000～3000米，主要是斯坦福教授的居住区。二是两者都分布在高校周围。中关村创业大街沿途有清华大学、北京大学等7所全国性重点大学，而沙丘路主要在斯坦福大学旁边，但也能辐射到加州大学伯克利分校、加州大学旧金山分校、西北理工大学、圣塔克拉拉大学、圣何塞州立大学、卡内基梅隆大学西海岸校区等硅谷高校。三是两者都属于创业生态的重要组成部分，集聚着大量基金机构、创业投资人和创业资本，还有各类孵化加速机构，形成了较为成熟的创新创业生态系统。

但两者的形成机制具有根本差异。中关村创业大街具有更为浓厚的政府规划色彩，而美国硅谷虽然早期有军方背景，但是基于市场导向自发形成的。中关村起初是科研院所汇集地，后因科研人员创业而快速成长。中关村创业大街脱胎于海淀图书城步行街，车库咖啡和3W咖啡馆成为中关村码农和创业青年的聚集地之后，继而吸引了众多寻找创业项目的投资人。硅谷早期则是依靠美国军方在信息技术产业方面的大量研发沉淀所具有的基础，加上依托著名大学的知识创新能力而形成的。在一个世纪之前，沙丘路只是门罗帕克那个沉寂小镇上的一条肮脏不堪的小路，但从30年前开始，这里逐步成为风险资本设立办公室的首选之地，斯坦福大学所带来的技术外溢和创业机会使投资人蜂拥而至，聚集效应加上市场化导向和高度发达的资本市场，使得沙丘路上的风险投资快速发展，并形成了全球瞩目的创业资本集聚地。

参考来源：中国宏观经济研究院课题组根据有关资料整理。

二、结构维度：人才要素的结构比例亟须大幅改善

"结构"是指要素和机构按照什么比例进行配置的，不同的组合决定了系统的运行效率。大量地区的经验表明，仅仅是某一项要素或某一类机构的丰裕不足以促进创新创业的持续繁荣。不合适的配比关系会影响系统的运行机制，也会对特定区域形成何种的创新创业文化带来影响。对标美国硅谷，中关村生态系统中的人才要素结构比例亟须大幅改善，集中表现在非本土雇员和科研人员与大学生创业比例过低。人才要素比例上的缺陷影响了中关村创新创业的质量，也不利于营造有利于创新创业的开放包容环境。

中关村具有全国最优秀的劳动力资源，但与美国硅谷相比，非本土雇员比例过低，反映出在配置全球人才资源方面存在短板。在海外高端人才引进方面，中关村与硅谷存在较大差距。资料显示，中关村共有约200万创业人员，其中外籍和海归人员占比仅为1.5%。而在美国硅谷，至少有36%的从业人员来自海外。尽管有"海聚工程"等一系列人才计划，但吸引的主要是留学归国人员。相比之下，硅谷吸纳的是世界各地的精英，大学以上学历非美国籍的约有50%，其中印度裔和华裔最多。《2015年全球创业生态系统排名》显示，全球主要创新创业生态圈的非本土雇员比例在40%左右，其中伦敦东区最高，硅谷与湾区也达到45%（如图6-7所示）。大量研究表明，人才背景的多样化有利于实现知识互补、激发创新，在文化更多元的区域容易形成开放包容的创业文化，形成有利于创新创业的整体环境。

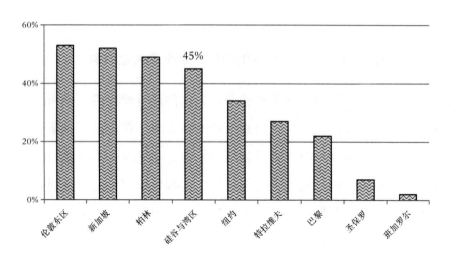

图6-7 部分创新创业生态圈非本土雇员比例

数据来源：The Global Startup Ecosystem Ranking 2015。

　　从创业的四类主体来看，中关村的科研人员和大学生创业的数量和占比都远远低于美国硅谷。拥有大规模的优质科研人员是中关村的潜在优势，但由于体制机制原因，科研人员无法积极投入科技成果转移转化和技术创业活动，许多科研人员只能局限在大学校园从事教学与科研工作。由于无法与产业界进行紧密合作与沟通，自己的研究成果往往难以被产业界发现和认同。美国硅谷高校的不少老师都具有创业的经历，老师和学生、校友已经成为硅谷高校技术创业中的重要主体。2015年斯坦福大学商学院的一项统计表明，有16%的毕业生创办了自己的企业。尽管这一数字仍低于在金融行业（31%）和高技术行业（28%）就业的比例，但仍大大高于全美其他高校学生的创业占比。根据中国宏观经济研究院课题组对清华大学的调研发现，清华大学应届生的创业比例远远低于10%，能成功的更是少之又少。从成功率而言，有过工作经历并回到高校进行创业的清华校友的成功率会相对更高。

三、机制维度：产学研合作不紧密不通畅降低了系统效率

"机制"主要是指要素和机构的运行机制，包括协调机制、动力机制等，它决定了创新创业要素资源能否有效配置和有序流动。机制对于机构和要素具有天然的影响力，它能有效地改善结构并形成良好的生态环境。国内外大量实践表明，拥有一个好的机制，可以最大限度地弥补创新创业生态系统在机构和要素丰裕度方面的不足。对标硅谷，中关村的最大短板主要集中在机制层面，尤以技术转移转化机制不畅最为突出，这直接导致高校科研院所支撑创新创业的功能尚未充分有效发挥，中关村难以完全释放其在科教资源方面丰裕度高的潜在优势。同时，中关村在融资机制方面也有较大的改进空间。

产学研合作不紧密是中关村相对于硅谷的最大短板。由于在体制机制方面存在壁垒和障碍，产学研脱节的现象在中关村仍较为普遍，这也使得中关村的优质科研资源难以有效支撑和带动产业成长和经济发展。一个突出的事实是，许多中关村的创业企业与北京大学、清华大学等知名高校之间并没有太多关系或联系，例如格灵深瞳、地平线机器人等活跃在中关村的创业企业，往往是由具有在谷歌等大型企业工作经历的归国技术人员创办的。但在美国硅谷，大学的研究和工业界的研究联系得非常紧密，大学的很多研究课题来自工业界，例如互联网发展、计算机科学、大数据研究等。硅谷的高校有较为开放的系统和自由的流动机制，这一套机制是依靠现代科研院所制度、人才选拔制度和职称评聘制度所保证的。依赖于这些制度和机制，工业界与学术界可以开展更为深度的合作。硅谷知名的大学教授，往往同时活跃在学术界和科技界，他们有的人为商业公司提供顾问和技术支持，有的甚至自己在外开办公司。事实表明，硅谷有不少获得巨大商业成

功的项目是从实验室真正萌芽的。除了密切大学与产业界联系的制度安排，硅谷地区大学中的各种创新创业平台也是促进产学研紧密合作的重要渠道，面向本校学生和往届校友、依托本校资金和社交网络、形成新的创新创业社区是这些平台的共同特征。这些由学校提供场地和相当数量基金的平台成为本校学生和校友创新创业的试验场，也构成了联通学生与学生、学生与投资者、学校与产业界的重要桥梁。由于硅谷地区的大学十分重视学生创业在市场上的可能性及其产品技术的实用性，加上大多数学生已经在各种创业平台中经受了来自校友的早期筛选，它们的潜在风险已经大大降低。但反观国内，即便是地处中关村内的国家重点大学，其创业教育也才处于起步阶段，校内技术转移转化机构、创业孵化器的建设和运营都还存在不同程度的欠缺。具体参见专栏6-5中的内容。

专栏6-5　硅谷的大学是一种怎样的存在

多元化大学群、支持校友创新创业的专业平台、规范教授与产业界联系的制度安排、鼓励学生创业的校园文化是支撑美国硅谷地区的大学融入创新创业又保持客观独立的4个重要基础，它们维系着大学在整个创新创业生态系统中的平衡。

伯克利分校电气工程与计算机科学系的Allen Yang博士认为，"伯克利更加专注于科学技术本身，在学生创新创业方面我们有意识地与斯坦福保持差异"；斯坦福大学商学院John Robert教授也认为，两所大学之间的差异"丰富了当地的创新生态"。多元化的大学群落可以产生竞争与合作关系共有的生态，为不同社区、企业和人才提供了多样化的栖息地。

与社会中由投资人或大企业出资兴建的营利性机构不同，大学校园中支持学生创新创业的专业平台往往是综合性和非营利性的。例如，斯坦福大学的加速器StartX实行会员制，其导师全部是来自斯坦福大学校友，其加速企业的存活率可高达80%，而同期YC和"创业500"等加速器的存活率也只有65%左右。Cardinal则是由斯坦福大学学生自己管理，它既非普通社团也不收取股权，而是具有严格管理架构和专业分工的紧密型服务组织，专注于利用校友资源为学校的初创企业提供法律、会计等专业服务。

伯克利分校允许教授兼职不超过2个企业，同时也允许教授全职创业两年，但如果两年后要继续全职创业则必须放弃教职。斯坦福大学则明文规定不允许教授担任公司高级管理层，但可以担任顾问或利用无薪假期创业。斯坦福大学商学院John Robert教授表示，自己每周可以有1天时间给上市公司提供咨询服务，学院会对每个教授有评估，以确保教学和研究的时间得到保证。斯坦福大学从不以技术许可的收益额来评判技术转移工作。事实上，技术转移收益只占到整个学校收益的1%~2%。

2015年斯坦福大学商学院的一项统计表明，有16%的毕业生创办了自己的企业。尽管这一数字仍低于在金融行业（31%）和高技术行业（28%）就业的比例，但仍大大高于全美其他高校学生的创业占比。由于硅谷地区的大学十分重视学生创业在市场上的可能性及其产品技术的实用性，加上大多数学生已经在各种创业平台中经受了来自校友的早期筛选，它们的潜在风险已经大大降低。

参考资料：《透过硅谷，重新认识创业创新生态》，中国宏观经济研究院课题组赴美国硅谷调研报告。

在创投规模和案例数量快速逼近美国硅谷的过程中，创业投资退出渠道不畅成为制约中关村创业投资发展的关键。基金募集、投资与退出构成整个创业投资的闭环，退出渠道单一、退出机制不畅等因素会影响投资人的收益变现，进而严重影响下一轮资金的募集和投资。纳斯达克的建立就为美国硅谷的风险投资提供了很好的退出渠道。与美国硅谷相比，中关村创业投资的退出渠道严重受限于多层次资本市场的发展情况。目前，我国仍实行审批制，并且多层次资本市场还很不完善。以发源于中关村的新三板为例，市场体系以备案制为核心，监管有效性相对较低，在长期可持续发展上仍面临着市场流动性、做市商制度、分层制度、转板机制和投资者适当性等诸多重大问题。由于流动性不够，挂牌企业的股份转让交易不活跃，使得市场的价格发现以及后续的股份转让、融资等功能没能有效凸显。除了IPO和新三板挂牌之外，并购也是创业投资退出的一个重要渠道。尽管2016年三季度后，中关村企业并购金额同比增长近三成，但多属于以技术扩散、转移、共享、获取为导向的并购，从投资退出的角度而言，中关村的并购在规模和案例数量上均低于美国硅谷。

四、环境维度：文化基因与开放包容环境有待培育

创新创业生态的环境维度具有十分广泛的内涵，既包括正式制度，比如知识产权保护、行业准入制度及有关法律法规和政策措施，也包括非正式制度，比如创新创业文化。具体而言，"环境"主要包括营商环境和创新文化，其中营商环境包括公平竞争的市场环境、法制环境、政策环境、创业服务环境等。对标美国硅谷，中关村创新创业生态系统的环境具有一定基础，但仍在创业基因、监管环境、生态多样性和包容性等方面存在差距，今后应着力通过补齐制度短板和提升创新创业国际化水平形成更加友好的创新创业氛围。

　　中关村"天然"具有创业基因，但需要防止官本位文化对创业文化的冲击。与美国硅谷的形成依靠市场自发力量[1]不同，中关村一开始即是基于国家对科研院所的大规模布局，从"院所一条街""电子一条街"，到现在的"创新创业一条街"，折射出中关村的文化基因中有很强的创业意识和拼搏精神。但也需要看到，中关村的创业文化总体呈现出混合特征，既有科研文化、创业文化，也有"皇城根"文化。在不断扩围的过程中，中关村也受到政治中心、总部经济、国有企业等各种因素的影响，其中可能伴随着官本位文化对创新创业氛围的冲击。

　　中关村的营商环境与硅谷仍有较大差距，尤其体现在监管政策、法律体系与信用环境方面。监管政策方面，由于必须执行国家有关规定，中关村的营商环境较硅谷有较大差距。就互联网监管而言，由于北京的特殊地位，很多以内容创新为主的互联网公司的盈利模式容易遇到政策障碍。与中关村相比，美国加州的法律相对宽松，因此Airbnb、Uber这种O2O模式在北京很难被完全照搬。客观地来说，过于严格的监管政策不利于新生事物的存续和发展。法律体系方面，中关村方面也存在较大差距。以风险投资为例，硅谷已经形成保护提倡风险投资的一整套法律体系，以及规范的风险投资家队伍，风险投资也已经成为一种很成熟的投资方式，但这些在中关村建设得并不完善。尽管国外风险投资近几年开始进入中国，但由于各方面原因，大部分风险投资家看重短期回报，使得一些优秀项目很难获得资金的支持。在信用环境方面，中关村还未建立较为统一的信用信息的统计、通报、公示等工作机制，企业的信用资源也没有被充分挖掘和利用。总之，及时完善监管政策、法律环境和信用体系中的不足之处，有利于形成更加友好的创新创业环境。

---

[1] 尽管美国硅谷早期的发展也有赖于美国军方在信息技术方面的大量投资，但硅谷的运行机制和导向仍是市场化的，依靠市场自发力量形成的集聚与扩散成为硅谷区别于早期中关村的重要标志。

第三节　完善中关村创新创业生态系统的对策建议

良好的创新创业生态是支撑创新创业蓬勃发展的关键。创新创业生态系统的良好运作，既需要建立在坚实的创新创业要素基础之上，更需要依托有关机制发挥作用。完善中关村的创新创业生态系统，关键是要牢牢把握创新、创业与创投所构成的"技术-文化-资本"铁三角。按照"尊重市场、突出分工、强调协同、崇尚合伙"的原则，夯实中关村创业主体、市场服务、创业资本、基础设施、创业机会、创业文化和人力资本等要素基础，提升要素质量和机构功能，培育打造具有影响力带动力的创业大企业，优先补齐技术转移转化等机制上的短板，大力营造创新创业文化和开放包容的环境，实现创新创业生态系统的持续优化，使创新创业真正落到经济发展上、落到文化培育上、落到理念转变上。

一、建设世界一流高校院所

发挥中关村先行先试的制度优势，用好的制度体系引领一流大学与高水平科研院所建设。在高校与科研院所中探索构建符合国际惯例、符合创新创业规律的科研管理制度体系。在新建科研机构中大力推广北京生命科学研究所模式，建立健全以现代科研院所制度、同行评价评议制度和与国际水平接轨的薪酬制度为核心的制度体系，借鉴世界一流高校先进经验，营造开放、包容和相对自由的科研环境。依托北京市"高精尖"计划，在高校院所逐步分批试点建立高精尖产业技术研究院等新型研究实体，促进高水平人才、高水平学科、高水平研究协调发展。

加快研究赋予科研领军人物在项目管理中拥有更大话语权的具体措施。依托重点研究基地，选择一批重大科研项目，率先试行公开采购，改革科技评审和公示制度。探索中关村管委会与高校院所签订协议，在院所内部或高校毗邻区设置高校院所体制改革试验区，中关村管委会、地方政府部门与高校院所按照一定比例予以投入，支持相关高校院所建立国际化、规范化的制度体系。

二、形成良好的产业企业生态

深入挖掘中关村"一区十六园"的潜在优势，以产业生态为引领而提前谋篇布局。将布局战略新兴产业、促进产业技术融合、实现基础设施升级作为重点，培育产业层面的生态环境。立足中关村的产业基础和高校院所的学科优势，重点谋划前沿信息、生物健康、智能制造和新材料、环境与新能源、现代交通、新兴服务等产业领域在"十六园"中的整体布局，力争做到"园区有特色、产业有支撑"。鼓励制造业在生产制造全流程中广泛利用虚拟现实、增强现实、大数据、云计算、新一代互联网等相关技术。不断升级园区基础设施，尤其是信息基础设施配套，为"无人工厂"、"M2M"（机器对机器）创造条件，营造便捷、舒适的生产生活环境，做到宜居宜业并重。

以大企业为龙头培育"企业系"创业系，形成既有树木又有森林的创业企业群落。鼓励创业大企业和国有企业搭建平台，通过内部创业、并购企业等方式形成有利于企业创新创业的内部生态，不断提升创业企业的创造力。鼓励企业制定扶持连续创业的有关措施，发挥创业系在提升创新创业质量方面的积极作用。完善以"独角兽企业""瞪羚企业""展翼企业"为核心的企业成长全流程培育计划，加大对入选企业的普惠性、精准性支持。引导企业处理好"快创新"和"慢创新"的关系，不断提高创新层次和企业影响力。

三、以改革推进技术转移转化

深化科技成果转移转化"三权"改革，研究探索科技成果所有权、领导干部股份代持等制度改革。在已有的股权奖励基础上，探索赋予职务科技成果所有人拥有一定比例所有权，改变成果完成人对职务科技发明没有话语权的不合理安排。在部分高校院所先行试点，根据科技成果性质和有关机构的公开评议，研究制定赋予职务科技成果所有人拥有一定比例所有权的相关政策。研究试行科研机构、高校领导干部正职任前在科技成果转化中获得股权的代持制度。在保证高校院所与企业技术转移转化自主权的基础上，适当加大对技术转移方的分配比例。激发科研人员技术创业的积极性，引导高校院所创业系发展。

建立有助于技术转移转化的配套制度体系，消除政策不配套、不一致现象。建立健全科技人员兼职、离岗创业制度。探索将科技成果转化相关指标纳入职称评审和聘任体系的办法，研究新设重大科技成果转化系列职称，在产业技术研究院等新型机构中优先试行新设职称类别的评聘。完善"双肩挑"人员的管理制度，允许非法人单位行政正职的"双肩挑"人员依法获得现金与股权激励，大力支持高校建设内部技术成果转移转化机构，尽快建立专业性强的技术转移转化人才队伍。

四、完善制度促进融资便利化

建立激励机制鼓励风险资本发展壮大。发挥中关村创投引导基金的作用，引导支持更多社会资金投向种子期、初创期的创业企业。研究制定天使投资相关法律法规，鼓励和规范天使投资发展，尤其是个人天使投资。政府引导基金可采取跟投、担保等适当方式对个人天使投资行为给予一定的支持。利用好国家科技成果转化引导基金、国家新兴产业创业投资引导基金和国家中小企业发展基金，吸引优秀创业投资管理团队联合设立中关村创业投资子基金。引导保险资金投资创业投资基金，加大对外资创业投资企业的支持力度，引导境外资本投向创新领域。

通过制度创新加强不同层次资本市场在促进创新创业融资上的有机衔接。积极推动深化创业板市场改革，加快探索尚未盈利的互联网和高新技术企业到创业板发行上市制度，解决特殊股权结构类的创业企业上市的制度性障碍。探索发挥沪深交易所的股权质押融资机制作用，支持符合条件的创新创业企业主要通过非公开方式发行公司信用类债券。支持符合条件的企业发行项目收益债，募集资金用于加大创新投入。支持创新创业企业进入资本市场融资，完善企业兼并重组机制，鼓励发展多种形式的并购融资。通过降低门槛、简化程序等方式鼓励支持发展并购基金，为中关村企业在全球范围内开展以技术扩散、转移、共享、获取为导向的并购提供金融支持，形成有利于连续创业的进入和退出机制。

支持创新规范各类新型金融业态。引导银行等金融机构创新信贷产品与金融服务，提高信贷支持创新的灵活性和便利性，支持民营银行面向中小微企业需求创新金融产品。鼓励银行联合其他金融机构对创新创业活动给予有针对性的股权和债权融资支持。继续探索投贷联动试点，扩大投贷联动的范围、形式和规模。在依法合规、风险可控的前提下，支持符合创新特点的结构性、复合性金融产品开发，加大对企业创新活动的金融支持力度。中关村可先行先试，探索建立对网上借贷、众筹、众投等金融新业态的新型监管制度，既能够规范控制金融风险，又可发挥新型金融业态对创新创业活动的支持作用。不断丰富中关村支持创新创业企业的金融产品，支持知识产权质押融资、专利许可费收益权证券化、专利保险发展。深化促进科技和金融结合试点，建立从实验研究、中试到生产的全过程、多元化和差异性的科技创新融资模式，鼓励和引导金融机构参与产学研合作创新。

五、优化人才吸引和服务机制

多重措施引进中高端人才和团队。在永久居留"直通车"等全国首创的10项出入境政策基础上，通过住房、户籍、医疗以及子女教育等制度的安排，吸引国外高端人才（外籍华人）要素融入中关村创新创业生态系统。依托高校高精尖中心和北京生命科学研究所、北京纳米能源与系统研究所、北京大数据研究院等新型科研机构，强化海外归国人才的团队式引进。积极支持大中小企业家、科技人员、海归人员等各界人士加入创新创业队伍。

六、提高孵化机构服务质量

统筹各类创新创业资源。大力统筹中关村内各类创新创业基础设施、孵化机构、产业基地、科技园区、创新创业服务平台、科研院所等创新创业资源，形成完整的、全生命周期的、专业性孵化服务体系，积极推动"高精尖"领域的开放式协同创新。

提升孵化服务的专业化水平。进一步完善"孵化+创投"机制，努力提升各类孵化服务的专业化水平，积极推动众创空间、孵化器发展与构建"高精尖"经济结构目标的紧密结合，促进创新创业发展。加强与国际知名孵化机构的合作。打造一批国际化、专业化的新型孵化器，积极开展跨国孵化，提高中关村科技服务领域的整体水平。

七、强化创新创业信用体系建设

加强创新创业活动中的信用信息收集和共享。强化初创企业、创业投资人、创业服务组织等各类主体的信用信息收集，健全中关村政府与征信机构、金融机构、行业协会商会等组织的信息共享机制，促进政务信用信息与社会信用信息互动融合。建立和规范创新创业机构信用信息发布公示制度，建立中关村创新创业诚信典型"红名单"制度和严重失信主体"黑名单"制度，制定严重违法失信企业名单管理办法。

在创新创业领域加快落实"守信联合激励、失信联合惩戒"。运用好信用联合奖惩这一抓手，制定中关村创新创业企业联合奖惩措施清单，构建政府部门、市场机构和社会组织的多部门协同机制，实施分类信用监管，把创业主体的信用情况与市场准入、享受政府优惠政策、公共服务便利等事项挂钩，鼓励市场机构和社会组织开发符合创新创业主体特点的信用产品和服务，在融资可得性和便利度、行业自律约束等方面强化对创新创业信用的应用，对守信行为实施多方面的褒扬和激励，对失信行为实施行政性、市场性和社会性的约束和惩戒措施。

八、营造有利于创新创业的营商环境

放宽市场准入限制。顺应"互联网+"快速发展和新业态、新模式不断涌现的形势，进一步放宽市场准入领域的限制，降低不必要的条件约束，为创新创业者拓展更广阔的市场发展空间，努力营造有利于跨界创新、融合开放的市场环境。积极探索中关村支持互联网金融健康发展、引导和鼓励众筹融资平台规范发展的具体办法。

改革监管方式，完善监管制度。积极推进监管模式改革，由过去只注重事前监管，向加强事中事后监管转变，推动实施分类监管、分层监管、协同监管，积极构建分享经济监管政策与机制，在给新业态、新模式留有充分的创新与发展空间的同时，加强风险控制和规范管理。

加强知识产权保护。进一步加强知识产权保护，更好发挥知识产权法院作用，完善知识产权快速维权与维权援助机制，缩短确权审查、侵权处理周期。加大对反复侵权、恶意侵权等行为的处罚力度，探索实施惩罚性赔偿制度。

九、争取财税政策有所突破

进一步完善研发费用加计扣除政策。积极争取在中关村试点针对中小企业研发费用特别优惠条款，允许抵扣不足部分当年返还，积极探索进一步扩大和细化可加计扣除的研发费用范围。

进一步加大对创业投资税收的优惠力度。争取试点对投资于未上市科技型中小微企业两年以上的创业投资企业给予一定比例的投资抵扣，以此调动创业投资企业投资早期的积极性；试行对投资于未上市创新型小微企业5年以上的创业投资企业股权转让收益给予所得税减免政策。

进一步增加财政对相关基础研究的支持力度。通过相关专业化产业联盟来定期收集制约行业发展的共性问题、关键问题，由财政出资公开向社会招募解决方案，对方案提供者给予资金支持，以此增强行业发展实力。

给予自主知识产权产品以税收优惠。借鉴软件自主知识产品的税收优惠政策做法，争取在中关村实行对所有具有自主知识产权的战略性新兴产品认定政策，允许具有高水平专利等知识产权的产品享受增值税实际税负超过3%部分即征即返政策。

十、持续培育创新创业文化氛围

发挥中关村代表性创业人物的示范作用，凝练中关村的企业家精神。充分利用各类大赛、论坛、展览等多种形式，进一步浓厚中关村的创新创业氛围。积极探索与媒体广泛开展创业投资、项目路演等合作。引导鼓励知名高校、大型企业以多种方式开办创业大学，普及社会性创业教育，实现中关村内的创业教育和培训制度化、体系化。

第七章　深圳市创新创业生态体系建设经验

深圳因改革而生、因创新而强、因创业而兴、因人才而旺。深圳的发展奇迹是一部典型的中国故事，也是值得我们认真研究的一个案例。究竟是什么造就了深圳令人瞩目的发展成就，需要我们从理论上建立分析框架进行深入剖析。未来一段时期，伴随国内外形势深刻变化，深圳发展也面临新的挑战。如何进一步推进改革，把深圳加快建设成为"全球科技创新策源地、创新创业人才高地"乃至"具有世界影响力和引领示范作用的科技、产业创新中心"，也是需要迫切研究的重大课题。本章提出了一个全新的分析框架，从生态系统的角度切入分析深圳创新创业各要素的现状、作用、制约，并针对性地提出了有关政策建议。

第一节　分析框架

本书认为创新创业生态环境包括以下三个方面的特征：第一，创新创业生态环境是由各主体和机构所构成的一个网络。这些主体和机构包括政府、大学、科研机构、金融机构、企业等，它们通过互动，各主体和机构相互依赖、相互衔接、相互沟通，形成一个通畅的传导机制，将各主体和机构的创新成果迅速传送到企业，并迅速产业化。第二，整个创新创业生态环境的核心是企业。在整个创新创业生态环境中，企业离市场最近，直接为市场服务。评价一个地区创新创业生态环境的好坏，关键是要看这个地区的企业所生产的产品或提供的服务能否吸收各个创新主体和机构的成果，以最低的成本带来更高的社会福利。第三，激励机制是贯穿创新创业生态环境各主体和机构的纽带。要充分发挥市场机制在创新创业中的决定作用，通过市场的调配，促进资源在各主体和机构之间的合理分配，发挥各创新主体的积极性和主动性，并通过创新链将创新成果传导至企业。除此之外，政府要从制度上构建一个公平竞争的市场环境、营商和法制环境等，并通过政府资助等手段来弥补基础研究和教育等方面的市场失灵。因此本章将创新创业生态环境定义为以企业为核心，政府、科研院所、金融机构等不同主体共同参与，通过一定激励机制将这些主体与企业直接或间接地连接起来，形成相互衔接、相互沟通的整体，并在一定规则下有利于创新和创业的系统。

基于以上分析，图7-1给出了本章定义的创新创业生态环境构成

图。由图7-1可知，在创新创业生态环境里，规则和激励机制作用于各
个创新创业主体，政府主要提供规则，并在市场失灵领域提供激励，
主要发挥市场激励机制的决定性作用。在这一创新创业生态环境里，
主要创新创业主体包括作为核心的企业、科研院所、人才、金融机
构、政府等，本章也将在这一框架下，分别从这几个主体来逐一研究
深圳市的创新创业生态环境。

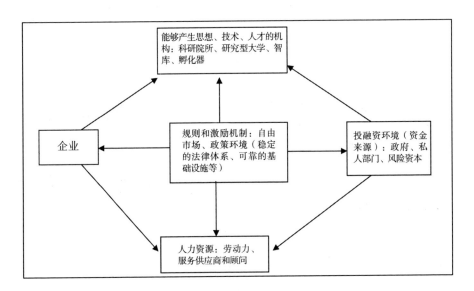

图7-1 中国宏观经济研究院课题组定义的创新创业生态环境构成图

第二节　企业：深圳创新创业生态系统中的核心群落

企业群落是由不同行业的企业主体所构成的生态种群，它们通过将技术或者服务产业化来为市场提供产品或服务，是创新创业生态系统中的核心，是整个生态系统竞争力的体现。

一、企业在深圳创新生态系统中发挥至关重要的作用

——深圳已形成小微企业铺天盖地、细分龙头快速发展、大企业顶天立地的局面。截至2016年6月底，深圳各类商事主体（企业及个体户）总量突破240万户，居全国大中城市首位。其中，企业总计约132.5万户，占比超过55%，小微企业占企业总量的95%以上。在企业的组成中，深圳拥有3万多家创新型企业，诸如大疆无人机、柔宇科技、北科细胞治疗、优必选机器人、连硕教育等一批高速成长的创新型企业正在成为深圳企业的新名片。华为、腾讯、比亚迪、迈瑞、华大基因等20多家细分龙头企业成长集聚在这片热土，成为全球高技术产业的领头羊，也成为深圳企业向全球创新链、价值链上游攀升的旗帜。除了创新型小微企业和行业领军企业之外，深圳也拥有一批"大个头"，有关资料显示，华为、正威、万科、招商银行等4家企业荣登世界500强上榜企业榜单。深圳还拥有中国500强企业30家，主营收入超百亿元企业65家，其中超千亿元企业8家。累计共有321家本土企业在境内外上市，其中，本地企业中小板和创业板上市128家，首发募集资金971.15亿元，连续9年位居全国大中城市首位。

——企业特别是民营企业是深圳创新创业的主引擎。在2016年《财富》世界500强排行中，深圳民营企业入围的数量几乎已是北（京）上（海）广（州）的总和。毫不夸张地说，深圳早已成为中国民营经济的标杆。统计显示，截至2015年底，全市工商登记注册的民营企业108.3万家，占企业总数的96%；80%以上的国家高新技术企业是民营企业。目前，深圳依然保持着全国独一无二的"6个90%"在企业，即90%的创新企业是本土的企业，90%的研发人员在企业，90%的研发投入来源于企业，90%的职务发明专利产生于企业，90%的研发机构建在企业，以及90%以上的重大科技项目由龙头企业承担。据统计，2015年，深圳PCT国际专利申请量13308件，占国内企业和个人申请总量的46.86%，连续12年居全国首位。深圳民营企业拥有有效发明专利6.1万件，占全市的73%。专利影响力惊人的华为以21.8万件专利蝉联2015年度国际专利注册数量第一名，比亚迪技术专利达12580件，中兴在第四代移动通信TD-LTE技术领域的基本专利占全球1/5，柔宇科技短短4年在国际范围内获得了300余项核心技术的知识产权，大疆公司申请专利近千件。

——新兴产业企业已成为深圳经济发展的新增长点。据统计，新一代信息技术、互联网、新材料、生物、新能源、节能环保、文化创意等战略性新兴产业增加值从2010年的2760亿元增至2015年的7003亿元，占GDP的比重从28.2%增长至40%，深圳已成为国内战略性新兴产业规模最大、集聚性最强的城市。其中，新一代信息技术产业占比最大，几乎占到了半壁江山，达到45.3%；互联网行业增速持续保持最高，这和龙头企业的贡献密不可分。据深圳市统计局报告显示，2015年深圳七大战略性新兴产业中，增加值前十强的企业依次为：华为、中兴、腾讯、中国移动（深圳分公司）、富士康、比亚迪、中国电信（深圳分公司）、创维、中广核、宇龙，贡献了全市战略性新兴产业增加值的近四成。此外，在一批未来产业企业的带动下，2015年，生命健康、海洋、航空航天及机器人、可穿戴设备和智能装备等未来产业产值超过4000亿元，新的增长点正在形成。伴随新兴产业企业的高速发展，这些行业也成为深圳市税收的新增长点，2016年上半年行业税收高速增长，占整体税收的比重也有所提升。

二、最大限度发挥企业作用的奥秘

——政府始终不遗余力支持企业发展。习近平总书记视察深圳时指出："深圳的发展是中国改革的一个代表作，是一个中国奇迹，也是一个世界奇迹。"这充分证明，企业的高速发展，与政府的积极改革是分不开的。很多人认为，深圳的成功不是靠政府扶持，但恰恰相反，深圳企业的成功，在很大程度上与政府的大力支持密不可分。一方面，政府高度重视和支持企业的研发创新，将国家超算深圳中心、国家基因库、大亚湾中微子实验室等一大批国家重大科技基础设施和平台，以及国家、省、市级重点实验室等布局在企业。另一方面，政府也着力营造有利于企业发展的环境，通过制定有关规制，稳定政策预期，着力优化企业发展的软环境。用企业家的话来说，深圳的政府是全国最讲信用的政府，它发挥着一种让企业"感觉不到"的作用。

——市场化意识和企业家精神是一个地区促进企业高速发展的内生动力。调研中，时任深圳市市长许勤认为，市场化意识是深圳拥有创新创业活力的至关重要的奥秘之一。这种市场化意识体现在深圳企业家敏锐的市场嗅觉和毗邻香港特区的区位条件上，并不是一朝一夕就能形成的，而是需要一个长期的积淀过程。同时，深圳是一个典型的"移民"城市，天生拥有那种"不安分"的特征。有人说，很多人来深圳不是在体制内失意，就是刚毕业的学生，都是在骨子里有一股"闯一闯"的劲头。可以说，深圳的市场化意识和"移民"文化，造就了深圳的企业家精神，如今已成为深圳精神的重要内涵。据有关资料统计，前些年，深圳城市居民的平均年龄仅为29岁。如今，这个数字已经接近35岁，但这丝毫没有影响到深圳的创新创业活力。这是因为深圳的创客队伍不断壮大，数以千计的创客活跃在深圳的各个角落，既有辞职创业的专业技术人员，也有高校应届毕业生，还有大中专院校等各类学校的在校学生，一个庞大的创客生态圈正在深圳形成。可见，说一个城市年轻，不一定是看居民的平均年龄，关键是看创新和企业家精神。深圳就是国内创新和企业家精神最为浓厚的地区，"创"和"闯"早已融入深圳人的血液。

——优越的科技市场制度为深圳创造了良好的发展环境。在经济学者樊纲看来，深圳创新创业繁荣的背后是科技市场制度体系在起决定性作用。科技市场制度不仅塑造了创新的供应链，使深圳拥有全世界最高效的电子信息产业配套生态；也通过科技市场竞争推动了新产业演化和资本供给创新，使产学研金紧密结合，促进了科学家、企业家和投资家的三方互动；更重要的是，科技市场对培育创新创业文化也起到至关重要的作用。

三、企业群落发展壮大遇到越来越多的瓶颈和制约

调研中，我们也发现，在不断发展的过程中，一批比较突出的问题开始制约深圳企业的下一步发展。这里既有国家整个大环境的问题，也有具有深圳特点的小环境问题。

——企业成本快速上升。这是企业反映的最直接、最突出的问题。随着我国发展阶段和资源要素条件的变化，企业成本日益高企，这是全国性的问题，但在深圳表现得更为突出。招商局工业集团党委书记坦言，当前深圳的制造业企业成本很高，一方面是因为国家全面施行营改增所带来的税负负担有所加重；另一方面则是人工成本上涨

较快，目前在海洋工程装备行业，一个菲律宾人工成本3000元/月，而在中国深圳则需要6000元/月，还不算五险一金。此外，房价畸高也成为很多企业成本快速上升的主要原因，不仅是迅雷等小微企业，华为等老牌企业也表示出对当前深圳房价飙涨的无奈。

——新经济与旧规制冲突频现。随着一批新技术、新产品和新模式的不断涌现，旧的管理规制开始越来越难以适应新经济的发展要求。这是全国上下面临的共性问题。深圳作为改革开放的排头兵，尽管政府有意推动改革，但毕竟这事关全国"一盘棋"的改革部署，深圳有时也"孤掌难鸣"。当前，深圳一批企业已经成为全球的领头羊，已经不像在"追赶"的阶段，前面还有"锚"可瞄、有管理经验可借鉴，越来越多的企业家认为，当前全球创新创业的竞争，在很大程度上是制度的竞争。好的制度能正向激励企业不断创新，而不好的制度环境则会将企业逼入绝境。调研中，有些"海归"企业家开始萌生向美国等发达国家回流的想法，正是因为我们的制度环境还与国外有很大的差距。

——跨国公司总部和区域总部数量较少。纵观深圳企业的所有制结构，我们可以清晰地看到，本土"龙头"蔚然大观，但跨国外资企业却很少。毋庸置疑，深圳近30年的高速发展主要靠的是民营企业，跨国外资企业、区域总部在深圳经济中的比重始终没有明显提升。这也在一定程度上制约了深圳企业的国际化程度。

第三节　科研院所：深圳创新创业生态系统中的次要群落

大学及科研院所是输出科技成果和人才的群落，能够为企业提供可以商业化的成果，培育具备一定技能及知识的人力资源，是创新创业生态系统中的重要组成部分。

一、科研院所是深圳创新生态系统中的短板

截至2015年底，深圳市陆续建成国家、省、市级重点实验室、工程实验室、工程（技术）研究中心和企业技术中心等创新载体1283家。培育了45家集源头创新、研发和产业化于一体的新型研发机构，诸如中科院深圳先进技术研究院（简称中科院先进院）、光启研究院、华大基因等机构异军突起，其中，中科院先进院年度专利申请量约占中科院系统的1/10、资产规模达65亿元，光启研究院拥有全球超材料领域86%以上的专利，华大基因成为全球最大的基因测序和基因组学研究机构。先后建设了国家超级计算深圳中心、大亚湾中微子实验室和国家基因库等重大科技基础设施和平台，加快在未来网络实验室、超材料工业技术、下一代高速大容量光传输技术、高通量基因测序及基因组学技术等领域的规划部署。持续丰富科教资源，在深圳清华大学研究院、中科院先进院之后，南方科技大学、香港中文大学（深圳）、哈尔滨工业大学（深圳）、清华-伯克利深圳学院相继建成招生，深圳墨尔本生命健康工程学院、国际科技太空学院等特色学院建设加速推进，中山大学深圳校区正式设立，湖南大学-罗切斯特设计学

院（深圳）、华南理工-罗格斯大学创新学院（深圳）、吉林大学-昆士兰大学落户，深圳北京理工-莫斯科大学获批筹建。

二、另辟蹊径寻求科研院所群落新定位

——积极利用国内外创新资源，促进产学研用密切结合。一方面，发挥深港澳地缘优势，积极拓展在新技术领域扩大和香港研发机构的实质性合作，通过建设"深港创新圈"促进两地联合资助科技合作项目，吸引香港高校在深建立产学研基地。另一方面，发挥新型科研院校"东家"的科研资源和国际网络优势，搭建产学研一体、国内外共享的跨国创新网络。例如，深圳清华大学研究院于2002年发起成立深圳清华国际技术转移中心，与研究院国际合作部一体化运作，陆续设立北美中心（美国硅谷、洛杉矶）、欧洲中心（英国牛津）、俄罗斯中心，拟设德国科隆创新中心、以色列创新中心等。中科院先进院以打造集科研、教育、产业、资本"四位一体"的微创新体系为目标，通过联合培养、招收客座学生等新模式鼓励人才和创新成果同步溢出；与企业合作项目、共建实验室/工程中心，牵头成立深圳机器人、低成本健康、北斗、海洋等4个创新联盟协会；与地方政府合作孵化深圳创新设计研究院、深圳北斗应用技术研究院等新型专业研究院；先后发起5只产业发展基金和1只天使投资基金，规模接近30亿元。

——创新体制机制，发展不同模式的新型科研机构。例如，深圳清华大学研究院于1996年成立，是全国第一家市校合作的新型科研机构，之后，秉承先行先试的理念和做法，于1998年，第一个提出了新型科研机构"四不像"运行管理模式；1999年，第一个成立新型科研机构的创业投资公司；2009年，第一个创建新型科研机构的科技金融平台；2010年，第一个成立新型科研机构的海外创新创业中心，如此等等，这些为探索新型科研机构体制机制革新积累了大量宝贵经验。以其施行的

"四不像"管理模式为例，与事业单位、企业、科研院所、大学的运行模式都是"既是又不像"，即是事业单位，提供公共服务，但是没有财政固定拨款，没有人员编制，实施理事会领导下的院长负责制，独立核算、自收自支，实行企业化运作；但是又不同于一般企业，不直接生产产品，不以盈利为主要目标，定位于科技创新和成果转化，强调社会效益、经济效益并重；是研究所，又不同于一般的科研院所，没有纵向科研任务，而是以研发平台、投资孵化、科技金融等功能服务于科技企业；源于清华大学，但是没有学历教育任务，而是服务于地方经济社会发展，文化传承于清华的校风和传统，又融入了特区企业文化特色。

三、科研院所群落需要更大力度支持和更大胆改革

据相关人员反映，深圳市各类科研院校发展中也遇到了很多困难和挑战，主要是"定位不清晰""前景不明朗""扶持政策不惠及"这三个方面。总体来看，各类在深发展的科研院校都面临着财政经费支持不足，以及"体制内"的编制、职务、职称指标不够等问题。这意味着这类深圳科研院校吸引的人才不是单纯地做基础研究、做科研教学工作的人才，而是有一定"冒险精神"的创新型人才。但是，对于这类新型的科研院校、创新型的人才在国家创新体系中究竟应当扮演什么角色、承担什么功能，仍然缺乏明晰的定位，导致这类机构、人才在工作中要么是"迈不开步子"，要么是"迈了步子、吃了螃蟹却惴惴不安"。此外，现行扶持科技创新的各类政策要么是以大院大所为扶持对象，聚焦重大技术攻关、基础研究开发方面的，要么是以企业为扶持对象，聚焦市场导向的应用开发研究方面的。这导致这类新型科研院校既难以获得固定的财政经费支持，难以进入国家、省级科研平台建设支持的序列，也难以享受高新技术企业享有的税收优惠、政府采购政策等方面的支持。

第四节　投融资环境：深圳创新创业生态系统中的水

投融资机构主要为企业和科研机构提供所需的研究、开发和商业化资金，主要包括银行、风险投资公司等金融机构和非金融机构，是创新创业生态系统中必不可少的资源之一。

一、优越的投融资环境是深圳创新创业生态环境保持勃勃生机的重要源泉

——金融业快速增长，形成了覆盖创新创业全链条的金融服务体系。深圳市金融业增加值由2003年的258.5亿元增至2015年的2542.8亿元，累计增长约9倍，占GDP比重由2003年的8.2%增至14.5%。每年新增金融机构数量超20家，目前全市分行级以上持牌金融机构393家，其中，法人167家。这些机构，一方面为创新创业企业开展和强化直接融资提供了便捷渠道，另一方面也发挥了银行信贷资金对创新创业企业的支撑作用。

——股权投资企业集聚发展，拓宽了创新创业企业的直接融资渠道。深圳市已登记备案的私募基金，无论是机构数量、管理规模还是从业人数，均占广东省80%以上，位居全国第三，仅次于北京、上海，远远领先于全国其他地区。据统计，截至2016年6月底，全市工商登记注册的股权投资企业约4.6万家，合计注册资本2.8万亿元，已登记私募基金管理公司3276家，管理基金6485只，管理规模9657亿元，从业人员39991人。深圳市创新投资集团有限公司是其中的典型代表，该企业已是国内实力最强、影响力最大的本土创投公司，注册资本42亿元，管理基金规模789亿元，总资产近200亿元，净资产126.2亿元，累计投资项目630余个，投资金额超196亿元。

——与创新创业企业相匹配的信贷服务不断创新，发挥着信贷资金对中小创新型企业的支撑作用。据统计，截至2015年底，深圳市银行业用于小微企业的贷款余额4934.86亿元，同比增速14.88%，高出各项贷款平均增速0.92个百分点，获得贷款支持的小企业达到2.33万家。深圳辖区已有26家银行设立了小微企业专营机构，设立小微企业特色支行166家，相关从业人员近7000人，小微金融服务的覆盖面持续扩大。作为传统银行信贷的有益补充，深圳市小额贷款在促进创业带动就业方面发挥了重要作用。小额贷款以"小额、分散"为特点，重点面向小微企业和个体工商户提供资金支持，据统计，截至2015年底，深圳市小贷公司已达135家，其中115家正式开展经营，注册资本合计236.88亿元，贷款余额约250亿元。

——金融产品创新迭出，提高了对创新创业的金融认同和包容。银行产品创新推出了与利率、汇率、股票、外币及银行间货币市场挂钩的产品；证券产品创新推出了新型集合资产管理、专项理财、特色信托产品、新型基金产品以及融资债券、股指期货等新产品；保险业围绕经济社会发展及民生幸福领域持续进行产品创新。从深圳市的"金融创新奖"来看，自设立该奖项以来，已有200多家机构近300多个项目获奖，累计发放奖金超1亿元，获奖项目的原创性强、机构参与度高、覆盖领域广，许多金融创新产品成为行业发展的典范。金融业保持强劲的创新动力和活跃的创新氛围，有助于促进金融机构对企业创新更为认同和包容，从而推动金融机构向创新创业提供更具针对性、更灵活的服务。

二、市场化道路、优惠政策支持和政府优质服务是深圳市营造创新创业"水环境"的宝贵经验

——遵循市场化原则持续优化金融机构集聚发展的良好环境。深圳市在发展创新创业投融资体系过程中，以"小政府、大市场"为理念，不干预企业和机构日常运营，更多通过市场规则、市场价格、市场竞争来引导金融资源配置和行业行为，推动机构向创新创业企业倾斜资源。以财政支持创业投资为例，政府方尽管会阶段性地持有被支持企业股权，但原则上不控股、不当大股东、不干预企业具体生产经营活动，给予企业最大限度的自主权。

——积极发挥优惠政策的杠杆引导作用。2008年，深圳市颁布了《深圳经济特区金融发展促进条例》，提出"优化金融生态环境，推动产业结构优化升级""把金融业作为战略性支柱产业，以多层次资本市场为核心，以深港金融合作为纽带，巩固提升深圳金融中心城市地位"，这成为近10年来深圳市不断健全投融资服务体系的政策导向标。此外，深圳市先后出台《深圳市支持金融业发展若干规定》等多项政策，从资金、土地、人才等多方面、全方位予以支持，并根据金融形势多次修订有关政策，使得政策始终保持相对优势。例如，为支持创业投资，深圳市政府出资设立了创业投资引导基金，远期规模达到1000亿元（已到位360亿元）；每年从科技研发资金、战略性新兴产业专项资金中安排一定比例资金，对企业予以有偿资助。为发挥银行信贷资金对创新创业的支撑作用，深圳市在全国率先动态扩大小微企业不良贷款的容忍度至5%，进一步改进信贷考核机制。2005年深圳市首创"金融创新奖"，由市政府授予驻深金融监管机构、金融机构开展金融创新的荣誉，树立金融创新的标杆，加强对金融服务科技创新

的激励引导。

——持续优化创新创业的投融资公共服务。目前，深圳市丰富活跃的创新创业品牌活动有上百种，举办了深圳首届国际创客周，深圳湾广场成为全国创新创业标杆，"创业之星"大赛吸引了14个国家和地区的2130个项目参赛，在上述创新创业品牌活动中，通过举办创新金融服务等相关主题活动，搭建了金融机构和企业的高效对接平台，为创新型成长性企业提供了更加多样化的融资渠道。探索设立了资本市场服务创新创业母平台、跨境投融资服务平台等各类基础平台，促进形成资本市场服务链条，在创新创业的各个阶段发挥多层次资本市场、国内和国际市场的支持作用。

三、创新创业新生态需要调整深圳"水源"的流向

——以银行为主的信用评价机制不适应创新创业融资需求的新特征。由于创新创业企业前期研发投入大、有效抵押物不足、投资回报周期较长、银行尽调成本高等问题，其风险度较高，不符合传统金融机构的风控制度要求，需要融资支持的主体很难得到"滋润"。

——适应创新创业融资需求的金融风险分担机制有待完善。尽管深圳市出台了贷款风险补偿等有关措施，但总体来看，政府与金融机构的风险共担机制还需进一步增强。目前，深圳市面向创新创业企业的融资担保体系不够健全，政策性融资担保力度不足、覆盖率较低，商业性融资担保机构普遍不愿意面向中小企业提供低成本的融资担保。保险业的风险保障功能不显著，科技保险、专利保险、首台重大科技装备保险等有针对性的特色保险产品发展不足。

——政策体系有待进一步完善和局部突破。银行业金融机构对科技型企业的信贷投放受制于监管机构对不良贷款容忍度的限制。税收优惠政策对创投机构的激励作用不足，新三板市场对创投机构的开放不足。

第五节　人力资源：深圳创新创业生态系统中的阳光

人力资源是创新创业生态系统中最核心的资源，既包括高层次人才、高技能人才，也包括普通劳动者。所有生态系统中的所有种群的成长、所有资源的配置，实际上都和"人"这个要素息息相关。

一、人力资源是深圳创新创业生态系统得天独厚的优势

——人口规模快速增长。截至2014年底，深圳市年末常住人口达到1077.89万人，其中，户籍人口332.21万人，非户籍人口约有745.68万人，常住人口年平均增长约为10.17万人。全市常住人口密度达到5398人/平方千米，是目前国内人口密度最高的城市，具体如图7-2所示。

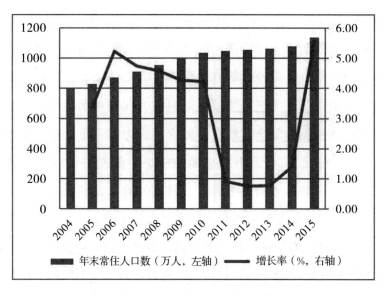

图7-2　深圳市常住人口变化情况

——人口结构流动化、年轻化。作为外来"移民"人口城市，深圳庞大的外来务工人员是人口结构中的一大特征，造成了户籍人口与非户籍人口比例的"倒挂"。从流入人口的籍贯分布来看，以广东（非深圳本地）、湖南、广西、湖北、四川、江西以及河南等7个省份为主。除河南以外，其他省份的流入人口规模均超过100万人，说明深圳对中部欠发达地区的劳动力资源具有很强的吸引力。从人口结构来看，深圳以青壮年劳动力为主，人口平均年龄只有31.8岁，人口年龄结构呈现"两头小、中间大"的纺锤形结构。其中，0～14岁人口占13.40%；15～64岁人口占83.23%；65岁及以上人口占3.37%。老年抚养比、少儿抚养比和总抚养比一直保持相对稳定状态，人口老龄化程度处于较低水平。具体如图7-3所示。

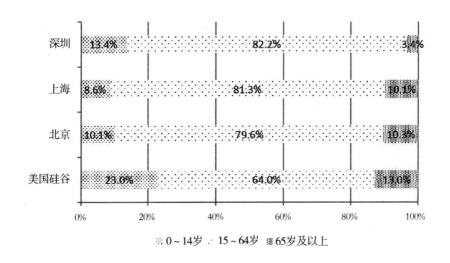

图7-3 深圳与北京、上海、美国硅谷的人口年龄结构比较

——高层次人才规模持续增长。截至2015年底，全市各类专业技术人员135.30万人，同比增长5.6%，其中具有中级技术职称及以上的专业技术人员41.50万人，同比增长4.4%。具有博士学历的人口比例，

2015年比2014年增加489人，增幅为77%。"十二五"时期（2010—2015年），累计引进"珠江人才计划"31个、"孔雀计划"创新团队76个。海外高层次人才1364人，留学人员超过7万人。目前，全市共有全职工作两院院士16人，累计认定高层次专业人才4607人、海外高层次人才776人。

二、始终围绕如何"引来人、留住人"做好文章

——建立了较完善的法规政策体系。实施重点引进海外高层次人才和团队的"孔雀计划""医疗卫生三名工程"等人才吸引政策，以及博士后科研资助、留学回国人员创业资助等人才扶持政策；组织实施人才安居工程、鹏城杰出人才奖、产业发展和创新人才奖等人才保障激励政策以及各类科技计划、促进科研机构发展行动计划、促进创客发展行动计划等科技创新扶持政策；出台了深圳市创新促进条例、知识产权保护规定、技术转移条例，以及人才个税补贴、职业资格准入、出入境居留便利等有利于国内外人才集聚和发展的政策。2016年3月，制定出台《关于促进人才优先发展的若干措施》（简称《若干措施》），包括20个方面、81项政策措施和178个政策点。政策迅速落实，截至2016年9月底，《若干措施》178项任务中，已落地实施的有122项，占68.5%，正推进实施的有56项，占31.5%。举办国际人才交流大会，修订高层次专业人才的配偶就业、子女入学、学术研修津贴等配套政策。

——加大资金支持力度，大幅提高来深人才待遇。将"孔雀计划"的专项资金从5亿元增加到10亿元，最高单项8000万元。为落实《若干措施》，2016年初预算安排人才相关资金37.5亿元。

——积极发展科研和教育单位，拓展岗位载体。建成国家、省、市级重点实验室、工程实验室、工程（技术）研究中心和企业技术中心等创新载体1283家，覆盖产业创新发展的主要领域。采取量身定制

的政策措施，打破常规、创新机制，培育集基础研究、应用研究和产业化于一体的新型研发机构70家（比如华大基因、光启研究院、深圳先进院等），其中省级研发机构20家。大力发展高等教育，南方科技大学、香港中文大学（深圳）、哈尔滨工业大学（深圳）、清华-伯克利深圳学院建成招生，中山大学深圳校区正式设立，深圳北京理工-莫斯科大学获批筹建，推动各院校向高水平、国际化、开放式的特色高等教育机构加快迈进。

——推进社会保险扩面征缴。组织实施新的养老保险细则和医疗保险政策，研究落实退役军人和随军配偶养老保险转移接续工作，解决广东省内转移接续人员视同缴费账户、随迁老人按月缴纳医疗保险费等问题。完善征收业务制度、业务流程和操作程序，推行新的征收业务大厅，启用新版征收业务表格，提高工作效能。

——切实保障参保人员权益。社会保险基金支出逐年平稳增长，2015年社保基金支出金额329亿元，与2012年相比，支出金额增长了62.9%。各项社保待遇水平不断提高。2015年企业离退休人员人均养老金4129元/月，3年内增长了20.3%。医疗保险的住院报销比例、门诊支付比例、划入个人账户比例、整体待遇水平等，均处于全国较高水平。工伤补偿金额人均2.84亿元，3年增长60.5%。

三、人才结构性、机制性问题依然突出

——人才队伍总体不强。从人口规模来看，深圳市的人口规模庞大，且以青壮年劳动力为主，这对城市创新发展具有数量优势。然而，深圳市的人口主要以大量低学历的劳动力为主，这导致人口质量仍然偏低。同时，高层次人才缺乏，尤其是能够把握世界科技前沿、作出重大科技创新成果的战略科学家、尖子人才和领军人才稀缺。深圳市院士和中央"千人计划"人才总量（166人），不及北京（1800

人）的1/10，不及上海（691人）的1/4；"千人计划"人才与南京（258人）、苏州（约200人）相比也有差距。享受国务院特殊津贴专家数量仅为北京（4000人）的12.7%。此外，中初级科技创新人才吸引难、留住难问题日益凸显，全市每年引进入户的高校毕业生的流出量呈现上升态势（每年净增长保持在5万人左右），2011—2014年深圳市接收的高校毕业生中，本科及以上学历的占比呈下降趋势（其中硕士和博士学历的占比下降趋势同样明显），特别是清华、北大、复旦等重点高校毕业生的数量明显减少。本科及以上学历的劳动力人口占深圳常住人口的13.6%，远远低于美国硅谷、中国香港、新加坡等国际发达城市和地区。人口学历等素质偏低将不利于深圳市实现由劳动密集型产业向高技术型产业转型升级，也将阻碍深圳市的创新发展。

——人才国际化水平不高。全市取得有效外国专家证的外国专家3300多人，低于上海的6240人、北京的4986人。留学回国人员总量（6万人）与北京（15万人左右）、上海（12万人）相比还有很大差距。深圳市律师行业从事涉外法律业务的有32人，仅占总数的0.3%，而上海超过3000人，约占总数的17.8%。然而，深圳要对接和服务"一带一路"倡议，就需要更多具有国际化、专业化和职业化素养的复合型人才，为融入"一带一路"倡议提供人才支撑。但是，从深圳市2015年各学历人口数量来看，初高中及以下学历人口占总人口的75.02%，人口总体学历偏低，缺乏促进深圳融入"一带一路"倡议所需的具有国际视野，掌握国际金融、国际法律、国际会计、国际贸易，以及"语言+专业"知识的复合型人才。

——政策法规建设依然滞后。目前，深圳围绕实施创新驱动发展战略、激励自主创新的政策法规已经推出超过80个，涉及面较广，但支持人才队伍建设相关政策的指导性和规范性仍显不足。而且，即使是出台了政策，有的知晓度不高，尤其是在民营科技企业中的知晓度不高，比如产业发展与创新人才奖；有的执行难到位，协调性、整体性和配套性上有问题，有待完善和梳理，比如人才安居工程；有的监督检查不力，潜在效应还没有完全释放出来，比如人才奖励补贴、项目申报等；有的审批环节多、流程长，既降低了工作效率，又影响了政策落地，比如有人反映项目资助经费从申报到发放有时长达一年乃至两年。

——社会保险法规体系不健全，推进全员足额参保困难大。企业职工未参加职工养老保险、已参加养老保险职工缴费年限和缴费基数不足等问题仍在一定程度上存在。

——社保基金保值增值的压力大，稽核、医疗监督手段薄弱。通胀压力不断增加及基金保值增值渠道狭窄、方式单一等，造成贬值压力大。现有社保稽核、医疗监督不到位，受限于工作人员数量严重不足，难以全面开展现场检查，而信息化手段的运用又不足。

——社保管理服务能力不足，信息系统建设滞后。目前，社保信息系统老化、运行缓慢、负荷超载，不能为快速发展的社保失业提供及时有效的技术支撑。

——推动人才队伍建设的体制机制瓶颈依然存在。主要集中在科技创新人才的集聚制度还不顺畅。随着市场经济体制的建立，现行户籍制度已无法适应当前社会的发展需要，这一点在非户籍人口大大超过户籍人口的深圳表现得尤为突出。按照国家新颁布的《居住证暂行条例》要求，地方各级政府将建立梯度赋权机制，逐步扩大向居住证持有人提供公共服务和便利的范围并提高福利保障水平。而深圳作为国内超大城市，户籍制度的改革除了要符合国家有关规定外，也需要与城市自身的综合实力、发展定位相适应，同时更需要在受益群体增长所导致的公共福利负担与产出效益之间取得平衡。此外，知识产权保护乏力，科技创新人才及团队的诚信体系不健全。

第六节　规制、政策和文化：
深圳创新创业生态系统中的土壤和空气

政策、规制是生态系统中的生存竞争规则，是生态系统中至关重要的生存法则，这与政府的作用息息相关。其内容主要包括相关机构的设立，政府资金支持，相应的激励机制，相关法律法规的制定，以及对相关制度的执行和监管等。

一、制度先行是党和国家赋予深圳的固有基因

——顶层设计。深圳市加强顶层设计，把创新确立为城市发展主导战略，制定了全国首部国家创新型城市总体规划和首个以城市为单元的国家自主创新示范区，出台了自主创新"33条"、创新驱动发展"1+10"文件等一系列政策措施。

——鼓励推动创新创业要素集聚。在人才方面，深圳市政府实施引进海外高层次人才的"孔雀计划"，制定出高层次专业人才"1+6"文件、人才安居工程等政策措施。在金融方面，深圳市陆续出台《关于加快保险业改革发展建设全国保险创新发展试验区的若干意见》、《关于加强和改善金融服务支持实体经济发展的若干意见》和《关于充分发挥市场决定性作用全面深化金融改革创新的若干意见》等，通过加强政策引导，支持传统金融行业创新，规范新兴金融行业健康发展，使金融资源向实体经济倾斜，促进资金为创新创业服务。

——重视对创新创业的财税支持力度。近些年来，深圳市设立

了300亿元的深圳市创投引导基金、215亿元的前海股权投资基金和60亿元的国家中小企业发展基金，与国家新兴产业创投引导基金联合成立12家新兴产业基金。此外，深圳市认真落实国家各项结构性减税政策，加大正税清费力度，减免部分涉企性质的事业性收费，有效减轻小微企业和初创企业的税费负担，为这些企业的发展营造了一个良好舒适的环境。

二、政府坚持有所为有所不为，定位于做市场的配角

——积极推动与市场激励相容的体制机制改革。有学者认为，深圳市促进创新创业蓬勃发展的最大经验是，深圳市用30多年时间的努力，逐步建立起以产权制度为基础、以自由市场为要素、政府专注于提供公共产品的科技市场制度体系。而科技市场制度体系的建立，很大一部分要归功于深圳市充分发挥先行先试的政策优势，积极推动与市场激励相容的体制机制改革，通过理顺激励机制，充分发挥企业、科研院所、个人等相关经营主体的积极性和主动性，促进创新创业发展。特别是，深圳市尤其重视扫清科技创新与产业创新两张皮的体制机制障碍，促进科技成果转化。譬如，2013年2月深圳市颁布《深圳经济特区技术转移条例》，率先出台了激励科技成果转换的多条措施，放开了高等院校、科研机构中的技术成果完成人对主要利用财政性资金形成科研成果的支配权和收益权。这也是深圳市创新创业大量涉足高新技术，甚至全球前沿技术领域的重要原因。

——致力于简政放权优化政府公共服务。深圳市在不断完善市场机制、促进市场积极发挥作用的同时，还定位于做服务型政府，不断简政放权，并优化对创新创业的公共服务。深圳市时刻以服务型政府的标准来审视自我，为解决政出多门、职责交叉、部门之间互相推诿的弊病，更好地优化和完善对市场的服务，深圳市敢为全国先，启

动大部制改革，从行政体制改革上促进形成"小政府、大社会"。近些年来，深圳市还不断简政放权，优化服务。一方面，实施"证照分离"、注册资本认缴制、商事主体名称自主申报、企业简易注销、行政审批事项权责清单等多项改革，降低万众创业门槛；另一方面，实施全业务、全流程、无纸化网上商事登记、"多证合一、一照一码"等多项改革，提高行政效率，为万众创业提供了高效、便捷的登记服务。

——大力推动创新创业的基础设施建设。在硬性基础设施方面，深圳市超常规布局创新载体，大大削减深圳市创业者和企业从事前沿技术创新对仪器等设备的使用成本。2016年预算安排资金25.3亿元，完善科研基础设施，加强创新载体建设。2016年上半年，深圳市组建了下一代高速光传输技术、移动智能终端安全技术、企业电商大数据服务技术、低碳功能材料复合改性技术、个体化细胞治疗技术等5个国家地方联合工程实验室。在软性基础设施方面，深圳市积极建设和完善激励创新的制度和文化环境。一是完善知识产权保护制度，建立知识产权服务体系，树立专利意识，弘扬执法维权行为，严厉打击侵权违法行为，切实保护创新者的利益，严格知识产权保护，努力推进知识产权行政保护体制改革，探索建立知识产权保护社会参与机制。二是深圳市还在全国率先开展了"深圳标准""深圳质量"的立法工作，将深圳质量和深圳标准建设纳入法制框架，力争杜绝"劣币驱逐良币"现象，减少了高品质创新的顾虑。

三、政策"堵点"有所增加

——政策对房价、物价、交通等民生问题关注较少，制约创新创业长足发展。深圳市政府在科技创新和产业发展上出台了不少政策，但针对房价、交通和医疗等民生问题的政策和措施却相对偏少。而近些年来，这些民生问题在深圳有进一步加重的趋势，特别是2015年以来，深圳市房价不断上涨，深圳生活成本急剧提高。这大大限制了深圳市高端教育人才的进入，而人才是创新创业的核心，这会制约科研活动和技术转化的长足发展，并提高创业成本，同时增加创业者对创业失败的顾虑。

——政府采取各项措施推动自主创新，但效果低于预期，深圳市创新创业发展的原始创新能力不足。调研中有专家认为，深圳市政府政策和财政资源对市场各要素资源的引导作用没有充分发挥，研究机构无力协助解决行业共性关键技术的问题普遍存在，企业研发经费投入强度仍然不足，中小企业自主创新还普遍存在"一低三少"的现象（即处于产业链低端，自有核心技术少、研发费用投入少、拥有知名品牌少）。原始创新能力不足会降低深圳市创新创业的质量，有可能会带来大面积低水平的重复建设，不利于深圳市创新创业的长足发展。

——先行先试优势无法充分发挥，深圳市创新创业潜力亟待释放。先行先试是深圳市为国家进行政策探索的重要手段，也是改革开放以来深圳市经济飞速发展的重要原因。深圳作为创新之城，在创新创业中一直走在全国前列，涌现出了很多新技术新产品新业态新模式，特别是深圳要加快科技创新中心和产业创新中心建设，细胞制品、基因测序等新科技新经济快速发展，必然会与现有的政策和体制发生冲突。深圳可以通过先行先试解决部分冲突，但在很多领域依然无法突破国家体制和政策的束缚，可能会将一些极具潜力的好技术好产品好企业扼杀在初创期间，需要加大深圳市先行先试力度，释放创新创业潜力。

第七节　完善深圳创新创业生态系统的对策建议

一、夯实企业在生态系统中的核心作用

——多措并举帮助企业降本增效。不断加强对企业招引各类人才的补助机制，加快保障房和人才公寓建设，为深圳企业降低招录人才的顾虑。进一步鼓励企业加大研发投入，努力向附加值高的价值链高端发展，提高企业的增加值率。

——争取加快先行先试。"先行先试"是转型中国赋予深圳的"先天"品格，是强制性制度变迁赋予深圳的"特权"，是非均衡发展战略赋予深圳的伴随风险和成本的"优先"变革权，更是深圳生命力依然不朽的原因所在。要进一步巩固深圳改革开放排头兵的作用，在"全面创新改革试验区"的基础上，再赋予深圳在一批新兴产业领域先行先试的权限，打破制约企业创新发展的制度性障碍。

——加快国际化和开放创新步伐。利用深圳毗邻香港的区位优势，发挥前海深港现代服务业合作区的政策优势，大力招引海外资本和人才，积极吸引国际知名高校、世界500强企业在深设立研发中心、国际总部、区域总部或职能性总部，通过"引进来"加速深圳企业的国际化发展步伐。

二、补好科研院所在生态系统中的短板

——明确定位，深化改革，加大扶持。实践表明，新型科研院校

通过大胆创新、先行先试，为全国科研院校体制机制创新积累了宝贵的经验，为深圳市乃至广东省、珠三角地区有力汇聚了国内外大量的创新资源，较大程度弥补了深圳科教资源不足的先天"短板"。未来一段时间，要继续发挥深圳市的地缘优势、制度优势，进一步释放新型科研院校的创新活力，成为支撑深圳创新创业生态良性健康可持续运行的重要一极。为此，要进一步明确新型科研院校在深圳创新创业生态体系中的定位和功能。根据科研院校在创新创业生态环境中作为知识创造源头的大定位，结合深圳市各类新型科研院校前期获得较好实践效果的"四位一体"、"三无"（即无行政级别、无运行经费、无编制）、"四不像"管理模式等经验，明确新型科研院校作为科技和经济社会发展之间的通道和桥梁功能，进一步细化新型科研院校分类，研究制定不同类型科研院校的功能定位和改革发展路径。要持续深入推进体制机制的改革和先行先试，及时总结前期体制机制先行先试的经验和成果，加快完善、修订、落实《关于加强新型科研机构使用市科技研发资金人员相关经费管理的意见（试行）》。针对国家、地方现行财税金融扶持政策难以惠及新型科研院校的情况，抓紧研究制定针对新型科研院校的倾斜性扶持政策，着力解决经费支持稳定性差、在职人员身份"尴尬"、难以争取到国家以及地方研发平台支持、机构及人员税赋负担趋重等问题。

三、增加"水源"和拓宽"水渠"双管齐下增强生态系统活力

——建立差异化信贷管理模式，鼓励信贷业务创新。鼓励金融机构加强差异化信贷管理，积极创新业务品种，开展知识产权质押贷款、科技保证保险贷款、科技项目打包贷款等新型业务，进一步加大对科技型企业的信贷投放。积极利用信贷信息技术实现网上批量信贷业务处理。支持金融机构开展投贷联动，为创新创业企业提供股权和

债权相结合的融资服务。政府引导基金可以加大对信贷服务创新的支持力度，通过让渡部分政府出资人收益用于贷款风险补偿等方式，促进信贷服务创新。

——构建风险共担机制，扩大金融集聚效应。建立科技信贷专营机构补贴与补偿机制，鼓励银行等金融机构设立小额贷款、融资担保和科技租赁等适应创新创业需求的信贷专营产品，大力发展"小微企业贷""上市促进贷""研发贷""孵化贷""成长贷""科技保理贷""集合担保信贷""投融贷"等金融产品，不断丰富小微企业贷款融资方式。发展政策性融资担保，加大对中小微企业贷款的信用支持力度。切实发挥保险业风险保障功能，为创新创业企业开展融资提供增信支持。

——完善创业投资政策体系，引导和带动各类资本进入创业投资领域。丰富创业投资企业募集资金渠道，支持创业投资企业通过上市募集、发行企业债券等多种方式拓宽融资渠道。争取试点，提供优惠税收政策支持创业投资机构。探索服务于创新创业企业的单独板（新四板资本市场），政府设立引导基金，支持在单独板挂牌的创新创业企业。

四、坚持让"人"在生态系统中发挥更加核心的作用

——进一步优化人才政策，着力聚集"年轻型"创新人才。制定着力于发展提速、比重提高、水平提升的科技人才队伍建设的专项规划。研究制定加快科技人才队伍建设的政策措施，及时清理不适应人才队伍建设的各项规定。完善人才流动制度，释放大型企业内部员工和高校、科研机构的科研人员等精英人才的创新创业活力。进一步落实人才发展"领航计划"，安排专项产业发展资金，支持获得认定的"千人计划"人才、海归人才开展创业活动。针对"年轻型"创新

人才实施多渠道住房供给和多层次房价梯度，尽快制定人才住房保障政策，通过货币补贴和实物配置相结合的方式来推动"人才公寓计划"，降低人才安居成本，吸引高学历、高技能"年轻型"创新人才在深圳创业发展。

——建立技术创新市场导向机制，营造完善的"留才"环境。深化激励创新的相关制度建设，以金融创新、文化创新等多领域创新并举以增加就业机会。加大科技成果转化奖励力度，积极推动科技成果处置、收益权改革，完善职务科技成果转化的奖励、报酬制度，打通科技创新成果转化的各个链条。体制内的研究开发机构和高等院校对持有的科技成果，可自主决定转让、许可或作价投资，并且转让的价格可采取自主选择的方式。大幅提高对科技人员的奖励比例，国有企业、事业单位对完成、转化职务科技成果作出重要贡献的人员给予奖励和报酬的支出，计入当年本单位工资总额。

——加大对科研、教育和培训机构的支持力度，重视培育创新型人才。一方面，加强深圳高质量基础教育建设，构建深圳本土化的高校科研体系。重点建设一批高水平大学和特色学院，集聚海内外优质教育资源，建设国际一流的职业教育体系。另一方面，大力实施"孔雀计划"，按照国际化、专业化、职业化的标准，面向全球，聘请海内外专家，招纳国际一流的创新人才和核心团队。鼓励民营企业参与专向人才培养，充分利用在港人才，以及香港在深人才，促进深圳与海上丝绸之路沿线国家互联互通。支持政府间国际科技组织、国际技术转移中心在深落户。此外，继续完善以职业院校、企业和各类培训机构为载体的职业培训体系，加强对高中及以下学历人口开展就业培训服务，为深圳顺利完成产业结构转型升级培养和储备高素质的人力资源。

——完善社保政策法规，强化社保稽核监察。适时修订养老保险政策，推进医疗支付制度改革，完善医保支付标准和支付方式。开展社会保险法律法规执行情况检查，严厉查处企业不参保、少参保、少缴费等违反社保法律法规的行为。

——加强社会保障监督管理。修订社保基金财务管理操作规程、工伤保险案件调查取证费管理使用办法。加强对社保基金投资的相关调研，根据基金收支情况适时调整部分险种定期存款存期，增加基金收益。

——加快社保信息化建设。重构信息系统，实现与国家、广东省的信息系统顺畅对接，对医疗保险信息系统优化改造，保障就医便利。推进法院、公安、教育、民政、市场监督管理等部门的信息共享，提高服务水平和办事效率。升级社保自助服务终端，提高服务能力。

——优化社保经办模式。打破区域限制，逐步推行业务同城通办，实现"一站式"服务。完善内部沟通协调机制，优化操作规则和流程，加强转移接续部、省电子平台建设。委托商业保险机构代办医疗保险异地转诊的报销业务，解决异地就医的审核和现金报销困难。

五、进一步厚植政策支持的土壤

——加大对民生的建设力度，以舒适的城市宜居环境来吸引创新创业人才集聚。一是出台相关政策，稳定房价，加大棚户区改造货币化安置力度，加大对公租房、廉租房等福利房的建设，加快培育和发展住房租赁市场。二是加强监管，维护市场秩序，整顿收购秩序，加强收购资金监管，取缔无照收购、无证加工的行为，防止物价过快上涨。三是突出规划优化城市空间布局，促进产城融合发展，加大对基础交通设施的投入，加强重点路口的规划改造。

——大胆改革和创新政府资源配置和投入方式，推动深圳市的自主创新能力建设。在组织联合关键技术攻关、建立新型产学研合作平台和整合新兴产业创新链的过程中，要支持企业、公共平台、研发团队等不同主体间的自由结盟、竞争、合作，以产业链和各类联盟为主线，推进产业技术进步和产业组织创新。通过有序规范配置政府资源，建立资源、技术和市场相结合的科技创新平台，整合资源发挥资源的集聚效应。创新出台对轻资产公司的补贴方法，加大对创新创业企业和小微企业从事科技创新的支持力度，要容忍失败，放开企业从事创新的手脚。

——围绕建设科技创新中心和产业创新中心，支持深圳市加大先行先试的力度。为将深圳市打造成为国际上有影响力的科技创新中心和产业创新中心，国家要进一步授予深圳经济特区行政管理体制改革试点权，在行政审批制度、简政放权、法治政府建设、权责清单和负面清单制度等方面先行试点，也能通过探索为国家改革积累经验，提供示范。具体而言，在以下领域要充分发挥深圳市的先行先试优势，加大政策试验和探索：一是要支持深圳市出台促进科技成果转化的政策文件，激励高校和科研院所科研人员最大效能地利用已存在的科研成果。二是允许深圳在知识产权保护方面自主出台更适应本地区技术创新特点的政策和措施，加大对领先型企业进行自主创新的专利和技术的保护力度。三是要加大深圳市在行业准入、产品监管、公共服务、平台标准建设等领域的自主权，允许深圳市各部门根据本地区产业创新发展的特点为新经济量身打造适宜的政策体系。

第八章　成都市创新创业生态建设经验

成都是全国统筹城乡综合配套改革试验区、四川国家全面创新改革试验区核心城市，也是全国唯一的同时拥有区域、高校和企业创新创业示范基地的省会城市，在培育高水平的创新创业生态方面具有独特的资源优势、区位优势和政策优势。

成都深入实施创新驱动发展战略、大力推进创新创业发展以来，以"创业天府"行动计划为主线，搭建"菁蓉汇"和"创交会"这两大平台，打造创新创业引领区、创新创业集聚区、创新创业特色区这三大载体，明确激活资源、集聚要素、强化保障、营造环境等4项主要任务，初步形成适宜创新创业发展的生态系统。

第一节　成都市创新创业生态系统的特点

成都创新创业生态系统实践呈现出以下显著特点。

一、核心要素区域优势明显

创新创业的核心要素包括人才、技术、资金等，共同构成创新创业生态的"土壤"，是创新创业生态系统中所有机构的"养分"来源。成都是西南地区的科技、商贸、金融中心和交通、通信枢纽，具有天然的集聚要素区位优势。在电子、生物、新技术、新材料、光学、光纤通信、核技术应用、激光等高新技术领域中，成都具有较强的综合优势。

从科教资源来看，成都科研机构和高校数量众多，拥有641家研发机构（其中，国家级研发机构24家）和56所高等院校（其中，211和985高校4所）。研发出多项世界领先技术的核动力研究院被誉为"中国硅谷"，电子10所、29所、30所，以及成都飞机设计研究所、四川航天技术研究院、中航工业燃气涡轮研究院等军工科研院所在蓉聚集，成都同时还拥有142个国家级重点实验室。成都的高校数量在全国省会和副省级城市中排名第八（如图8-1所示），仅次于北京、广州、武汉、济南、上海、西安和重庆。四川大学合并成都科技大学、华西医科大学后，成为西部地区实力最雄厚、学科门类最齐全的一流综合性大学，生物科学工程、材料科学与工程、口腔医学在工科、医学类专业排名中稳居全国前五。电子科技大学被誉为西部的清华大学，是培养电子科学与技术、信息与通信工程、光学工程、工业工程、软件工程等专业工程师的摇篮。西南交通大学在全国学科评估排名中，交通运输与工程一级学科名列第一，测绘科学与技术、电气工程、机械工程、土木工程、管理科学与工程等学科也名列前茅。西南财经大学、西南石油大学、四川音乐学院、成都理工大学、成都中医药大学等高校各具特色，培养了大量专业性人才。

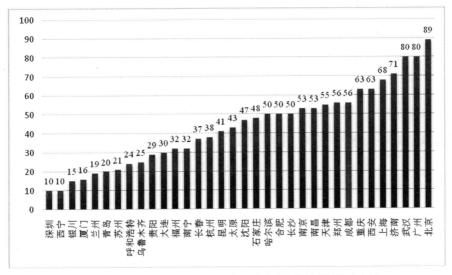

图8-1 2015年中国主要城市的高等学校数量（所）

数据来源：国家统计局。

从人才来源来看，成都的科教资源为创新创业提供了强大的人才储备，强有力的人才引进政策吸引了大批人才来蓉发展。在打造海内外高层次人才聚集和西部人才核心聚集区的人才战略指导下，成都通过实施5年的人才计划，不仅留住了当地高校优秀毕业生，还吸引了大批来成都创业发展的"蓉漂"。2015年，新吸纳青年大学生创新创业人才16710名，100余位高校科研人员带技术、带项目、带资金在蓉创办领办企业，近1000项科技成果在蓉转移转化。成都市政府遴选资助的5批共349名专家人才和28个顶尖创新创业团队，帮助企业实现年销售收入近1600亿元，创造税收近130亿元，带动就业超过6万人。截至2016年8月，成都人才总量达到389万人，其中"两院"院士34人，国家"千人计划"专家169人，省"千人计划"专家503人。

从技术专利来看，2014年成都专利授权数在全国排名第七，尽管只相当于深圳的1/3，但和中西部同级别城市相比，依然具有较强的技术优势。2015年，在四川省系统推进全面创新改革试验（简称"全创改"）的过程中，成都作为"全创改"的排头兵，加强了对专利申请、专利授权和新上科技项目的支持力度，各项数量出现快速增长态势（如图8-2所示），2016年前8个月成都市申请专利数63307件（同比增长58.5%），其中，发明专利申请量达25813件（同比增长64.1%），技术交易额达180多亿元（同比增长72.9%）。

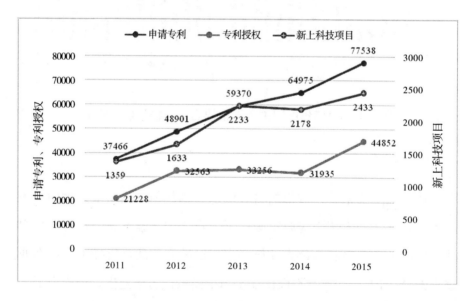

图8-2　成都科学技术发展情况（件）

数据来源：《成都市国民经济和社会发展统计公报》（2011—2015）。

从金融机构来看，成都已经形成银行、证券、保险等组织形式齐全、功能完备、运行稳健的金融体系，金融综合竞争力排名中西部第一、全国第六（如图8-3所示）。成都金融机构在西部地区数量最多、种类最齐全、开放程度最高。现有银行业金融机构74家、保险机构83家、证券期货经营机构248家。2015年实现金融业增加值1254亿元，同比增长15.5%，在全国15个副省级城市中，成都排名仅次于深圳，证券交易额排名第四，保费收入排名第三。成都凭借着自身庞大的市场以及出色的城市魅力，吸引了大量外国资本涌入，在271家世界500强企业中，有202家外资企业，外资企业数量、外资实际利用、进出口总额均为中西部城市之首。成都现有外资银行16家、保险公司17家，外资金融机构数量和金融交易量在西部城市中排名第一，是人民币跨境结算、跨国公司总部外汇资金集中运营管理、个人本外币特许兑换业务的试点城市。

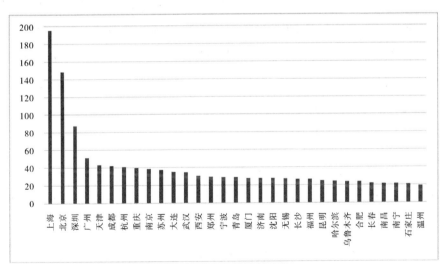

图8-3 中国金融中心综合竞争力指数（2015年第七期）

数据来源：综合开发研究院（中国深圳）课题组。

从产业类型来看，成都在航空航天、信息安全、军工电子、核能及核技术应用、机电装备和材料等领域已经形成比较完整的产业集群。成都航空产业规模位居全国前四，信息安全产业规模与北京、上海、深圳同处国内第一方阵，在部分领域达到全国乃至世界先进水平。成都是国家国防科技工业的主要承载区域，中航工业集团、航天科技集团、航天科工集团、中国兵器集团、中国兵装集团、中国电子信息产业集团、中国电子科技集团、中核集团、中核建集团、中国航发集团等在成都均建有实力较强的军工企业，具有发展军民融合产业的资源优势。2015年末，成都建成高新技术企业2707家、国家级农业科技园区9个、国家创新型（试点）企业26家[1]、重点产业技术创新联盟30个[2]。在成都高新区，各类上市挂牌企业数在西部首屈一指，2016年上半年，24家新三板企业的营业收入同比增长达42%，远超全国平均水平；截至2016年8月，新三板挂牌企业达到86家，包括新一代信息技术企业54家、生物企业6家、高端装备企业9家、节能环保企业4家、生产性服务业企业8家，总量在全国国家级高新区中位居前列。沪深交易所及境外上市企业29家，约占四川省的1/4、成都市的一半。

二、要素配置结构总体均衡

创新创业生态系统的"结构"是不同类型要素和机构的组合比例，直接决定系统的运行效率。成都创新创业生态系统结构的特点突出表现在经营主体、产业和空间内部要素比例配置均衡。

从经营主体结构来看，成都非公经济总量占全省的比重超过1/3，对经济增长的贡献率超过60%。2014年底的私营企业及个体工商户总量

---

[1] 国家创新型（试点）企业26家，其中，创新型企业14家、创新型试点企业12家。省级创新型企业1623家，其中，试点企业490家、培育企业1107家。
[2] 重点产业技术创新联盟30个，其中，国家试点联盟2个、国家重点培育联盟1个、国家备案联盟7个。

达98.07万户，占全市经营主体总量的95.11%，注册资本总额突破"万亿元"大关，占全市注册资本总额的50.34%，在副省级城市中排名第二[1]。2016年入围成都100强的企业中，民营企业占据"半壁江山"，增长到43户[2]，与之相呼应的是，2016年上半年民间投资在固定资产投资中的比重达到54.7%。

从产业结构来看，2015年成都三次产业结构为3.5∶43.7∶52.8，工业总量不足，在产业结构中从来没有超过50%（如图8-4所示）。成都实施"工业强基"战略以来，以建设国家重要的先进制造业中心为目标，重点发展电子信息、汽车等优势产业和轨道交通、航空航天等战略性新兴产业，大力发展以互联网产业为代表的新经济，培育万亿元产业集群。人才、技术和资金等创新创业资源要素不断向工业倾斜，2016年1—8月，成都完成工业投资1402.8亿元，同比增长35.8%，完成技改投资1280.7亿元，同比增长43.7%。[3]

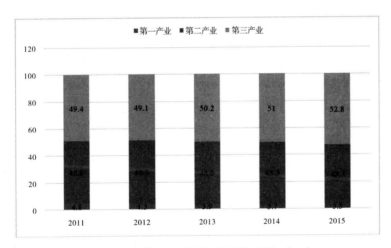

图8-4 成都历年的产业结构占比（%）

数据来源：成都市统计局。

---

[1] 成都市工商部门（现市场监管部门）统计。

[2] 100强企业中，国有企业占46户、民营企业占43户、中外合资企业占11户。

[3] 源自成都市经信委数据。

从空间结构来看，成都对创新创业载体发展实施"3+M+N"的总
体布局（如图8-5所示），构建了众创空间的引领区、集聚区和专业
特色区。空间布局定位清晰，要素资源配置均衡。引领区由成都高新
区"菁蓉国际广场"、成都天府新区"天府菁蓉中心"、郫县"菁蓉
小镇"组成，分别打造成为成都市创新创业核心引领、西部创新第
一城、具有全球影响力的创新创业小镇[1]。集聚区由成都各区联合域
内高校或依托民营资本构建，已经形成武侯区联合四川大学建设磨子
桥创新创业街区、成都高新区联合电子科技大学建设"一校一带"、
金牛区联合西南交通大学建设环交大智慧城、锦江区依托民营资本建
设汇融创客广场、双流区引进知名大学建设天府新区大学科技创新园
等。专业特色区是指各区（市、县）立足特色优势产业，服务于实体
经济的众创空间[2]。

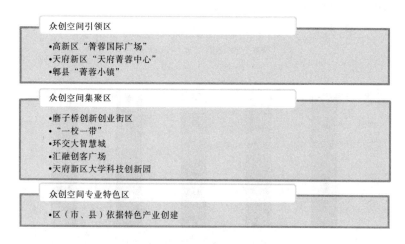

图8-5 成都市多元均衡发展的众创空间

资料来源：成都市发展改革委。

---

[1] 成都高新区"菁蓉国际广场"重点发展电子信息、生物医药、高端装备制造业等产业；成都天
府新区"天府菁蓉中心"重点发展以智能制造、移动互联网、大数据为主的产业集群；郫县"菁
蓉小镇"加快推进大数据产业研究院、无人机研发基地、军民融合孵化中心等创新平台建设。
[2] 专业特色区主要集中在电子信息、生物医药、轨道交通、高端装备制造、节能环保、都市现代
农业、文化创意和现代服务业等重点产业领域，建设具有成都特色的众创空间。

三、改革先行促进机制优化

创新创业生态系统的"机制"指的是要素内部和之间配置融合的方式，机制决定了生态系统的整体功效，它主要包括动力机制、运行机制和协调机制。在支持优质人才、促进科研成果与企业结合、帮助创业企业募集资金、支持企业创新和推动军民融合等关键领域，政府充分发挥了政策和资金的引导作用，并通过一系列制度保障，使市场在创新创业要素配置方面逐步发挥重要作用。

在人才引育方面，政府加大人才引进的政策、资金支持力度，不仅为成都吸引了大批优秀人才，还促进了人才和其他创新创业要素的紧密结合。成都出台"人才新政十条"，探索建立"企业提需求+高校出编制+政府给支持"联合引才机制，面向全球招才引智。成都市政府设立20亿元人才发展专项资金，其中，市本级人才发展专项资金2亿元，同步带动区（市、县）18亿元。同时，建立中国（成都）海外人才离岸创新创业基地，吸引了一批诺贝尔奖获得者、"国家千人计划"专家等高层次人才。实施三项本土人才培养计划，本土人才呈现加速聚集态势。

在成果转化方面，政府以突破原有体制性障碍为突破口，逐步解决科研人员和企业联系不紧密、科研成果难以产业化、地方政府和部属高校合作不深入等瓶颈问题。"成都新十条"率先支持在蓉高校院所开展职务科技成果权属混合所有制改革，深化科技成果"三权"改革。明确鼓励高校院所科技人员在岗创业，允许高校院所非正职领导兼职取酬，放活高校院所科技成果转化主力军——"双肩挑"人才。成都市政府先后与四川大学、西南交通大学、西南财经大学及电子科技大学等在蓉高校，签署战略合作协议，共建世界一流大学。支持校地共建一批新型产业技术研究院，2016年8月成都市与北京航空航天大学（简称北航）签署全面战略合作协议，全力打造"一体两翼"[1]的北航西部国际创新港。

在融资渠道方面，政府设立规模可观的各类引导基金，不断完善各级资本市场，为其他创新创业要素吸引社会资金创造良好环境。成都市政府分类设立不低于100亿元的创业投资引导基金、产业投资引导基金、人才创业投资基金等，引导金融机构、社会资本壮大创业投资规模。同时，完善多层次资本市场，积极引进知名创投机构来蓉设立分部，市级科技企业债权融资风险补偿资金池总规模扩大到50亿元。积极探索股权众筹，加快形成各类金融工具协同支持创新创业发展的良好局面。

在支持企业创新方面，政府创新财政科技投入方式，明确不同阶段产品的研发补贴力度，支持企业自主创新。政府通过科技企业创新券来推动科技创新服务的需求方和供给方有效对接，为科技型中小微企业提供更多创新服务。同时，通过创新研发补贴支持企业在不同发展阶段围绕重点支持产业领域，开展技术创新和商业模式创新研发活动。成都市政府鼓励企业建立国内外研发机构、补助和支持企业技术创新中心，参与制定国际、国内行业标准，加大研发投入、开发创新产品，全面落实研发费用税前加计扣除政策。

在推动军民融合方面，政府在成果转化制度、产业园区支持和会商制度等方面推动改革。成都出台"军民融合十条"，确立了政策支持重点方向，鼓励重大科技成果在蓉产业化，开展军工成果处置权、收益权管理改革试点。以天府新区为核心，设立军民融合创新产业

---

[1] "一体"，是指北京航空航天大学与天府新区开展合作，共同在成都科学城打造北航西部国际创新港；"两翼"，则是指北航分别与新都区和彭州市合作，开展北航成都航空航天发动机研究院和北航成都航空动力创新研究院两个项目。

园，在相关区（市、县）构建"1+N"军民融合产业园区。在组建军民融合产业协会的基础上，建立完善军地部门会商制度，理顺军地信息交流渠道，推动军民深度融合。

四、政策和文化合力营造创新创业环境

创新创业生态系统的"环境"内涵丰富，既包括知识产权保护、行业准入制度及有关法律规章等政策措施，也包括营商环境和创新文化。成都在推进创新创业发展中构建了7大类46项政策体系，政策体系涵盖人事流动、金融扶持、平台搭建、大学生创业就业、小微企业扶持、科技人才创新创业资助等方面，上述政策同商事制度改革、成都特有的创新文化共同营造了成都创新创业环境。

在知识产权保护方面，加强知识产权行政执法和保护，制定实施《成都市建设知识产权强市方案》，设立成都知识产权法院，基本形成"两级法院、五个知识产权庭"受理知识产权民事案件的管辖格局。启动建设国家级知识产权快速维权中心，筹建成都知识产权交易中心及其高校分中心。推进各区域知识产权试点示范工作，被评价为"中国知识产权保护做得最好的城市"。

在优化营商环境方面，落实政府行政体制改革，深化商事制度改革，深化"互联网+政务服务"，全面完成清理非行政许可审批事项，进一步释放微观主体活力，大批小微企业涌现。2015年成都平均每个工作日诞生经营主体990户。2016年上半年，成都新登记户数和新增注册资本在全国15个副省级城市中均排名第二。

在培育创新文化方面，成都深厚的文化底蕴和创新创业深度融合。成都既有大批现代化的孵化器、众创空间，又有各种"创业"茶馆，创业和生活、历史和现代在成都交相辉映。无论在成都中心城区的老街区、各大高校的校园内，还是城市郊区，都有各具特色的众创空间和创

业学院。同时，成都的国际化地位显著提升，2015年成都的航空客运吞吐量超过4200万人次，成都创新创业文化中的国际元素将更加丰富，2015成都全球创新创业交易会吸引了来自俄罗斯、法国、美国等30国的政府官员、专家学者，以及150余家欧洲创新机构和企业。

第二节　成都创新创业生态系统存在的主要问题及原因分析

成都在2015年进入全国创新创业的"3+2"格局[1]，被《财富》杂志评为"2015年中国十大创业城市"[2]，是具有全国影响力的区域创新创业中心。对标国内较为成熟的创新创业生态系统，成都创新创业生态系统在要素和机构、比例结构、运行机制与创新创业整体环境等4个维度还存在若干不足和短板，其中既有历史因素，也有地理区位因素和体制机制原因。随着创新创业国际化程度不断提高和体制机制不断完善，成都有望建设成为具有全球影响力的区域创新创业中心。

一、机构要素维度：资源的丰裕度较高，但要素质量与机构功能偏低偏弱

与国内其他较为成熟的创新创业生态系统相比，要素质量与机构功能偏低偏弱是成都创新创业生态系统的短板之一，拥有西部第一的创新创业要素尚不足以支撑成都打造更高水平的创新创业中心，具体表现在高水平大学和科研院所、创业投资的数量较少，高端孵化加速机构比较稀缺。

一是大学与科研院所的总体水平在全国相对较低。尽管成都高校数量在全国省会和副省级城市中排名第八，并拥有一批在专业领域极

---

[1] 清科集团发布的《中国股权投资市场2015年第一季度回顾》认为，目前中国已经形成北京、上海、深圳、武汉、成都的"3+2"格局。

[2] 《财富》杂志从读者数据中抽出25000位高级行政人员作为调查对象，评出中国十大创业城市，依次为上海、深圳、广州、北京、杭州、苏州、成都、天津、南京和重庆。

具特色的高校，但高水平大学与科研院所的数量仍相对偏少。以高等学校为例，成都高校与北京高校相比，总量、"211"和"985"的数量均有较大差距；与武汉和西安相比，也不占优势（如表8-1所示）。成都高水平大学与科研院所偏少，主要与国家在高校布局与分级投入等历史原因和制度安排有关，也与地方在改革体制机制、灵活办学模式方面相对滞后有关。高水平大学与科研院所是创新驱动发展的基础性支撑，在支持技术创业方面起着源头作用，迫切需要借鉴国内相对成熟地区的经验，以增量推动科研院所和高校体制改革。

表8-1　成都与部分城市高校数量比较

城市	高校数量	"211"数量（所）	"985"数量（所）
北京	89	26	8
武汉	80	7	2+3（985优势学科创新平台）
西安	63	6	3
成都	56	4	2

　　二是创业投资尚未形成强大的集聚效应。由于初创企业往往没有抵押物或属于轻资产，难以借贷融资，因此股权类资金就十分重要。与国内代表性城市相比，创业投资是成都创新创业生态系统的主要短板。数据显示，2012年，成都创业投资基金投资5.88亿元，而北京、上海、杭州的投资额分别是其11倍、5倍与3倍。2015年，尽管成都创业投资基金投资额已较2012年增长300%，但北京、上海、杭州的投资额则跃升至66倍、30倍与13倍（如表8-2所示）。从政府引导基金的规模和数量上看，成都所在的四川省也明显低于创新创业较为发达的省份[1]（如图8-6、图8-7所示）。创业投资的发展规模不仅仅与金融业态发展水平有关，更与当地的经济发展水平、创业机会和政府支持力度有关。

---

[1] 从单只政府引导基金的平均规模上来看，四川高于浙江，但也明显低于北京、湖北、广东等省份。

目前，成都虽然聚集了大量国内创业投资机构，但与北京、上海、深圳等地区相比，优秀的创业项目仍然偏少，创新创业的技术门槛总体偏低，不利于产生估值较高、前景较好的创新创业企业，风险资本在成都的集聚效应仍有待进一步增强。

表8-2　2012—2016年部分城市创业投资基金投资情况

（单位：亿元）

城市	2012年	2013年	2014年	2015年	2016年
北京	329.76	131.49	814.65	1586.56	1373.63
上海	111.15	179.43	331.63	713.05	410.89
杭州	146.27	9.95	61.96	311.88	366.61
广州	31.45	54.3	28	107.58	82.94
武汉	14.79	3.72	5.13	18.71	25.55
成都	5.88	17.55	10.61	24.15	14.03

说明：2016年数据仅截至同年12月9日。

数据来源：Wind数据库。

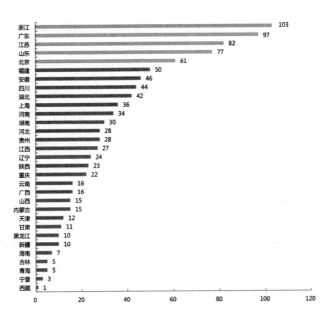

图8-6　截至2016年9月的政府引导基金地域分布情况（按基金数，只）

资料来源：浦发银行、清科集团的《我国引导基金与区域及产业经济发展专题研究报告》。

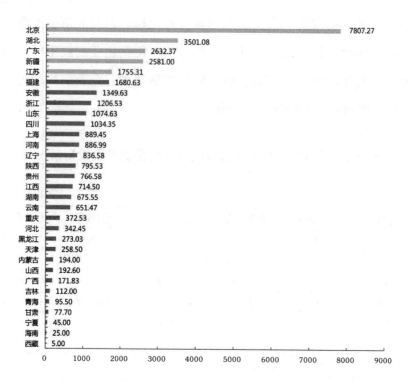

图8-7 截至2016年9月的政府引导基金地域分布情况（按基金规模，亿元）

资料来源：浦发银行、清科集团的《我国引导基金与区域及产业经济发展专题研究报告》。

三是创业孵化机构专业服务层次偏低、资源对接能力较弱。当前成都创业孵化器约145家，其中，国家级科技企业孵化器22家。成都创业孵化机构的政府主导色彩较浓，大多数孵化器过于注重面积、空间等硬件指标，解决了物理空间的问题，但是资源对接能力不强，服务配套跟不上，不能满足初创企业的发展需要。

二、结构维度：新创企业数量不少，但缺少有影响力带动力的创业大企业

对标国内其他较为成熟的创新创业生态系统，成都机构要素比例也是成都创新创业生态系统的短板之一，尤其体现在缺乏有影响力带动力的初创企业和大企业方面。另外，人才结构、资金结构也存在若干不足。要素与机构结构上的缺陷，进一步反映到宏观层面的产业结构上，凸显出成都加快经济转型的紧迫性。

从企业主体结构来看，新增企业中缺乏有影响力带动力的初创企业和大企业，这也是成都创新创业生态系统在结构维度上的最大短板。数据显示，2016年上半年，成都新登记注册各类经营主体（含个体、企业）15.03万户，领先不少副省级城市[1]。但与之形成鲜明反差的是，成都的"瞪羚企业"[2]与"独角兽"企业[3]明显偏少。以"瞪羚企业"为例，在国家高新区"瞪羚企业"数量前20名中，成都排名第六，数量为66个，仅占国家高新区"瞪羚企业"总量的2.5%左右。而北京中关村"瞪羚企业"数量达到535家，上海张江为103家，分别占国家高新区"瞪羚企业"总量的25%和5%左右（如图8-8所示）。根据不完全统计，目前包括北京中关村、武汉东湖、广州高新区、西安高新区、杭州高新区、惠州高新区在内的9个国家高新区出台了"瞪羚计划"，尚不包括成都高新区[4]。从截至2014年的"瞪羚企业"经济指标统计来看，成都"瞪羚企业"整体规模还偏小（如表8-3所示）。缺少有影响力的初创企业和大企业，既与企业本身的创新能力较弱有关，也与成都缺少标签性产业、在产业机遇引领上稍显滞后有关。具体参见专栏8-1中的内容。

---

[1] 例如，2016年上半年北京新登记注册企业10.7万户，武汉新登记注册企业6.64万户。但需要注意的是，成都统计口径包括个体工商户。根据大致估算，在剔除口径差异后，成都依然高于武汉。

[2] "瞪羚企业"是指创业后跨过死亡谷进入高成长期的企业，具有成长速度快、创新能力强、专业领域新、发展潜力大的特征。诸多发达国家均将"瞪羚企业"作为衡量区域创新创业发展的指标。

[3] "独角兽"是投资行业，尤其是风险投资业的术语，专指那些估值超过10亿美元的创业公司。

[4] 其余4个国家高新区为株洲高新区、潍坊高新区、长沙高新区、长春高新区。后两个高新区仅为顶层设计。

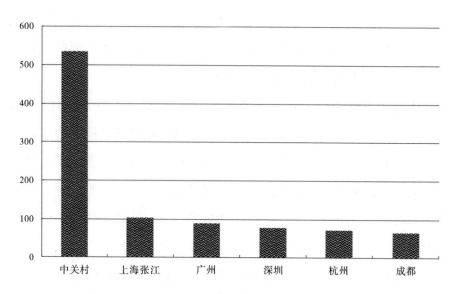

图8-8　2015年部分国家高新区"瞪羚企业"数量

数据来源:《国家高新区"瞪羚企业"发展报告（2016年"双创"周特刊）》。

表8-3　2014年部分城市国家高新区"瞪羚企业"经济指标

地区	"瞪羚企业"数量（个）	营业收入均值（亿元）	营业收入三年复合增长率（%）	总资产均值（亿元）	雇员人数平均值（人）
北京	385	6.68	74.8	6.25	332
上海	60	7.66	43.1	10.58	430
武汉	60	2.58	35.6	3.08	299
深圳	53	4.16	36.0	6.68	362
成都	45	2.03	51.9	2.64	121
西安	24	1.65	46.6	2.10	213
"瞪羚"整体	1888	5.36	51.1	4.62	309

说明:本表数据截至2014年,而正文中"成都拥有66家'瞪羚企业'"为2015年的统计数据。
数据来源:《国家高新区"瞪羚企业"发展报告2016》。

专栏8-1　成都目前仍缺乏全球性"独角兽"企业

"独角兽"是创新全球化和社交化深化的一种结果，是经济出现爆发式增长的标志。"独角兽"概念提出后，迅速在全球科技界和投资界得到了认可，相继有包括*TechCrunch*、*CB Insights*、*Digi-Capital*、《华尔街日报》、《财富》在内的多家研究机构公布了自己的榜单。各榜单标准比较类似，均有估值超过10亿美元的限制，其中，2家榜单要求是初创企业，1家榜单明确要求创办不超过10年。

在艾瑞咨询发布的中国2016年"独角兽"企业榜单中，成都高新区的极米科技、品果科技、咕咚等多家企业入围。但在更多的全球性榜单中，成都企业则难有身影。例如，《财富》2016全球"独角兽"榜单中，包括小米、美团大众点评、陆金所、大疆、神州专车等在内的35家中国企业上榜，主要分布在北京、上海、杭州、香港等地，其中并无来自成都的企业。MericGertler的研究认为，全球只有少数地区拥有4个以上"独角兽"公司：旧金山/硅谷、洛杉矶、纽约、伦敦、斯德哥尔摩、柏林、特拉维夫、北京、上海、杭州。中国的三座城市中，北京拥有全国数量最多的年轻"独角兽"公司。

资料来源：中国宏观经济研究院课题组根据有关资料综合整理。

从人才结构来看，支撑创新创业的高端专业人才偏少。近年来，成都打造宜居宜业的创新创业生态环境，在吸引劳动力资源方面取得成效。2015年，成都人口净流入达244.38万人，常住人口1404万人，高于同期的武汉人口净流入（约230万人），常住人口为1060.77万人。然而，成都与武汉等中西部内陆城市面临的相同问题是，企业在当地难以找到所需的中高端专业人才。从留学生回国就业的意向调查来看，中西部地区明显不占优势（如图8-9所示）。成都5年引进349名专家级人才和28个顶尖创新创业团队，而深圳现有全职两院院士16人，2016年申报第13批"千人计划"的人数达到303人，比2015年增长46%。2016年1—8月，深圳新认定"孔雀计划"人才388人，申报第3批"孔雀团队"数量达到143个，是2015年全年的1.52倍。成都高层次人才相对缺乏，与人才政策力度、用人体制机制、人才梯队匹配情况，以及整体创业环境密切相关。特别是用人体制机制方面，与北京、深圳等地相比，用人主体的质量、给予人才的话语权和自由度相对较弱。同时，高端人才无法在蓉快速建立起可用的团队梯队，也是影响人才政策效果的重要原因。

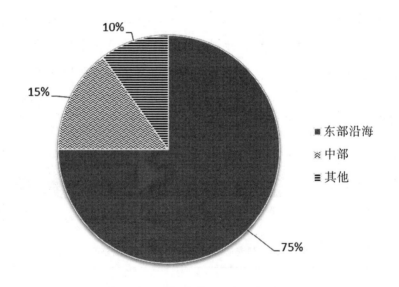

图8-9　留学生回国期望工作区域

数据来源：教育部发布的《中国留学回国就业蓝皮书》。

三、机制维度：系统运行效率明显提升，但机制的协调性与可持续性不强

国内外大量实践表明，拥有一个好的机制，可以最大限度地弥补创新创业生态系统在机构和要素丰裕度方面的不足。对标国内其他较为成熟的创新创业生态系统，成都既存在与之相近的共性问题，比如科技成果转移转化机制不畅等问题，也存在极为突出的个性问题，比如军民融合生态系统缺乏核心带动极、对地区经济辐射带动不强，以及系统的可持续性偏弱等问题。

从协调机制来看，军企与民企融合发展的协调机制尚未真正理顺，军工企业对经济发展的带动性受体制机制约束并未充分发挥。四川是我国军工资源最为集中的省份之一，而成都集聚了四川省70%左右的军工资源。目前，成都虽然已经在构建军民融合产业体系、打造军民融合园区体系，以及鼓励民企取得资质方面取得进展，但许多制约军民融合的关键体制机制还有待实质性的突破，例如，隶属军队的相关科研院所具有相对独立的评价与管理体制安排，这些安排往往与地方性、市场化的评价很不一致，在无法有效衔接的情况下，如何调动地方与军队两方面的积极性，不仅促进"军参民"，更充分实现"民参军"，成为亟待破解的难题。协调机制不顺，既有军民之间体制不相兼容的客观特性，也与民企自身能力、军企改革进展和优势产业培育有关。军工企业的改革步伐加快，但现代企业制度、业务专业化等机构优化方面还略显缓慢；产业园区数量快速上升，但在发展过程中的同质化严重，可以引进的项目和企业资源十分稀缺。只有着力解决上述问题，才能从机制层面促进军民融合与协调。

从运行机制来看，突出问题是科技成果转移转化不畅，导致高校

科研院所的技术外溢效应不明显，难以完全释放成都科教资源的潜在优势。目前，成都在全国率先深化"三权"下放改革，将混合所有制模式引入职务科技成果改革，在所有权改革方面走在全国前列。但需要看到，除了改革本身仍存在"不合规""不完善""不配套""不健全"等问题外，改革仅能解决技术入股型科技成果转化的问题，而技术入股型科技成果转化在技术转移转化中所占比例总体仍然较低。更为重要的是，加强科技成果转化需要在建立现代科研院所制度、完善人才选拔制度、职称评聘制度等方面采取切实举措，彻底理顺科技成果转移转化的所有环节。具体参见专栏8-2中的内容。

**专栏8-2　成都职务科技成果混合所有制
改革的积极意义与存在问题**

2016年，成都提出在全市范围内推广职务科技成果混合所有制改革。为准确把握这一改革的进展、成效和问题，中国宏观经济研究院"创新创业生态系统研究"课题组部分成员赴成都进行了专题调研。

调研发现，改革通过承认职务科技成果特殊属性、实施所有权确权激励，破除作价入股型科技成果转化所面临的瓶颈，进而实现科研人员和高校在权力与动力上的激励相容。目前，改革已经在精准激励科研人员、加速专利价值实现、催生技术创新创业方面取得初步成效。更为重要的是，改革实质上完成了《拜杜法案》中国化的"最后一公里"，为破除所有制障碍、推动成果转化找到了出路。职务科技成果混合所有制改革代表的"成都路径"与给予科技人员股权奖励的"中关村路径"存在本质差异，激励效果上前者更加占优。

但调研中也发现，改革仍存在不少问题，集中表现为

"改革不合规"放缓改革进程并不利改革推广、"细节不完善"诱发改革争议并影响改革效果、"政策不配套"阻碍改革落实并增加改革成本、"机制不健全"掩盖改革问题并放大改革风险。

资料来源：根据调研报告《如何破除制约科技成果入股型转移转化的"国资诅咒"》有关内容整理。

从动力机制来看，生态系统更多来自政府侧主导发力，市场侧相对较弱，成都创新创业生态系统中缺乏核心带动极，生态系统辐射支撑区域经济的能力偏弱。从动力机制的具体特征来看，成都明显介于中关村与深圳之间，属于"政府+市场"的混合型，但政府在生态系统中的角色更偏向于中关村的动力机制模式。从驱动经济增长的角度而言，一个城市的创新创业生态系统中通常应该存在某个核心带动极，这个核心极对周边区域具有广泛的辐射带动效应，是在经济发展层面创新创业生态系统存在的价值所在。因此，要判断生态系统是否健康、是否可持续、是否有后劲，不能仅看初创企业的数量，更要看是否能形成具有全国影响力的增长极。与北京的中关村、上海的张江、武汉的光谷相比，成都高新区的影响力和向心力相对较弱。数据显示，2015年，成都高新区GDP 1277.6亿元，规模以上工业增加值为824.5亿元，低于东湖高新区GDP 1709.84亿元，规模以上工业增加值2129亿元。2016年前三季度，成都高新技术产业产值为5381.35亿元，略低于武汉5386.9亿元。

四、环境维度：创新创业氛围明显改善，但创业基因与特色产业环境有待培育

对标国内其他较为成熟的创新创业生态系统，成都创新创业生态系统的环境具有一定基础，但在文化基因、产业环境等方面仍存在问题，今后应着力通过补齐制度短板和提升创新创业国际化水平形成更加友好的创新创业氛围。

作为"休闲之都"，成都的文化理念中休闲成分过多、锐意进取成分过少，打造"创业都城"需要注入更多创业基因。"少不入蜀、老不出川"是中国传统文化对四川的特定描述，在"天府之国"的光环下，成都所拥有的更多是"鱼米之乡""旅游胜地""茶馆"等文化符号。休闲文化一方面使城市具有聚集人才的潜在优势，在发展文化创意产业方面独具优势，但另一方面也与创新创业需要的文化氛围存在内在冲突，拥有"闲适"甚至带一些"慵懒"色彩的生活态度可能无法适应创新创业活动中的激烈竞争。随着初创企业逐渐成长，应对市场激烈竞争的压力会逐步加大，这更多地需要锐意进取、敢为人先的拼搏精神和危机感。目前，成都打造"创业都城"更多源于全民创业大环境的时势推动，而并非城市文化基因的内在使然[1]。因此，要打造"创业都城"就需要剪切已有的城市文化基因并植入创业基因。大力推动"蓉漂"的形成，力争形成更为多元与包容的整体环境，以中国·成都全球创新创业交易会为依托，通过举办展览、大赛、发布会、交易会、论坛等各种方式，促进创新创业理念深入人心。

市场氛围较好，但缺少具有标签性的特色优势产业，导致产业环境并不理想，在吸引投资方面没有形成独有的核心优势。根据腾讯发布的《中国"互联网+"指数2016》，成都排在第6位，正好处于"3+2"的格局末位。虽然拥有良好的互联网发展基础，但直到如今，成都依然没有一家"独角兽"互联网公司。集中在中小企业中研发的手游产业也没有形成更具标签性的优势。因此，即便风险投资基金十

---

[1] 有文章写道："成都有那么多生意爆火的美食小店，不光在火爆之后没有复制分店，甚至还经常卖完即止，看起来像是高明的饥饿营销。但实际上，对生性懒散的成都人来说，在挣大钱和去喝茶之间，他们往往主动选择了后者。"

分关注这座城市，但成都始终没有找到具有标签性的特色优势产业，只是按照政府的主导产业规划路径在发展。因此，要激发成都的创新创业潜能，就必须培育兼具成都特色和市场潜力的标签性产业，以此吸引更多资金人才要素的汇聚，不断优化市场环境。

第三节　完善成都生态系统的主要思路与对策建议

适宜的创新创业生态系统是成都持续保持活力和经济繁荣的关键。随着创新创业工作的深入推进，创新过程将更加开放，创业门槛将不断降低，创新创业机构、要素、平台的数量将继续呈现增长态势。成都创新创业生态系统的建设重点需要从"机构要素规模扩张"转向"结构优化、机制创新和环境再造"，以优化结构来提升创新创业生态系统的整体效率，以创新机制促进创新创业要素的有效配置，以环境再造来吸引更多优质的创新创业要素集聚蓉城，为把成都建设成为具有全球影响力的区域创新创业中心奠定坚实基础。

一、鼓励新制度落地，引领一流院所建设

在新建高校和研究机构中推行适应时代特征的制度改革，带动在蓉科研院所的科研水平和教学质量的提升。在国有科研院所和高校体制机制改革进展缓慢的前提下，成都可借鉴北京、深圳、杭州的成功实践，挖掘民办高校潜力，发挥创业企业功能，创办"虚拟大学园"（具体参见专栏8-3中的内容），在新建机构中建立现代科研院所制度和现代大学制度、同行评议制度和与国际水平接轨的薪酬制度，赋予科研领军人物在项目管理中较大的自主权和话语权。促进新型研究实体与产业界建立紧密联系，以市场和企业需求为导向，开展有针对性的项目研究和科技转化工作。

专栏8-3　深圳虚拟大学园不"虚拟"

在科研机构建设方面，深圳市立足本地科研资源缺少积淀的基本市情，积极推行"虚拟大学园"模式。多年来不断吸引知名高校和科研机构落户深圳，建设研究生院或校区、深圳研究院或研究分部、深圳产学研基地等，目前已吸引知名高校建立53所深圳研究院、3所深圳研究生院、16个高校产学研基地。以中科院深圳先进技术研究院、光启研究院、深圳清华大学研究院等为代表，积极借鉴国际顶尖科研机构运作模式，集聚一大批人才、技术、成果和项目，推动本地高新技术由"外生驱动"向"内生驱动"转变。实践证明，深圳虚拟大学园不是"虚拟现实"，而是"增强现实"。

参考资料：中国宏观经济研究院内部报告《创新驱动深圳质量型经济增长（2015）》。

二、推动金融创新，加快实现融资便利化

增强各类资金的联动性，引导社会资本投向创新领域和有潜力的初创企业。发挥成都创投引导基金的作用，鼓励保险资金投资创投基金。加强多层次资本市场的有机衔接，支持符合条件的创新创业企业发行项目收益债来募集资金，通过降低门槛、简化程序等方式来鼓励发展并购基金，为技术扩散、转移、共享、获取为导向的并购提供金融支持，建立有利于连续创业的进入和退出机制。引导金融机构创新信贷产品和金融服务，鼓励银行联合其他金融机构对创新创业企业给予股权和债权融资支持，鼓励金融机构参与产学研合作创新。探索建立对网上借贷、众筹、众投等新业态的新型监管制度，在实现创新创业融资便利化的同时有效保障资本市场安全。

三、坚持市场化导向，提升创业服务质量

改变政府主导创业服务机构的现状，探索制定瞄准创业企业需求、有利于公平竞争、发挥优胜劣汰机制的创业服务产业政策。鼓励设立不同性质、形态的新型创业服务机构，为创业企业提供差异化、专业化服务。鼓励创业服务机构根据创业企业需求，不断丰富服务内容，包括自己设立天使或早期基金为初创企业提供资金，或者帮助初创企业进行鼓励、补贴的政策申请，或者通过与第三方合作的方式提供公司注册的工商服务等。鼓励本地创业服务机构与国内外知名创业服务机构合作，借鉴运营模式，培育管理人才，带动提高成都创业服务机构整体水平。

四、实施"瞪羚计划"，动态监测企业需求

借鉴北京中关村、苏州等地方经验，制定"瞪羚计划"，将"瞪羚企业数量"作为反映成都创新活动和经济景气的重要指标之一，并根据该指标优化政策环境。动态监测"跨过死亡谷进入高成长"的高科技创业企业发展状况，掌握企业创新发展需求，在创业投资和信贷融资、人才引进和激励、拓展研发生产和办公空间、上市并购、市场开拓、品牌塑造、专利标准推进等方面，提供适应高科技高成长企业发展阶段的特需服务。通过政府的引导和推动，将信用评价、信用激励和约束机制同担保贷款业务进行有机结合，构建高效、低成本的担保贷款通道。落实企业研究开发费用加计抵扣、高新技术企业税收优惠、技术先进型服务企业税收优惠、重大自主装备首购首用、软件和集成电路产业发展等科技政策。

五、争取政策突破，吸引海内外高端人才

进一步完善"人才新政十条"，争取公安部支持，借鉴北京中关村吸引聚集海外高层次人才和创新创业人才出台的20条新政，加快对留学归国创业外籍华人、创业团队等四类海外人才和团队的引进，开展国际人才便利落户和永久居留试点以及住房、户籍、医疗、子女教育等生活配套政策，吸引更多国际人才来蓉创业就业，快速建立支持成都重点产业发展的中高端人才梯队。建立与国际接轨的市场化人才评价机制，激发外籍华人留蓉创新创业热情。充分发挥海外人才专业知识优势和资源融通优势，提升成都配置全球创新创业资源的能力。

六、深化产业园平台，加速军民融合步伐

借鉴北京中关村经验，围绕核心产业，建设军民融合军地对接平台，采用军民融合创新产业园共治模式，发布军民融合评价标准体系，形成"政、产、学、研、介、金、孵、军"八大经营主体共同的话语体系，推动民口企业的技术和产品与国防需求对接。加大军民融合人才共同培养投入，加强成都优势产业和重点领域的科研合作开发力度。构建军地双方协调机制，军民先进技术发现、对接和验证机制，军民先进技术成果转化机制以及军民深度融合的工作机制，破解促进军民融合体制机制的瓶颈。

七、推动所有权改革，加速科技成果转化

以《中华人民共和国专利法》（简称《专利法》）的修改或暂缓执行为突破口，以全面创新改革试验区为依托，优先解决特定区域内推动职务科技成果混合所有制改革的合法性问题。以建机构、强队

伍为主要内容，有针对性地建立一批校内技术转移转化专业机构和人才队伍，尽快缩短科技成果完成人出面议价等次优制度安排的实施时间。重点解决科研人员离岗创业与"双肩挑"人员持股等领域存在的政策不配套与不衔接问题，打通"确权"之后科技成果从专利走向产品的转移转化全流程。

八、优化营商环境，提高新产业集聚水平

研究制定区域经济增长极培育计划，大力提升天府新区、成都高新区对区域经济增长的辐射带动作用。通过优化营商环境来增强重点区域对高精尖型企业和产业的吸引力，提高产业集聚水平。顺应"互联网+"快速发展和新业态、新模式不断涌现的形势，探索在成都高新区进一步放宽市场准入领域的限制。提高侵权成本，完善知识产权快速维权与维权援助机制。强化对初创企业、创业投资人、创业服务组织等各类主体的信用信息收集，把创业主体信用情况与市场准入、享受政府优惠政策、公共服务便利等事项挂钩。

九、促进人文交融，培育创新创业蜀文化

做大叫响创交会、菁蓉汇、蓉创茶馆等活动，持续打造具有成都特色的标志性创新创业品牌，不断放大成都在会展、交易、旅游等方面的独特优势，集聚更多创新创业资源。以提升国际化水平为核心，吸引更多国际孵化器落地成都，鼓励国内孵化器开展跨国孵化。引导鼓励知名高校、大型企业以多种方式开办创业大学，实现创业教育和培训制度化、体系化。广泛利用各类宣传媒体，组织以项目路演、人才招聘、投融资对接为主要内容的各类活动，吸引更多"蓉漂"，不断提升非本地雇员比例，形成更多元、包容与开放的创新创业文化。

十、挖掘培育新产业优势，壮大实体经济

深入挖掘成都市的潜在产业优势，充分考虑禀赋基础、市场需求，实现错位发展。以布局战略新兴产业、促进产业技术融合、实现基础设施升级为重点优化产业生态。以大企业为龙头培育企业创业系。完善中小企业全流程培育机制，引导企业处理好"快创新"和"慢创新"的关系，引导鼓励领军企业带动全行业在生产制造与研发设计等环节的数字化和智能化，不断提高创新层次和产业影响力。

第九章　广州开发区创新创业生态体系建设经验

广州开发区的创新创业生态系统呈现出人才引领、龙头带动、制度环境优良、孵化功能强大、资金深度融合产业和创新链、注重搭建国内外开放性平台等特点，形成了以活跃的创业者和创新企业为主体，以高效的政务服务和完善的政策体系为沃土，以强大的孵化体系和协同创新平台为舞台，各类创新创业主体在资本、人才、知识产权等全要素链条支撑下大显身手的创新创业生态系统。对标深圳、北京等国内先进地区的创新创业生态系统，广州创新创业生态系统无论在要素和机构、比例结构、运行机制与创新创业整体环境等多个维度上都存在着许多不足和短板，其中，既有传统历史原因，更多的是体制机制原因。为此，需要通过夯实创业主体、丰富创业服务、引导创业资本等方式，丰富创新创业要素和资源，通过优化创新创业要素结构来提升要素质量和机构功能，通过完善相关机制来培育打造有影响力带动力的创业大企业，补齐技术转移转化等机制上的短板，大力营造创新创业文化和开放包容的环境。

第一节　广州开发区创新创业生态系统的特点

创新创业生态系统是由创新创业机构、要素及其结构、运行机制和环境所构成的统一整体。近年来，广州开发区积极实施创新驱动战略，制定和完善各项政策措施，鼓励传统产业转型升级，扶持创新性产业发展壮大，先后获批成为全国首批创新创业示范基地，国家级产城融合示范区，成为全国唯一一个经国务院批准开展知识产权运用和保护综合改革试验区。全区经济运行总体平稳，2016年主要经济指标在全国开发区中位居前列。作为珠三角国家自主创新示范区的重要组成部分，以及广州市重要的经济发展增长极、科技创新重大引擎、创新驱动发展核心区，广州开发区的创新创业生态系统呈现出人才引领、龙头带动、制度环境优良、孵化功能强大、资金深度融合产业和创新链、注重搭建国内外开放性平台等特点。形成了以活跃的创业者和创新企业为主体，以高效的政务服务和完善的政策体系为沃土，以强大的孵化体系和协同创新平台为舞台，各类创新创业主体在资本、人才、知识产权等全要素链条支撑下大显身手的创新创业生态系统。

一、积极引进顶尖人才发挥引领作用

在各项人才政策作用下，广州开发区成为全市乃至全省创新创业高层次人才最为密集的地区之一。目前，广州开发区已经聚集两院院士33人，国家"千人计划"人才56人，国务院特殊津贴专家16人，创新创业"国家队"已经达到97人；还引进了广东省"珠江人才计划"

创新创业团队16个共83人，领军人才7人；广东省"特支计划"杰出人才5人，领军人才15人；广州市杰出专家、优秀专家66人，广州市创新创业领军人才44人；区科技领军人才68人，创新创业"地方队"已经达到140人。通过这些高级人才的聚集，以才引才，在本地创新创业，生根成长，对相关创新创业活动起到很好的带动作用。目前已吸引3000多名海外留学归国人员在区内创新创业，创办公司700多家，进一步促进了新技术、新产品、新业态、新模式发展。比如，"千人计划"人才贾鹏程博士创办程星通信公司，利用自主研发具有世界尖端水平的3D微波技术，打破了国际对我国的技术封锁，填补了国内空白；张必良博士创办瑞博生物公司，引进诺贝尔奖得主梅洛教授，组建的科研团队站到了国际核酸技术领域的前列。瞄准国际"高精尖"技术领域，在新兴产业内培育一批"隐形冠军"，比如，袁玉宇博士创办迈普再生医学公司，成为国内器官打印行业的领军者，公司产品成功打入欧洲市场；许嘉森博士创办益善生物公司，成为个体化医疗领域领军企业，其领衔的个体医疗与生物医药产业集群被科技部认定为创新型集群试点。

二、依托龙头企业发挥带动作用

广州开发区创新创业生态系统的一个突出特征就是非常注重顶尖人才、龙头企业以及先进产业的引领带动作用。

1. 发挥龙头企业带动作用，促进行业创新创业

广州开发区生态系统里，行业龙头发挥着至关重要的支撑作用。一大批行业龙头企业在自身发展壮大的同时，通过龙头带动、配套推动、链接互动，有力地促进了创新创业。比如，中山大学达安基因股份有限公司在分子诊断技术及产品的研制、开发和应用上一直处于国内领先地位，该公司依靠自身的品牌、销售渠道、技术支持、融资渠

道，向生物医药产业链的上下游延伸，带动216家中小生物医药企业聚集发展，已有1个项目在创业板等候挂牌、3个项目在新三板挂牌，10个项目进入Pre-IPO（上市前股权投资）。

2. 先进产业带动，集聚创新创业

广州开发区已建成10个国家级产业基地、5个省级产业基地及7个市级战略性新兴产业基地，形成电子、汽车、化工三大千亿元级产业集群，新材料、食品饮料、金属制造、生物健康等四大500亿元级产业集群。聚集了3000多家科技企业，其中高新技术企业就有521家。其中，新一代信息技术产业聚集规模以上企业106家，在新型显示、电子元器件、网络通信等领域涌现了乐金显示、京信通信、广电运通、海格通讯、威创视讯等一批行业领军企业。生物与健康产业聚集企业530家、上市公司6家、产值超亿元企业25家，在高端生物制药、医疗器械制造业以及个体化医疗、基因检测等细分领域处于国内领先水平，近3年来共获新药和医疗器械证书57项，总体发展水平居国内第一梯队。依靠先进产业在创新创业活动中的引领作用，广州开发区生态系统中的集聚效应非常明显，围绕这些先进产业的创新创业活动非常活跃。

三、努力打造优良制度环境

制度环境对于创新创业生态系统中各类要素和主体的良好规范运行至关重要，广州开发区创新创业生态系统的一大亮点是制度环境优良。突出表现在行政事项便利化程度较高、人才政策完善、知识产权保护力度较大。

1. 相对集中行使行政许可权，提供便利服务

制定了《权责清单管理办法》，对清单事项统一编码管理；全面启动了首批集中审批业务，实施了政务服务"一窗式"综合改革，完成涉及发展改革、城乡和住房建设、环保、市政、人防、绿化、招标

等7大类34个事项审批标准化建设的完善，每个事项所需要件均比原审批标准减少超过1/3，并设置了企业投资项目备案等12项可以0次到窗口办理的事项流程，全面缩短审批时限。启动了政策兑现服务事项"一门式"办理；启动建设行政审批监管大数据平台。

2. 构筑人才政策高地，大力吸引中高端人才

作为广东省首批中央海外高层次人才创新创业基地，广州开发区充分利用毗邻港澳和地处珠三角核心地带的地缘优势，紧紧围绕引进海外归国人才，积极实施人才引领战略，逐步建立和完善了人才政策体系，针对院士、国家"千人计划"专家、创新创业领军人才、高级管理人才、骨干和紧缺人才、技能人才分别制定实施一系列优惠政策，打造了"高端引领、体系健全"的"人才金字塔"，形成了人才资源的集聚效应。比如，早在2008年就在全国率先出台了科技领军人才政策，逐步形成了"启动资金+项目资助""财政资助+风险投资""项目配套+上级扶持""贷款贴息+信贷融资"的组合式扶持体系，涵盖人才创业成长全过程，领军人才创新创业的总资助强度最高达到4580万元。同时，为培养领军人才的"后备军"和"预备队"，制定出台了创业英才政策，采取市场先行、财政跟进的方式，对于天使投资人或机构投资者认可并投入的人才项目，财政给予不超过市场投入50%、最高150万元的一次性创业资助。再如，根据招商引资和保增长工作需要，按照人才激励与产业发展、业绩贡献相结合的原则，制定了企业高级管理人才的专项奖励政策，对在企业内担任经营管理高级职务、在开发区产业发展与创新管理方面作出突出贡献的高级管理人才给予奖励。

3. 发力知识产权制度建设，护航创新创业活动

设立了知识产权专项资金，制定实施了示范企业奖励、企业专利权质押贷款扶持等一系列政策。以国家知识产权局专利局专利审查协

作广东中心为核心，推动广东省知识产权服务业集聚中心、广州知识
产权交易中心建设，进一步强化知识产权在实施创新驱动、产业转型
升级中的支撑作用。以广州知识产权法院设立为契机，引进广州知识
产权仲裁院，深化与广东省知识产权维权援助中心合作，建立了多元
化知识产权纠纷化解渠道。推动与吴汉东教授团队共建"广东中策知
识产权研究院"、与北京大学知识产权学院共建"北大-华南知识产
权研究院"等项目，集聚了一批国内外知识产权顶尖人才，为知识产
权综合改革提供强有力的智力支撑。率先建立专利导航产业发展工作
机制，利用专利信息来分析明确产业创新发展方向和重点，构建政产
学研金介用多方参与的知识产权运用协同体，形成基于知识产权优势
的产业创新集群。截至2016年，区内拥有中国专利奖金奖3项、外观设
计金奖1项、优秀奖37项；国家知识产权示范企业2家，优势企业7家。
2014年，获批成为"国家知识产权示范园区"，成为广东省首批2家获
批的园区之一，2016年先后获批建设国家专利导航产业发展实验区、
国家知识产权运用和保护综合改革试验区。

四、聚集孵化环节精准发力

创新创业活动的一个关键环节在于催生新的企业，因而一个好的
创新创业生态系统应非常有利于促进新企业、新项目的成功落地。广
州开发区创新创业生态系统的突出特点就是聚焦孵化体系，搭建创新
创业支撑平台。

1. 实施"大孵化器"战略

依托中新广州知识城、广州科学城、广州国际生物岛、黄埔临港
经济区等核心创新组团，打造"从创业苗圃、孵化器、加速器到科技
园"的全链条大孵化载体。把目光紧紧盯住新兴产业和创新型初创企
业，为创新创业提供核心载体，共建成孵化器52家，孵化器总面积达

377.35万平方米，成为华南地区最大的孵化器集群和孵化器创新发展的先行区域。"广州开发区科技企业孵化器集群创新实践"项目获得2015年度广东省唯一的科学技术奖特等奖。出台创客空间认定和扶持办法专项政策，建成创客空间14家，其中，国家级3家、省级1家。经常开展创业论坛、创业培训、创新创业大赛等系列活动，2015年成功举办首届广州创客创新博览会暨广东省留学科技人员创业成果展。

2. 实施企业成长路线图计划

搭建创新与创业、线上与线下、孵化与投资相结合的综合创业服务平台，形成"预孵化→孵化→加速"的科技创业孵化链条，努力把创新幼苗培养成"参天大树"。截至2016年，开发区孵化器集群累计孵化企业3192家。

3. 引进社会资本，创新孵化模式

在孵化载体建设中，广州开发区大力吸引社会资本参与，制定鼓励社会力量参与孵化器建设运营的专项政策，形成建设投资主体多元化格局，建成的孵化载体中的80%为民营孵化器。在孵化模式上，逐步形成"内生孵化、外延孵化、协同孵化"三大模式。例如，视源电子是由孵化器成长起来的民营高科技企业，通过内部员工技术创新、体外孵化，形成了一个良性循环的内部创新发展产业链条，在智能家居、汽车电子等领域成功孵化12家子公司，销售额达到10亿元。

五、资金深度融合到产业和创新链中

资本是创新创业生态系统良好运行的血液，广州开发区着力构建"产业链、创新链、资金链"三链融合发展模式，资金链在其中是关键因素。

广州开发区制定形成了"1+7"科技政策体系，出台《促进科技、金融与产业融合发展实施办法》《鼓励创业投资基金参股人才创新创业项目办法》等政策文件，实施财政科技资金倍增计划。2016年财政用于科技创新的资金超过10亿元，比2015年翻了一番。在具体做法上，一是大力引进风投、创投、小额贷款、融资租赁、基金等各类金融机构，累计引进上述机构180家，为创业者提供安全、便捷、可靠的金融支持。二是充分发挥政府引导作用，设立了12亿元的引导基金、3亿元的担保基金和5000万元的种子基金，撬动省市资金10多亿元，聚集风险投资300亿元。三是拓宽创新创业融资渠道。推动39家区内企业上市，72家企业在新三板挂牌。广州科学城相继建成了广州金融创新服务区、广州股权投资基地、广州股权交易中心、广州市科技金融综合服务中心等一批科技金融平台，聚集57家股权投资机构，其中，广州股权交易中心挂牌展示企业突破3000家，实现融资和流转交易总额达到117亿元。

六、注重搭建开放性平台

广州开发区的创新创业生态系统并非封闭系统，而是基于各式合作平台、整合各方面资源的开放系统。积极链接和运用国际国内高端创新资源，不断优化自身创新创业环境、提升创新创业含金量。

1. 搭好国内合作平台

建设了清华大学珠三角研究院、军事医学科学院华南干细胞与再生医学研究中心等7个产学研协同创新机构。与75所高校和研究院所建立了科技项目合作双向互动机制，与32家国家级和省级重点实验室建立研发资源共享机制。截至2016年，区内集聚了各类研发机构579家，其中，国家级研发机构19家、省级研发机构216家，约占广州市1/3。组建了平板显示产业及技术、基因检测等9个创新联盟，聚集各类检验检测机构近70家，成为全国首个检验检测高技术服务业集聚区。

2. 搭好国际合作平台

成功搭建了中新广州知识城、中欧合作政策试点区、中以生物产业基地、"中英生物科技之桥"等国际合作区域及机制。与南洋理工大学合作组建中新国际联合研究院，在新一代电动车、生物医学材料和医疗器械等五大领域开展科技研发与协同创新。全力推进全国首家中欧区域政策合作试点区建设，深化与欧盟国家在技术创新、产业转型、新能源与环境保护等方面的合作，建立了涵盖八大领域近300家新兴产业的对欧合作企业储备库，联合中国中小企业协会等机构举办中欧企业投资合作峰会。以生物产业为突破口，深化与以色列的高技术产业合作，成立6亿元的中以生物产业投资基金。与英国布莱德福德大学启动的"中英生物科技之桥"项目已成功举办5届项目对接会，累计有120个项目达成合作意向。

第二节 广州开发区创新创业生态系统存在的主要问题及原因分析

作为"千年商都",广州以第三名的位次被《财富》杂志评为"2015年中国十大创业城市",是具有全国影响力的区域创新创业中心。对标深圳、北京等国内先进地区的创新创业生态系统,广州创新创业生态系统无论在要素和机构、比例结构、运行机制与创新创业整体环境等多个维度上都存在着许多不足和短板,其中,既有传统历史原因,更多的是体制机制原因。

一、机构要素维度:要素质量与机构功能有待提升

对标国内其他较为成熟的创新创业生态系统,广州虽然拥有较为丰富的创新创业要素资源,但要素质量与机构功能偏弱是广州创新创业生态系统的短板之一,具体表现在高水平大学和科研院所、专业化理工人才、丰富的创业投资机构较为缺乏。

一是高校数量多但质量不高。尽管广州拥有的高校数量、学生数、教师数均在全国排名前列,齐聚了整个广东省十强高校中的八强,但与北京、上海等地相比,高水平大学与科研院所的数量仍相对偏少。以高等学校为例,广州虽然高校数量仅次于北京、武汉,但"211"和"985"高校数量却非常少,目前仅有4所进入重点建设行列,这直接影响了当地高等教育发展水平的提升。此外,在广州高等学校专任教师数量上虽然拥有较大规模,但其中具有高级职称(包括

正高级职称和副高级职称）的比例却较低，仅为38.52%，在全国处于中等略偏下水平。高水平大学与科研院所之所以偏少，除了与国家的高校布局和分级投入等历史原因及制度安排有关，还与当地人文氛围、传统思想观念等有关。

二是创业投资发展集聚效应有待增强。对于初创企业来说，轻资产的特点致使其抵押物缺乏，很难从银行获得贷款，只能依靠创业投资满足其发展的融资需求。近年来，广州十分重视创业投资发展，制定出台了一系列支持政策，创业投资规模快速增长，但与深圳相比仍有很大差距。目前广州的创业和股权投资机构数已达1300家左右，但仅为深圳的1/12，2016年广州创业投资的投资案例和投资金额仅相当于深圳的1/3左右。这主要是由于相对深圳而言，广州优质的创业项目相对较少，可选择的投资机会并不充沛。

三是创业孵化数量仍需提升。作为创业服务体系的重要组成部分，科技企业孵化器是培育技术型创业的重要平台和载体，但广州拥有的国家级科技企业孵化器数量较少，仅有21家，仅相当于北京、上海的一半。此外，孵化服务的专业化水平也与北（京）上（海）深（圳）存在较大差距，急需进一步提升。

二、结构维度：相关结构不甚合理

对标北（京）上（海）深（圳）杭（州），虽然广州的企业结构相对优秀，但在人才结构、资金结构方面还存在着一些不合理之处，在一定程度上影响着当地创新创业的发展，究其根源在于当地产业结构亟待转型调整。

从企业主体结构来看，伴随每年新增企业数量快速增长的同时，一些具有影响力带动力的初创企业也在不断成长。数据显示，近年来，广州新登记企业数量快速增加，2016年广州新登记内资经营主体达24.21万户，平均每天新登记663家；注册资金达7702.55亿元，增长42.5%。虽然从总量上来看，与深圳相比，全年新增经营主体数量仅为深圳的一半，但如果对比两地"瞪羚企业"与"独角兽"企业数量可发现，广州占比要优于深圳。以"瞪羚企业"为例，在国家高新区"瞪羚企业"数量前20名中，广州排名第三位，仅次于北京、上海，2016年度达到88家，为广州高新区经济增长作出突出贡献。与之相比，深圳"瞪羚企业"数量要低于广州。但从广州"瞪羚企业"的行业分布来看，诸如大数据、云计算、高端智能制造等高技术行业内的"瞪羚企业"数量较少，对当地企业的带动与引领作用还需要进一步增强。

从人才结构来看，广州专业化理工人才较为缺乏。虽然广州拥有较为庞大的高校在校生和教师数量，但多数高校以经济类等文科专业为主，理工科大学和理工类学科的发展仍是短板，相关学生数量也十分有限。究其原因，主要与当地的人文观念有关，理工科专业较重的学业负担，以及并不高的未来收入预期，使得更多学生追求经贸类学科的学习。这种局面在一定程度上影响了当地技术型创业的发展。

从创投资金结构来看，受传统观念等多种因素影响，广州创业投资中的投资早期以及早期投资数量明显偏低。数据显示，深圳早期投资案例数几乎占全广东省的95%以上，投资额占比超过全省六成，而广州早期投资的全年投资案例极少，资金规模也不高。这主要是受相关管理体制、经营理念等多种因素束缚，广州创业投资早期以及早期创投机构的投资活跃度明显不足。

三、机制维度：系统运行机制与效率有待提升

一个良好的创新创业生态系统不仅要求资源要素丰富、结构合理，还需要相互之间有一个有力的运行机制发挥作用，才能实现高效运行。对标北（京）上（海）深（圳）等地的创新创业生态系统，广

州科技投入与成果转移转化机制方面存在不畅等问题。

　　总体来看，广州的经济综合实力十分强大，经常位列全国前三，但在创新能力方面的表现却并不如人意。在国家科技中心城市排名中，广州不仅远落后于北京、上海、深圳，甚至被重庆、西安、成都、南京抛在后面，根本无缘入围全国科技创新十强。像广州这样经济与科技排名差距较大的城市在全国也是极少见的，充分反映其科技创新能力明显偏弱，根本无法满足经济发展的需要，不能为未来经济提供有力支撑。广州创新能力不强，突出表现在创新主体数量不多、规模不大，创新投入不足、掌握的关键核心技术少等方面。根据相关研究资料显示，广州知识密集型服务业创造的增加值仅占全市GDP比重的1/4，明显低于北京、上海；从从业人员来看，广州仅占全社会就业人员比重的1/10，明显落后于北京、深圳、上海；从国内有效发明专利来看，广州仅为北京的1/5、上海的1/3、深圳的1/4。

　　究其原因，既有体制机制原因，也与广州在创新方面投入不足密切相关。广州是广东省的科技中心，拥有全省七成以上的高校科研院所、科研人员和科技成果。在科技投入方面，各方面创新投入不足。数据显示，广州市本级科学技术总支出不足北京的1/5、上海和深圳的1/4；广州规模以上工业企业研发支出仅相当于北京的80%、上海的43%、深圳的34%，仅深圳华为一家公司的研发投入就超过了广州全市的投入。而且，虽然广州很大一部分投入用于成果转化，比如政府对购买科研成果给予补助，但由于广州缺乏大型创新企业、缺乏市场化的新型研发机构、缺乏市场化的专业成果转化人才，导致科技成果转化机制不畅、效率不高、对经济的支撑作用不强。根据2016年相关调查，广州受理专利申请数量只有99070件，仅相当于北京的一半、上海的83%、深圳的64%。

四、环境维度：高端产业发展环境有待培育

对标国内其他较为成熟的创新创业生态系统，应该说广州人民拥有较强的创业基因，经商意识还是很强的。过去广州在传统制造业方面具有极强的优势，对内对外贸易也多以加工制造产品为主，在经济、贸易方面曾经是绝对的"领头羊"。但是，随着国内外形势的变化，我国经济进入转型升级阶段，科技创新、互联网成为拉动经济发展的重要力量，而广州长期沉浸在传统行业中，日子过得过于安逸，不能及时发现形势的变化，不能主动调整产业结构与发展动力，缺乏推动产业转型升级的政策环境，缺乏适应高端产业发展的市场环境。

作为千年商都，广州市场氛围十分浓厚，但受多种因素影响，有利于创新创业的市场氛围并不强烈，适应高端产业发展的市场环境仍然较为缺乏。互联网、大数据、人工智能、电子信息等产业作为当前和未来发展方向和重点，加快其发展对于广州加速产业结构转型升级具有十分重要的推动作用，但受到基础薄弱、人才缺乏等多种因素影响，加上深圳的虹吸效应，使得广州根本无法集聚和培育出具有成长性的高端行业企业，无法为其结构调整与转型升级提供有力支撑。为此，要采取有效措施加快环境营造，吸引更多资金人才要素的汇聚，激发全广州的创新创业潜能，推进高端产业发展壮大。

第三节　完善广州开发区创新创业生态系统的对策建议

创新创业的健康发展需要一个良好的创新创业生态系统，不仅需要多样性的创新创业要素、合理的结构，还需要一个运行高效的机制与良好的环境。对于广州来说，其创新创业生态系统的完善，也是一项系统工程，需要通过夯实创业主体、丰富创业服务、引导创业资本等方式，丰富创新创业要素和资源，通过优化创新创业要素结构来提升要素质量和机构功能，通过完善相关机制来培育打造有影响力带动力的创业大企业，补齐技术转移转化等机制上的短板，大力营造创新创业文化和开放包容的环境。

一、超前布局新兴产业发展生态

要深入挖掘广州开发区的产业发展潜力，超前布局新兴产业、营造产业发展生态。以促进产业技术融合、合理布局战略新兴产业为重点，积极培育产业发展生态环境。要充分利用开发区现有资源优势，着力谋划前沿信息、生物健康、智能制造和新材料、环境和新能源、现代交通、新兴服务等产业，鼓励制造业在生产制造全流程中广泛利用虚拟现实、增强现实、大数据、云计算、新一代互联网等相关技术，全力营造便捷、舒适的生产生活环境。

二、积极营造大中小企业融通发展生态

要积极鼓励创业大企业、国有企业搭建平台，通过发布需求信

息、内部创业、并购企业等方式，吸引广大中小企业共同参与大企业研发活动，为中小微企业发展提供更多机会，增强大企业创新能力；要鼓励大企业开放实验室、检测平台等，积极为中小企业提供硬件支持，为其营造有利于创新创业的生态系统；要针对成长型企业制定支持政策，加大对其支持力度，帮助企业做强做大。

三、积极优化人才吸引和服务机制

要积极推动建立海外人才离岸创新创业基地，吸引更多的海外人才投身创新创业活动；大力支持企业在高校、科研院所建立实践基地，为企业联合培养研究生；鼓励科研院所与企业加强联系，通过相互挂职等方式，增进双方了解，为企业发展提供有力的技术支撑；积极设立高端人才创业众筹基金，全力支持国内外各类优秀人才来穗创办企业。要选择有条件的高校院所试点建立高精尖产业技术研究院等新型研究实体，促进高水平人才创新创业，推动高水平研究成果不断涌现。要通过设立分校、合作办学等方式，广泛吸引国内外知名大学尤其是理工科院校来穗培养人才、吸引人才，努力补齐广州理工科人才缺乏的短板。

四、积极推动创业资本发展壮大

要充分发挥政府引导基金的作用，努力吸引更多社会资金投向种子期、初创期创业企业；研究制定鼓励天使投资发展的相关管理办法，可通过政府引导基金跟投、担保等适当方式对天使投资尤其是个人天使投资行为给予一定的支持；要积极利用各类国家级基金，比如国家科技成果转化引导基金、国家新兴产业创业投资引导基金和国家中小企业发展基金等，广泛吸引社会优秀创业投资管理团队联合设立更加专业化的创业投资子基金。

五、鼓励金融机构创新金融产品

在依法合规、风险可控的前提下，引导银行等金融机构创新信贷产品与金融服务，支持符合创新特点的结构性、复合性金融产品开发，加大对企业创新活动的金融支持力度；依托区内各大银行、小额贷款公司，建立中小企业统贷平台，建立贷款贴息、风险补偿等新机制，鼓励信贷资本投向人才创办企业；引进创新保险产品，分散创业者创业风险，支持保险机构为高新技术企业开发知识产权保险、首台（套）产品保险、产品研发责任险、关键研发设备险、成果转化险等创新保险产品；支持保险机构与银行、小额贷款公司等合作开发知识产权质押贷款保险、信用贷款保险、企业债保险、小额贷款保证保险等为高新技术企业融资服务的新险种。

六、提升孵化机构服务质量

努力统筹开发区内各类创新创业基础设施、孵化机构、产业基地、科技园区、创新创业服务平台、科研院所等创新创业资源，加强相互间的交流与合作，全力搭建内容完整、全生命周期、专业化的孵化服务体系，积极推动"高精尖"领域开放式协同创新；引导各类众创空间和孵化器建立"孵化+创投"机制，努力提升各类孵化服务的专业化水平，积极促进创新创业发展。

七、加强创新创业信用体系建设

加强开发区内初创企业、创业投资人、创业服务组织等各类主体的信用信息收集，建立健全政府部门与征信机构、金融机构、行业协会商会等组织的信息共享机制；探索建立创新创业相关机构的信用信息发布公示制度，加快推行"守信联合激励、失信联合惩戒"制度，抓紧制定创新创业企业联合奖惩措施清单，积极构建政府部门、市场机构和社会组织的多部门协同机制，将创业主体信用情况与市场准入、政府优惠政策享受、公共服务与融资便利等事项挂钩，鼓励市场机构和社会组织开发符合创新创业主体特点的信用产品和服务，努力形成对守信行为实施多方面褒扬和激励，对失信行为实施行政性、市场性和社会性约束和惩戒的局面。

八、营造有利于创新创业的营商环境

要顺应"互联网+"快速发展和新业态、新模式不断涌现的形势需要，继续放宽市场准入领域的限制，降低不必要的约束，为创新创业者提供更广阔的市场发展空间，努力营造有利于跨界创新、融合开放的市场环境；要不断加快监管体制改革，将监管重点由过去只注重事前监管向加强事中事后监管转变，积极构建分享经济监管政策与机制，既给新业态、新模式预留充分的创新与发展空间，又强化风险控制和规范管理。要进一步加强知识产权保护，更好发挥知识产权法院作用，完善知识产权快速维权与维权援助机制，缩短确权审查、侵权处理周期，加大对反复侵权、恶意侵权等行为的处罚力度，探索实施惩罚性赔偿制度。

九、营造创新创业文化氛围

要以深圳为广州创新创业发展的标杆，积极挖掘当地代表性创业人物，加强媒体宣传，充分发挥其示范引领作用。要积极利用各类大赛、论坛、展览等多种形式，进一步营造浓厚的创新创业氛围。要加大创业投资机构引入力度，充分利用路演大厅、微信朋友圈等多种方式，组织开展形式多样的投资者与项目对接活动，为初创企业创造更多的投资合作机会。引导鼓励当地高校开设创新创业课题、开展相关模拟实训活动，广泛普及创业培训与教育，推动创业教育和培训的制度化体系化发展。

十、改革创新高校科研院所科研管理制度

要充分借鉴深圳新型研发机构的发展经验，积极推动广州科研院所加快改革创新步伐，鼓励其与企业开展形式多样的合作，努力为企业发展提供技术支持。要在高校与科研院所中探索建立适应创新创业规律、符合国际惯例的科研管理制度。要积极推行现代科研院所制度，构建以同行评价评议为主的薪酬制度，努力营造开放、包容和较为宽松自由的科研环境。

第十章　西咸新区创新创业生态体系建设经验

西咸新区[1]2014年成为我国第7个国家级新区，习近平总书记赋予其"创新城市发展方式"的重要使命，是首批国家创新创业示范基地，也是构建开放型经济新体制综合试点试验区和第二批国家新型城镇化综合试点地区。

西咸新区从成立之初就被贴上"创新"标签，2016年确定为国务院第一批大众创新万众创业示范基地后，创新创业成为西咸新区创新城市发展的重要抓手。

---

[1] 西咸新区位于陕西省西安市和咸阳市建成区之间，规划控制面积882平方千米，其中，城市建设用地272平方千米，其他为农田、绿地和遗产保护带。2017年西咸新区划归西安市管理。

第一节 西咸新区创新创业生态系统建设的主要路径

西咸新区纵跨西安、咸阳两个主城区，在地域上被渭河、沣河、泾河三条河流，以及周丰镐、秦咸阳宫和阿房宫、汉五陵塬等大遗址自然分割，形成了沣东、沣西、秦汉、空港和泾河等5个新城组团式发展格局。近年来，西咸新区将新发展理念落实到工作实践中，治水系、打基础、造链条、挖潜力、优服务，实现了从思想到行动上的4个飞跃，逐渐形成有利于创新创业发展的生态环境。具体参见图10-1。

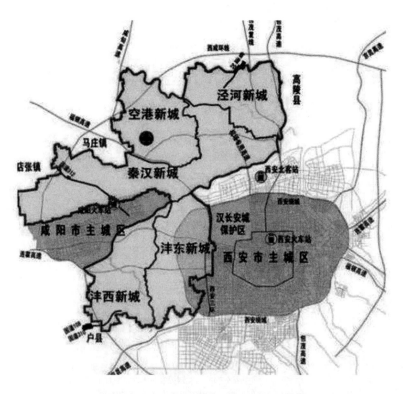

图10-1　西咸新区地理位置示意图

一、从修复自然生态环境到构建创新创业生态系统

从长安历史来看，水兴则城兴，水衰则城衰。所以，西咸新区从建立之初就十分重视水环境治理和水生态保护，树立了"建城先治水"的理念，先治理渭河，再治理沣河和泾河，提升防洪标准，绿化河滩大碛，恢复河流自然状态。在治水基础上，西咸新区鼓励有条件的区域采用先进理念和手段，探索提升城市品质，率先在沣西新城建设海绵城市，引进"地域性雨水管理"理念，通过构建河网水系、打造中心绿廊、城市绿环、社区公园和街头绿地等措施，初步形成系统性较强的雨水系统网状脉络，基本实现"小雨不积水、大雨不内涝、水体不黑臭、热岛有缓解"的目标。同时，在核心区域建成近30千米的综合管廊，集中布局通信、中水、电力、供热、给排水等多种管线，有效提高了城市综合承载力。生态和环境好了，西咸新区在沣西新城引进产业、教学、研发、投资等机构和资源，打造"西部云谷"，建设创新港，构建"产学研投"全生态链条，大环境促进了生态生产生活相融合，小环境集合了中介、金融、担保、审计、健身、美容、干洗、快递、社区保健、医疗等配套服务为一体，用构建友好型创新创业生态环境来提升新区吸引力。

二、把潜在的本底优势变为创新创业生态优势

西咸新区深处内陆，不靠海不沿边，却因为背靠陕西省、依托大西安，拥有区位、科教和工业这三大本底优势。

从区位上来看，西咸新区所在的大西安是古代陆上丝绸之路的起点，现在也是中国中西部的交通枢纽，近年来陕西省的铁路、公路、航空增速在全国排名前十。

从科教资源来看，综合实力居全国城市前列。"十二五"期间，

陕西和西安各类科研机构达到1176家，各类高等院校116所，国家级重点实验室22个，国家级工程技术研究中心7个，大型科学仪器协作共用网入网仪器设备总量超过8000套（台）。在陕两院院士64人，国家"千人计划"人选173人，享受国务院政府特殊津贴专家1832人，在读大学生150多万人，每年毕业36万人。其中，西安有73所高校，博士点334个、硕士点826个，在校大学生约120万人，每年毕业大学生超过30万人，仅次于北京、上海、武汉。

从工业资源来看，陕西省门类齐全、体系完备，是中国最大的飞机制造基地和军工电子、水中兵器和核燃料的重要研制生产基地，集聚了国内航天1/3以上、兵器1/3以上、航空近1/4的科研单位、专业人才及生产力量。

近年来，西咸新区把营造好的创新创业环境作为首要任务，摸清了西安、咸阳、西咸新区主要人文科技地标，绘制了创业大西安手绘地图，为优质资源搭建平台，吸引大学生落户大西安，努力促进大西安创业资源"五个手指头握拳形成合力"，把陕西省的潜在优势变为西咸新区的发展优势。具体参见图10-2、图10-3。

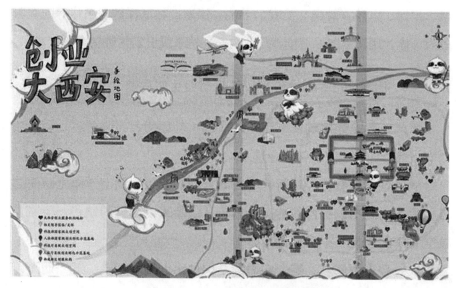

图10-2　创业大西安手绘地图

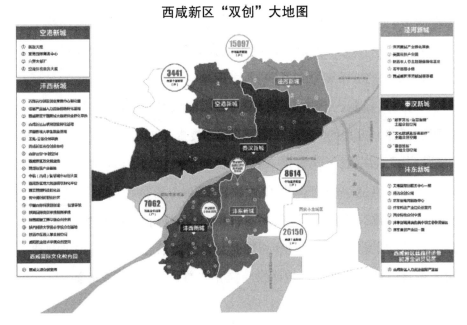

图10-3　大西安和西咸新区创新创业地图

三、从探索发展都市农业聚焦塑造"硬科技"品牌

西咸新区在2011年成立时，90万人口中有68万农民。针对陕西省近10年来持续出现的人口净流出现象，西咸新区大力发展都市农业，集一二三产业为一体，促进生产、生活和生态相融合，以满足城市多种需求为目标，以"公司+农户"等方式，把农民培训转化为现代产业工人，成为最直接的城市新增人口和人力资本。秦汉新城的城堡酒庄2010年动工，5年后年产高档葡萄酒3000吨，产值6亿元，直接间接带动就业上千人。沣东新城的农业博览园建成集种植业、特色农业、精品农业、旅游农业、观光农业、加工业、服务业于一体的城市居民休闲度假地，游客量在2015年清明假期达到5万人次。当地农民在园内或家门口的创意农业园就业，每年可以拿到每亩2000元的土地流转

收入。西咸新区通过发展都市农业"以业聚人",随后将重点逐步转向引进高技术产业"以人兴业"。沣西新城花大力气引入中国移动、中国联通、中国电信、陕西广电等四大运营商,引入微软创新中心项目,在2014—2016年为60家初创软件企业提供支持,培养4000名具有微软软件外包和云计算应用实践能力的合格软件工程师。与西安交大共建创新港,为15000名硕士、2000名教授提供创新创业发展机会。秦汉新城与第四军医大学共建"医教研综合园区",建立集医疗保健、新药研发及生态小区于一体的产学研相结合的科技创新网络,通过引进优质资源,盘活存量资源。2017年,西咸新区高举"硬科技"大旗,产研学共推人工智能和智能制造两大产业,聚力打造先进制造、电子信息、航空服务、科技研发、文化旅游、总部经济等6个千亿元级产业集群。

四、从重视修建公路大桥到提升学校医院数量和品质

西咸新区建立之初,主要任务是在882平方千米土地上搭建"五横五纵"和十余条快速路的城市骨架路网。其中,正阳大道、秦汉大道、沣泾大道、红光大道等"四路"和正阳大道跨泾河桥、正阳大道跨渭河桥、红光大道跨沣河桥等"三桥"是最为重要的连接通道,内联5座新城,外通西安和咸阳城区,成为与大西安乃至周边省份互联互通的基础道路。近年来,西咸新区加大对学校、医院等公共服务设施建设的扶持力度。教育实现从无到有、从小到大、从弱到强的跨越发展,建成359所基础教育和职业高中学校,有12.19万名在校学生、1.19万名教职工,仅2017年就有12所学校建成开学,2018年推动25所学校建设。医疗也实现了从无到有的建设,第四军医大学医院、陕西中医药大学第二附属医院、第二临床医学院西咸新区中心医院、陕西沣东(国际)医院等陆续落户西咸。秦汉新城宣布要办好学校,让中

小学教育成为优势，打造优质教育资源聚集地；做好医养项目，衔接医疗服务、社区医院和大医院。沣东新城也在加快改造农村义务教育学校、高标准建成新校区。空港新城与著名国际教育品牌大连枫叶教育集团合作建成空港枫叶国际学校。西咸新区在路桥建设初具成效的基础上，把建设重点逐步转向引进教育和医疗优质资源，进而吸引人才、聚集人气。

第二节 创新："硬科技"之舞让西咸踏上创新发展新节拍

创新性是西咸新区创新创业发展环境的重要特点。近年来，西咸新区把打造"硬科技"之城作为增强创新创业发展环境创新性的关键，逐步构建起以"硬科技"为核心的创新链、产业链、资金链和政策链，使"硬科技"不仅成为西咸新区和大西安的重要名片，还成为西咸新区实现创新城市发展方式的关键切入点。西咸新区正通过"硬科技"之舞踏上新时代创新发展的新节拍，加速成为我国西北地区创新创业的新高地。

一、强化创新创业发展环境创新性特征的主要做法

培育创新引领、富有活力、特色鲜明的创新创业生态，需要立起一面"叫得响、立得住、顶得上"的旗帜。其中，"叫得响"就是要打造西咸新区特有的创新创业IP（Intellectual Property）体系，在全国范围内具有较高辨识度和广泛影响力；"立得住"就是既能符合创新创业的内在要求与发展规律，又能契合陕西、大西安和西咸新区的条件禀赋和发展战略；"顶得上"就是要成为引领未来西咸新区发展的关键驱动力，担负起构筑西咸新区未来竞争优势的重要历史使命。经过不懈的努力，西咸新区确立了"硬科技"这面旗帜，在强化创新创业发展环境的创新性上做足文章，取得了显著成效。

1. 立足优势、错位竞争，成功打造"硬科技"品牌

陕西是我国的科教资源强省，在大西安[1]概念提出并实现西咸新区由西安市代管后，西咸新区迎来了跨越式发展的新机遇。立足大西安积聚了大量科研院所、高校集群、众多的军工和高新技术企业等有利因素，西咸新区在全国率先叫响"硬科技"概念，形成西部特色的追赶超越新动能，与杭州、武汉、成都、贵阳等实现错位竞争。目前，"硬科技"概念在全国具有较高的辨识度和广泛的影响力，已经成为西咸新区乃至大西安的一张亮丽名片[2]。具体参见专栏10-1中的内容。

专栏10-1　什么是"硬科技"

"硬科技"一词最早是2010年由中科院西安光机所米磊博士提出，被界定为高科技与黑科技之间的一个范畴。还有人认为，"硬科技"就是国内只有一两家公司才能做成的技术，需要5～10年的长期积累和投入，具有非常高的技术门槛。目前，西安市的定义是，"硬科技"是以自主研发为主，需要长期研发投入、持续积累形成的高精尖原创技术，具有较高技术门槛和技术壁垒，被复制和模仿的难度较大，有明确的应用产品和产业基础，对产业的发展具有较强的引领和支撑作用，是推动世界进步的动力和源泉。在具体执行的过程中，"硬科技"主要指人工智能、航空航天、光电芯片、生物技术、新材料、新能源、智能制造、信息技术等八大领域，因此也被称为"硬科技八路军"。

资料来源：中国宏观经济研究院课题组搜集整理。

[1] 大西安包括西安市行政区域、咸阳市城区和西咸新区，总规划建成区面积800平方千米，相应辐射到咸阳其他县区。
[2] 关于"硬科技"概念的内涵、合理性和存在性问题，目前学界和业界均存在一定分歧。为了避免陷入概念的纯学术性探讨，本书将直接采用西安市的定义，主要聚焦以"硬科技"为特色的创新创业发展环境。

——举办大型会议，获得舆论认可。2017年11月，西咸新区作为"硬科技"的倡导者和主要承载地，助力西安举办了全球"硬科技"创新大会。大会以"硬科技改变世界，硬科技引领未来，硬科技发展西安"为主题，举办了数十场专业论坛和相关活动。国内外相关领域的院士专家、科技企业领袖、知名投资人共计5000余人参与了盛会。《人民日报》《人民日报海外版》《光明日报》《科技日报》《新华每日电讯》《环球时报》分别用头版、专版和整版重点报道大会，仅开幕式当天，主流媒体累计发布稿件即超过500篇。中央电视台《新闻联播》也在当天报道了大会召开情况。

——发布总体规划，支撑概念落地。西咸新区提出建设大西安科学城，并发布了《大西安科学城发展规划》，新区按照两核三镇、多园多点、公园城市的理念，坚持产业支撑，立足"互联网+"、突出"硬科技+"，依托周边高校云集、人才汇聚的优势，以"硬科技"小镇、西部创新港、西工大"翱翔小镇"等为引领，形成"校区、园区、社区"为一体的发展新模式，努力打造以人为本、产城融合、产学研投全生态链、具有国际一流水准的科学城。未来有望聚集1000家以上"硬科技"企业、25万名硕士以上高级人才并取得一大批高质量创新成果。

2. 大胆谋划、创新机制，建设一批"硬科技"平台

大力发展硬科技，迫切需要建设一批支撑有力、带动性强的"硬科技"平台。目前，西咸新区重点建设国家级统筹科技资源改革示范基地、"硬科技"小镇、中国西部科技创新港和西北工业大学"翱翔小镇"暨无人机产业化基地等多个"硬科技"平台。

建设国家统筹科技资源改革示范基地。规划面积约10平方千米，以建设"全国一流科技创新中心和科技合作中心"为定位，聚集优势科技资源、加快科技成果转化，逐步形成了以聚焦科技产业、聚集科

技资源、搭建创新创业平台、优化投资环境为主导的四大职能。基地已引进企业120余家，包括北控、航天科工、保利、中国建设、中国兵器等在内的世界500强企业及软通动力、华大基因、斯莱克、视源科技等20余家中国500强企业。

建设"硬科技"小镇。以"科技成果转化基地"为整体定位，涵盖了从人才培训、研发试验、中试应用、成果展示、技术交易、孵化办公、工业生产和创业服务等"硬科技"产业的全链条业态，旨在打造"5分钟产业生态圈"和"24小时产业价值创造圈"。目前，微软、中航工业、瑞海集团、光谷咖啡、灵客互动、米特智能、六环传动等国内外知名科技企业及孵化平台已先期落户。

建设中国西部科技创新港。依托西安交通大学，由教育部、陕西省共同建设，占地面积约5300亩，是国内首个真正没有围墙的智慧小镇，是集技术研发、成果转化、企业孵化于一体的顶级科技转化平台。全面建成时将会有西安交大的23个研究院、108个研究所、3万名高端人才迁入创新港，吸引500家国内外知名企业在创新港设立研发中心、技术创新联盟。

建设西北工业大学"翱翔小镇"。占地5平方千米，是国内首个以"空、天、地、海"无人系统产业为核心的"科教产融"创新示范小镇，将依靠西工大在"航天航空航海"等特色领域的优势，在人工智能、智能制造、新材料等领域发展无人系统产业链，形成集产业、文化、旅游、休闲功能为一体，科研、教育、产业、金融融合发展，满足生产、生活、生态的创新示范小镇。

3. 瞄准痛点、多措并举，构筑"硬科技"政策链条

为了推动"硬科技"快速发展，西咸新区和西安市积极瞄准功能平台、吸引人才、成果转化、资金扶持等方面存在的痛点，初步构建起"硬科技"政策链条。此外，西咸新区还实施"3450"审批，即3个

工作日办结营业执照、4个工作日办结经营性许可、50个工作日办结工程建设项目审批，大幅提高了行政效能[1]。

——建设产业功能平台。发挥西咸新区相关龙头企业的带动优势，建设包括西电智慧产业园、中兴深蓝科技产业园、宝能科技园、柔性电子产业园、中科院科技园、蓝盾安全技术研发产业园等产业功能平台。建设国家军民融合创新示范区，对新建的各级军民融合服务平台，按照交易量给予总投资额30%、最高1000万元的奖励。对新成立的专业化重点领域载体根据投资规模、产业特色、企业集群数量、就业人数等情况而给予不低于2000万元的支持。

——加大人才引进力度。2017年，西安出台了被称为"史上最宽松户籍政策"，放开普通大中专院校毕业生的落户限制、放宽设立单位集体户口条件。当年4月，为鼓励新毕业大学生留下来工作创业，西安市政府为新毕业大学生安排不少于12000套公租房；5月，西安市再次出台"西安人才新政23条"，面向全球"招贤纳士"，根据新政，西安5年预计投入38亿元，引进人才100万名左右；6月，西安市进一步放宽部分户籍准入条件，将本科以上学历落户年龄从35岁放宽至45岁，而硕士研究生及以上学历人员不设年龄限制，力争建立全国最优惠的人才落户政策。统计表明，西安市实施人才新政以来，效果显著，迁入人口倍增。2017年3月至12月底，新政策落户近14万人，大专以上学历人口占到92%，有效提高迁入人口素质[2]。

——鼓励科技成果转化。促进硬科技产业的关键核心技术知识产权自主化，采取股权激励等方式来完善科研成果转移转化和创新创业服务体系，对部分企业技术中心、工程研究中心给予最高80万元的奖

---

[1] 据了解，该目标体系健全后，审批效率有望达到全国最高。
[2] 数据源自《三秦都市报》发布的新闻报道《西安人才新政实施后 已经吸引近14万人落户》（2018-01-11）。

励。实施"丝路英才计划",对创办企业或开展成果产业化活动的各类人才给予最高500万元的项目配套奖补。对高层次人才创办的企业或核心成果转化情况根据其年实际营业收入,给予最高800万元的奖励。

——设立千亿元级产业发展基金。围绕硬科技产业"种子期→初创期→成长期"各阶段,通过市场化运作吸引社会资本和金融机构投资硬科技产业;支持硬科技产业龙头、高校院所、创投机构或天使投资人,发起设立硬科技产业创业投资和风险投资基金,对创业投资种子期、初创期硬科技企业,按投资额的70%抵扣税额,给予10%~30%投资损失风险补偿。

上述内容具体参见专栏10-2。

专栏10-2 《西安市发展硬科技产业十条措施》(节选)

——推进西安科学园建设。建立市政府与中科院、中国工程院的合作机制,总投资200亿元,建设10平方千米左右的西安科学园,争取建设国家综合性科学中心。

——建设校地合作重大创新平台。推动西安交通大学西部科技创新港、西北工业大学"翱翔小镇"、西安电子科技大学西部电子谷等重点项目建设。加快国家增材制造创新中心、国家分子医学转化科学中心等平台建设。

——建设国家军民融合创新示范区。对新建的各级军民融合产业孵化器,给予最高500万元奖励。对新建的军民融合服务平台,按照交易量给予总投资额30%、最高1000万元奖励。

——促进硬科技产业的关键核心技术知识产权自主化。采取股权激励方式,完善科研成果转移转化和创新创业服务体系。对获得市级以上企业技术中心、工程技术研究中心的企业,给予最高80万元奖励。

——强化硬科技"八路军"产业招商。按照"一事一议"原则，实施市与区县、开发区联动，引进一批硬科技龙头企业和骨干企业，鼓励外资通过合资、参股、并购等方式参与西安地区企业改造和兼并重组。

——大力推进众创载体建设。对新认定的市级以上众创空间和小微企业创新创业示范基地，给予最高300万元奖励。对列入市级以上中小企业公共服务示范平台的，给予最高80万元奖励。对新成立的专业化众创空间，根据投资规模、产业特色、企业集群数量、区域就业人数等情况，按照"一事一议"的原则给予不低于2000万元重点支持。

——打造全球硬科技人才高地。实施以"5531"计划和城市合伙人为核心的"西安丝路英才计划"。对在西安创办企业或开展成果产业化活动的各类人才，给予最高500万元项目配套奖补。对用人单位及中介机构每引进落户一名各类人才，最高给予100万元奖励。对于高层次人才创办的企业或核心成果转化情况进行动态跟踪，根据其年营业收入实际，给予最高800万元奖励。

——设立1000亿元西安科技产业发展基金。统筹引导全市各级、各领域优势产业基金，围绕硬科技产业"种子期→初创期→成长期"各阶段，通过市场化运作吸引社会资本和金融机构投资硬科技产业，撬动形成硬科技产业投资规模超过5000亿元。支持硬科技产业龙头企业、高校院所、创投机构或天使投资人，发起设立硬科技产业创业投资和风险投资基金，对创业投资种子期、初创期硬科技企业，按投资额的70%抵扣应纳税所得额，并给予10%～30%的投资损失风险补偿。

——加强科技大市场建设和知识产权保护。建设西安科技大市场技术转移概念验证中心。加快国家技术转移西北中心和国家知识产权运营军民融合特色平台建设。

——办好"全球硬科技创新大会"。整合硬科技"八路军"论坛、"科技人才峰会"、"国际创新创业大会"、"国际创业大赛"、"丝绸之路国际创新设计周"、"西安全球硬科技产业科博会"等活动，集中力量办好每年一度的"全球硬科技创新大会"，打造西安硬科技品牌。

资料来源：《西安市发展硬科技产业十条措施》。

二、创新性存在的主要问题

创新创业生态是一个包含要素和机构、比例、体制机制，以及营商与文化环境在内的有机系统。在以"硬科技"为核心凸显创新创业发展环境创新性的过程中，西咸新区仍面临着创新创业生态中存在的一些短板和困难需要补齐和克服。立足创新创业生态分析框架，从要素基础、比例结构、体制机制、文化与营商环境等4个维度出发，本部分揭示了西咸新区在维系和提升以"硬科技"为特色的创新创业生态方面仍存在的若干挑战。总体来看，支持"硬科技"的要素基础薄弱和科技成果转化不畅，是西咸新区继续保持并不断提升创新性的两大关键掣肘。能否解决好上述问题，直接关系西咸新区能否避免西安过去发展中存在的传统果农角色[1]和"墙内种果，墙外收获"式的恶性循环。

1. 延续"硬科技"概念热度的要素基础仍显薄弱

要素基础是支撑创新创业发展环境创新性的重要前提，它既包括

---

[1] 有人用"果农"来形容西安在科技领域的角色，即有肥沃的土地（科教），有高超的技术（科研），也会整理加工（开发），但最终好果子都被精通市场、善于经营的人拿去变了现，自己只分得一点儿"地头价"。

高校院所、创新人才、创业资本等基本创新投入，也包括创业者和初创企业等创业主体及创新创业功能平台等载体。对比国内其他创新创业生态较为完备的地区[1]，西咸新区依托西安和陕西，在高校院所布局、创新人才储备等方面具有一定的比较优势。但也需要看到，西咸新区的硬科技创新创业在人才、产业和融资方面仍缺乏足够坚实的要素基础，对延续"硬科技"概念热度、彰显"硬科技"发展成效带来挑战。

人才方面，西安的教育资源和人才储备与成都、武汉等地不相上下，但由于经济发展水平和工资待遇水平相对较低，西安对人才的吸引力较弱，在较长的时间内存在着高端人才流出的情况，导致西咸新区发展"硬科技"的人才要素基础有待夯实。从高质量大学和学科的角度来看，虽然与北京相比还有较大差距，但西咸新区凭借背靠西安获得领先武汉与成都的教育资源优势（如表10-1所示）。但是，如果用当地GDP与普通高校生在校人数的比值来衡量，2016年西安仅是武汉的68.3%[2]。这意味着，如果将GDP粗略看作经济发展水平或收入水平的一个标志，那么相较于西安，武汉对高校学生具有更强的吸引力[3]。从在岗职工平均工资的角度来看，在1994—2016年的23年中，武汉与成都分别有至少15年和20年高出西安，杭州、大连、广州、深圳等城市的工资水平更是比西安明显要高（如图10-4所示）。智联招聘发布报告显示，2017年冬季全国37个主要城市的平均招聘薪酬为7789元，而西安地区的平均薪酬为6393元，位列全国第34位，仅高于长春、哈尔滨和沈阳。

---

[1] 后续的比较如无特别说明，通常指国内其他创新创业生态较为完备的地区，包括北京、上海、广州、深圳、成都、武汉、杭州等。
[2] 根据国家统计局和教育部数据，2016年西安普通高校在校生人数为73万人，当年GDP为625.7亿元；同年，武汉普通高校在校生人数为94.9万人，当年GDP为1191.3亿元。
[3] 即学生更少但发展水平更高，学生之间的竞争也会少一些，且更可能享受高水平的经济发展状态。此处的推论虽不是十分严谨，但逻辑上大体成立。

表10-1 西安与部分城市高校数量比较

（单位：所）

城市	高校数量	"211" 数量	"985" 数量	双一流高校	双一流学科高校
北京	89	26	8	8	21
武汉	80	7	2+3[1]	2	5
西安	63	6	3	3	8
成都	56	4	2	2	6

数据来源：根据互联网相关资料整理。

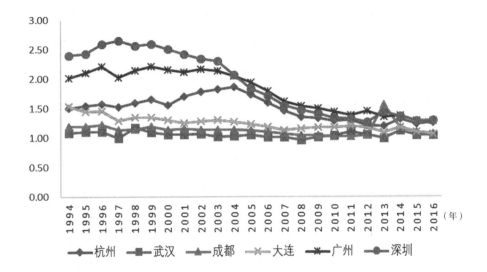

图10-4 1994—2016年西安与各地在岗职工平均工资差距

注：纵轴代表该地1994—2016年各地在岗职工平均工资与陕西的比例值（西安=1）。
来源：Wind。

　　产业方面，西咸新区的产业化基础仍不扎实，尚未形成高效集聚、规模发展的产业格局，具有代表性的"硬科技"技术、产品和企业仍较为缺乏。与天府新区相比，西咸新区产业化基础不扎实的第一

----

[1] "985" 优势学科创新平台。

个原因来自西安市本身。尽管西安高新区在全国排名一直靠前，但从三个具体比较中不难发现，西安在产业发展方面比成都总体滞后。一是世界500强企业落户情况，2017年西安拥有174家，但仍比成都少了近100家。二是四大会计师事务所在2017年才全部落地西安，比成都晚了近2年。三是西安高新技术企业的总收入低于成都，也大幅低于深圳和武汉。西咸新区产业化基础不扎实的第二个原因来自西咸新区本身。目前，西咸新区五大新城分工明确，"硬科技"相关产业主要分布在沣西新城，同时在沣东新城也有分布。但从发展现状来看，沣西新城总体上仍处于产业集聚发展起步阶段，沣东新城因毗邻西安高新区而产业化相对成熟，但已有产业与西安定义的"硬科技"之间仍存在一定差距。与"硬科技"密切相关的核心技术、拳头产品、龙头企业凤毛麟角。具体参见图10-5。

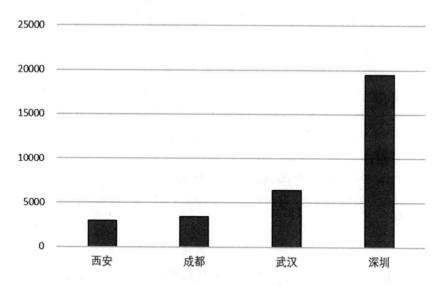

图10-5　2016年四地高新技术企业总收入（亿元）

数据来源：科技部。

　　资金方面，创业投资是衡量创新创业发展水平的关键指标。由于
创新创业具有较高风险，以银行为核心的传统金融手段和工具无法为
投资提供较高的风险溢价，必须依靠创业投资。虽然陕西的私募股权
和创业投资的增长迅猛，但吸引的投资总量与北京、上海、广东、浙
江、湖北、四川等地均存在不小的差距。图10-6表明，近5年陕西获取
的私募股权投资与创业投资金额仅为北京的1/60、上海的1/20、广东的
1/18、浙江的1/10、湖北与四川的1/2。

（单位：%）

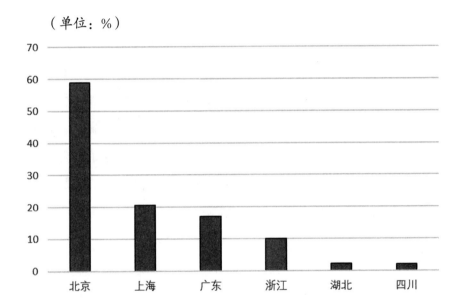

图10-6　2012—2017年陕西与各地私募股权投资与创业投资差距

说明：纵轴代表该地2012—2017年私募股权投资与创业投资额与陕西的比例值（陕西=1）。
数据来源：Wind。

2. 支撑"硬科技"不断发展的比例结构仍不合理

　　在创新创业生态系统中，"结构"是指这些要素和机构是按照什
么比例进行配置的，不同的组合决定了系统的运行效率。例如，若企
业主体中的国有企业或金融行业企业占比过大，那么这一生态将难以
实现充分的创新导向。再如，若创业主体中以本地人为主，缺乏外来

人口，那么这一生态的多样性就会被大幅削弱，难以建立多元开放的创新机制。调研发现，对比国内其他创新创业生态较为完备的地区，对西咸新区而言，支撑"硬科技"发展的比例结构仍不合理，主要体现在创业群体上。

调研发现，西咸新区的创新创业群体主要是科研人员和大学生为主，企业家群体偏少。科研人员进行创业虽具有技术基础，但相当一部分科研人员是"为了课题、评奖和评职称"而在从事科研，他们往往不能取得具有真正有转化潜力的"硬科技"成果。还有部分科研人员拥有"硬科技"成果，但他们不具备商业化的技能和知识，对市场本身也缺乏必要了解。大学生群体具有干事创业的热情，但多数学生所从事的创新创业主要是入门级的"硬科技"，科研实力、商业预期都尚不达标。从人员知识和学历层次上来看，高端人才偏少，一些重点行业比如电子、生物医药的人才仍偏向去生态环境更好的地区创新创业。从人员分布上来看，国有企业、事业单位仍集聚了较高比例的人才，不利于人才的充分流动和高效配置。

3. 促进"硬科技"自我加强的体制机制仍不顺畅

体制机制是决定以硬科技为突出特征的创新创业生态是否顺利运行的关键。从创新创业生态的角度来说，"机制"维度主要是指这些要素和机构的运行机制，包括协调机制、动力机制等，它们决定了创新创业要素资源能否有效配置和有序流动。主体与主体、要素与要素、要素与主体之间需要有良好的交互与协同机制，才能保证形成统一整体，产生协同效应，从而表现出单个创业种群所不具备的功能和作用。对比国内其他创新创业生态较为完备的地区，西咸新区主要面临的问题是科技资源统筹和科技成果转化这两大机制运作不畅，其中尤以科技成果转化最为突出。另外，西咸新区的创新创业生态目前仍主要是依靠政府外力推动来作为主要动力机制，对市场自发性力量的培育仍需有一个较长的过程。

从科技资源统筹机制来看，统筹科技资源的初衷是按照聚集各类科技资源"三不变、三统一"的整合共享原则[1]，采取物权分离、竞争择优、补贴奖励、滚动支持、减免税收等手段，通过建立资源共享网络、创办研发实验基地、组建技术转移联盟、开设行业（区域）分中心等措施，构建起旨在推动科技成果转化、提升技术创新能力的共建、共享、高效、集成的社会化服务体系。但从调研了解的情况来看，处于沣东新城的国家统筹科技资源改革示范基地并未有效实现"统"和"筹"的功能，在相关改革和示范上处于停滞或半停滞、准停滞的状态，对加强创新创业生态中各主体、要素和服务之间的连接尚未发挥明显的作用。

从科技成果转化机制来看，长期以来，科技成果转化的"陕西现象"一直广受诟病，这凸显出西咸新区作为大西安的重要部分，其创新创业生态的短板主要集中在机制层面，尤以技术转移转化机制不畅最为突出，这直接导致高校科研院所支撑创新创业的功能尚未充分有效发挥，西咸新区难以完全释放其在科教资源方面丰裕度高的潜在优势。图10-7表明，西安的技术市场输出技术成交额一直大幅上升，且远高于深圳、武汉、成都三地。考虑到武汉、成都与西安三地在科教资源禀赋和创新实力上较为接近，因此西安这一数据的离奇高升只能说明，与武汉、成都相比，科技成果在西安就地转化更难。图10-8显示，无论是深圳这样的创新之都还是成都、武汉这样的科教之城，技术市场的差额往往不会呈现高速的持续增长。因此，它进一步表明，除了本地技术外流较为严重外，外地技术流入西安进行转化也十分困难。事实上，近年来西安已经在科技成果转化方面出现了点状的突破，

---

[1] 即隶属关系不变、资产关系不变、人事关系不变；统一服务标准、统一对外宣传、统一接件窗口。

以西安光机所和西北有色金属研究院为代表的"一院一所"模式成为重要样本，但目前这种模式仍未大规模地推广并充分发挥其潜力。

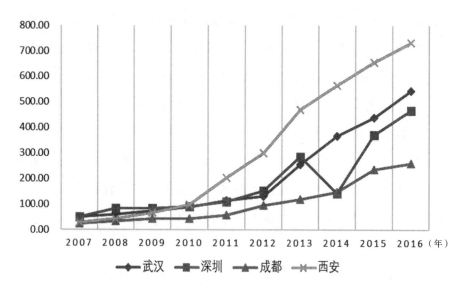

图10-7　2007—2016年四地技术市场输出技术成交额（亿元）

数据来源：Wind。

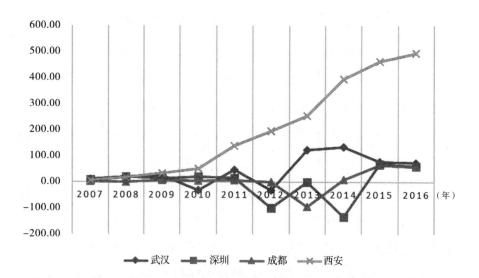

图10-8　2007—2016年四地技术市场输出与输入技术成交额差额（亿元）

说明：负值代表技术市场输出额小于输入额。

数据来源：Wind。

4. 实现"硬科技"引领的文化与营商环境仍待培育

文化和营商环境是创新创业生态的重要软实力。创新创业生态中的"环境"维度主要包括营商环境和创新文化,其中,营商环境包括公平竞争的市场环境、法制环境、政策环境、创业服务环境等,文化则涵盖更广。事实上,无论是营商环境还是创新文化,西咸新区都仍有较大的改善和重塑空间。

从文化层面来看,西咸新区地处西安和咸阳之间,同时又各自有原来属于西安市与咸阳市的部分组成,具有悠久的历史传统和深厚的文化积淀,属于典型的关中文化。需要看到的是,历史积淀在增添厚重感的同时,也会衍生出与创新创业导向并不相符的文化元素。尤其是"硬科技"作为一种现代和前沿的技术创新,与关中文化中的部分元素可能并不相契合。创新需要开放,这需要营造多元化和国际化的环境,改变传统文化中过于坚守乡土甚至具有因循守旧、固步自封、骄傲自大等不合理的成分。另外,还需要克服甘于"落后东部"和安于"西北老大"的矛盾情结,防止形成安于现状、不思进取的惰性惯性。

从营商环境来看,由于地处西北,与东南沿海地区相比,市场化水平总体偏低,导致西咸新区的营商环境仍有较大的提升空间。当前,全国许多城市都在大力发展战略性新兴产业等高科技产业,在细分产业上与西咸新区提出的硬科技产业并无本质不同,例如,北京亦庄的机器人大会、无锡的首届全球物联网大会、成都的全球创新创业大会等。另外,武汉、南京、杭州、郑州等地纷纷出台围绕人才培养、产业集聚、服务平台、政策扶持和媒体推广等系列措施,给予了"硬科技"一个良好的生态发展环境。因此,西咸新区仍面临着在营商环境方面的激烈竞争。调研发现,许多企业反映政府部门的行政效能有了大幅提高,但与东南沿海等地仍存在不小差距。另外,招不到人、融不到资、得不到政策等现实问题也互相交织叠加,拉低了创业者和投资者对西咸新区营商环境的整体观感。

三、进一步增强创新创业发展环境创新性的政策建议

增强西咸新区创新创业发展环境创新性，关键要坚持"科技含量"这个标尺，按照科技创新与模式创新协同迈进、内生发展与外源拓展共同发力、科技创新与体制创新双轮驱动的原则，不断夯实西咸新区发展"硬科技"的要素基础、优化支撑西咸新区发展"硬科技"发展的比例结构、理顺体制机制、完善营商环境，扎扎实实培育出"有产品、成规模、能上市"的硬科技行业龙头企业，实现创新创业生态系统的持续优化，使创新创业真正落到理念转变上，落到经济发展上，落到环境优化上。

1. 夯实"硬科技"发展的要素基础

大力抓好三大硬科技平台建设。推动西安交通大学西部科技创新港、西北工业大学"翱翔小镇"、西安电子科技大学西部电子谷等重点项目建设。支持企业利用并购获取技术资源，鼓励"硬科技"行业相关企业组建并购联盟实施联合收购。引导企业在并购前开展技术专利和知识产权评估，在并购过程中加强技术管理，在并购后注重消化吸收再创新。鼓励有实力的"硬科技"行业企业在欧美等创新前沿国家和地区，通过自建、并购、合资、参股、租赁等多种方式建立海外研发中心和实验室。试行企业、职业院校和企业联合招生、联合培养的学徒制，结合"硬科技"企业的用工需求而科学动态地调整人才培养方案。对有自主创新意愿但经济实力不足的"硬科技"行业企业，探索允许按销售收入的一定比例提取科技开发风险准备金、技术开发准备金、新产品试制准备金、亏损准备金等。

2. 切实增强"硬科技"的生态多样性

鼓励下一代信息技术、高端装备制造、生物医药、节能环保等

"硬科技"产业的龙头企业与供应商组建供应链联盟或建设供应基地，鼓励产业链上下游企业建立智能化生产管理系统。支持"硬科技"行业大型企业开放研发资源、供应链资源和市场渠道，引导鼓励内部创新创业，建立企业开放创新生态。在"硬科技"产业中，由陕西省、西安市共同挑选出优势国企，对全市发布"需求清单"，并采用纯市场化的方式完成准入、预研、采购等，鼓励民营机构积极参与接包。强化"硬科技"产业招商。引进一批硬科技龙头企业和骨干企业，鼓励通过合资、参股、并购等方式参与西安地区企业改造和兼并重组。

3. 完善"硬科技"发展的体制机制

瞄准"硬科技"做实科技资源统筹改革示范。联合社会资本共建"硬科技"相关行业的科技资源统筹平台系统，由第三方非官方机构实施控股和主导运营。以共建新实体与探索新机制为抓手打造校地企协同升级版。健全合作研发、中试熟化、人才培养、校地合作、公共服务、国际合作等五大平台，构建激励相容、权责对等的治理新体系。推广国有股回购政策，给予科研团队在适当溢价的基础上拥有向有关单位回购国有股的优先权。在更广范围内强制性地建立利用财政资金形成的科技成果限时转化制度。优先支持部分重点高校院所设立内部技术转移转化专业机构，确保技术转移转化机构实体独立运作。规范高校院所内部技术转移机构的管理机制，明确合理的收益分配政策，建立可持续的发展与运营机制。将技术转移转化人才纳入有关人才计划目录，建立覆盖技术、金融、财务、法律等方向的专业人才队伍，提高机构的专业化水平。大力推广"一院一所"模式，给予西安交通大学、西北工业大学等重点高校在西咸新区范围内的先行先试权，西咸新区管委会予以政策支持。

4. 形成有利于"硬科技"发展的外部环境

建设信息化高科技园区、智慧型城区，形成涵盖商业线上交易、智能出行、高端圈层社交、智能办公、智能健康系统、智慧物业等功能的服务体系。高标准打造一站式创业服务社区和"24小时生活配套服务圈"，为创业者提供办公、生活所需的软硬件一体化配套。通过间接补贴的方式为"硬科技"行业企业提供专利导航、专利布局、专利运营方面的服务。优化专利快速审查、确权、维权一站式服务，提升知识产权维权效率，降低企业维权成本。加大专利执法力度。优化行政执法调查取证制度和执法程序，通过依法没收、查封、扣押、销毁侵权产品等手段，严厉打击严重恶意侵权、反复侵权等恶性违法行为。

第三节　联动："大西安"动力之源牵手互动释放发展新活力

生态系统是创新创业企业必要的营养物质和必要的生存环境，是企业赖以生存的物质和能源源泉，它决定着创新创业企业的生存条件、健康状况、运行方式和发展方向。在创新创业生态系统中，联动关系是指区域间、产业间创新创业资源协同推进、共同发展、协作共赢的过程。如何促使各类创新创业要素共生互助、聚合裂变，释放更大的能量，是判断创新创业生态系统优劣的重要表现。一个良好的创新创业发展环境，各层次各环节需要协调联动才能产生较强的内生动力。

一、西咸新区联动发展的主要表现和特点

联动发展是西咸新区推进创新创业工作的重要内容之一，新区清晰地认识到单纯依靠区域内资源难以发挥集聚经济和规模经济优势，难以担负西安、乃至陕西省经济社会发展的引擎。因此，新区积极依靠国家级新区的独特优势，积极推动创新创业与区域、产业联动发展。为着力推动创新创业联动发展，西咸新区积极统筹协调周边区域和省内创新创业资源，强化优势互补，不断积聚优势创新创业资源，积极推动创新创业与产业升级联动发展，以创新创业助推新动能成长，带动传统产业转型升级。

1.加强与周边区域联动，实现优势互补

西咸新区是全国首个以创新城市发展方式为主题的国家级新区，信息产业是西咸新区重点发展产业。西咸新区现已同广州南沙新区建

立了全面战略合作伙伴关系，就是瞄准广州、深圳地区资源丰富的软件产业。目前，西咸新区沣西新城已落户各类重点产业项目200多个、引进资金1640多亿元，基本构建起新城以信息产业为主导、以创新创业为特征的现代产业体系。具体参见专栏10-3、专栏10-4中的内容。

专栏10-3　西咸新区与广东的产业联动

2017年10月12日下午，"创新·开放·共赢——2017陕西省西咸新区（广州）软件行业对接会"在广州亚太国际文化交流中心举办。此次会议由陕西省西咸新区开发建设管理委员会、广东软件行业协会共同主办，旨在联动广东信息产业资源，建立长效合作机制，助力陕西西咸新区信息产业发展，实现优势互补、互利共赢。双方共同签订《西咸新区与西安交大广东校友会签署战略合作协议》《西咸新区沣西新城与广东软件协会签署战略合作协议》。同时，广州无线电集团、水晶球教育信息技术有限公司也分别与沣西新城签订入区协议，各投资5亿元，建设广州无线电集团沣西产业园和水晶球信息技术研发生产基地项目。

信息产业是西咸新区重点发展产业，也是五大组团之一的沣西新城的主导产业。依托西咸新区信息产业园，沣西新城已经形成了产业基础设施条件优越、承载空间充足、生活工作配套完善、高端人才聚集、投资服务环境优化、政策洼地优势显现等六大投资优势。而广东是电子信息大省，其中软件业务收入2016年达到8200多亿元。在互联网、电子商务、游戏、动漫、通信等这些领域聚集了众多的软件民企，像华为、腾讯还有广州本土海格通讯等这些都是行业的龙头企业。跟西咸新区合作对接，能够在未来发挥广东在IT和信息产业运营商的大数据优势，进行外延式增长，能够进行资源互补，借助广东软件信息产业优势，能够助力西咸新区，让广东企业在西咸新区安家落户。

专栏10-4　成都、西安、重庆区域联动发展
让经济合作越发紧密

为深化关中、成渝经济圈联动共赢，加强总部经济、能源金融、服务贸易等领域产业合作，西咸新区能源金融贸易区（以下简称"西咸新区能源金贸区"）总部经济合作交流会于2017年10月31日在蓉举行，西咸新区能源金贸区与西安、成都、重庆三市的外商投资企业协会就加强总部经济、能源金融、服务贸易等领域产业合作，支持大西安新中心中央商务区建设签署了四方合作协议。包括建立合作协调机制，为西咸新区能源金贸区提供产业引入、战略合作、平台整合等资源及技术支持，未来希望在会展经济、IT软件、大数据等领域以及推动总部经济发展等方面有更深入的合作。

2. 加强省内联动，不断优化发展环境

加强与大西安的联动合作。近年来，西咸新区加快了与西安市的联动发展。用足用活大西安科技资源优势，建立市校合作机制，引导企业与高校、科研院所共同建立新型研发平台、产业技术联盟，推进产学研用一体化的发展。与西安合作建立基金，深化科技金融结合，完善"苗圃→孵化器→加速器"科技创业孵化链条，实现科技成果大西安研发、西咸转化。

加强与西安、咸阳基础设施互联互通。随着高速、公交、路网的加强，西咸新区与西安市已经形成完整的路面交通体系，从快速干道

至高新区最慢半小时即到，至城北省政府20分钟即达；地铁一号线延伸后将深入沣东新城，乘地铁至钟楼仅需半小时；得天独厚的地理优势，与咸阳机场直线距离仅需15分钟，完成了空中交通的对接，是商务人群生活最便捷的居所。

加强与省内其他地区联动。早在2011年，延安市和西咸新区管委会就已经着手在土地、能源、产业、技术等许多方面建立合作交流机制，标志着陕西联动发展的大幕正在拉开。西咸新区的空港新城和西安市的国际港务区的联动，实现空铁联运，打造物流产业平台。同时，陕西自由贸易试验区西咸片区的沣东自贸产业园探索实行自由贸易区与服务贸易创新试点"双试联动"发展新机制。具体参见专栏10-5、专栏10-6中的内容。

专栏10-5　区域联动项目：西咸新区沣西新城创新创业孵化集群项目

项目包含亿达创业街区、北大海绵城市生态孵化器、中关村创业中心、互联网小镇、动漫广场等创业载体，以及西咸新区创新创业服务大数据、创业资源共享、创业培训、大数据交易及算法研究中心等平台。本项目总建筑面积41254平方米，将对创新应用型企业聚集、互联网及大数据等产业升级、高尖端人才培养起到引领带动作用，引导全国乃至全球范围内的创新资源和高端要素聚焦沣西新城，营造跨区域的创新创业生态系统，成为促进西咸新区创新创业发展的新动力源。

> **专栏10-6　"双试联动"增强发展新动能**
> **沣东新城"软环境"打造"硬实力"**
>
> 　　在"大西安"的发展过程中，西咸新区是最为重要的角色，而沣东新城又是西咸新区的龙头。沣东新城承载了西咸新区发展现代服务贸易试点产业和陕西自贸试验区的沣东功能区；同时还有国家创新创业基地的利好加持。沣东自贸产业园构建了"管委会+园区运营商+第三方专业机构"三位一体的运营管理模式，促进贸易、产业、金融、互联网的多维度融合，人才、资本、技术的多要素联动，实现"管办搭桥、公司运营、服务进场"的管理体制创新。
>
> 　　园区为了更好地支持入驻企业发展，引进了专业的服务贸易孵化器平台，以多种形式设立园区服务贸易创新发展基金，形成"政府引导、平台助力、社会参与"的创新合作联动机制和产业发展促进合力。同时在财税、金融政策等方面做功课，用以加快推进区域供给侧结构性改革，培育服务贸易品牌。园区开创"数字经济+服务贸易"新业态，打造服务贸易创新高地。借助"互联网+"思维，以园区运营商为主导，智能化信息平台为支撑，构建"政务、运营、专业"三大服务平台，为入区企业提供便利化服务。

3. 产业联动升级，效能不断提升

　　三产融合发力是促进经济发展的强"芯"剂，也是区域经济"强壮体魄"的必由之路，探索一二三产业联动发展，打破以工业化为主导的传统城镇化发展模式，是近年来西咸新区致力而为之的事情。为适应建设现代化大西安新中心、打造现代田园城市的发展要求，西咸新区新一轮总体规划将在战略定位、空间结构、产业提升、市政建设、多规融合等方面进行调整,以便与新区发展实际更加吻合,为新区建设高品质的市民生活、充满活力的经济和可持续发展的绿色环境进行总体设计。西咸新区新一轮规划积极对接大西安产业布局。为呼应大西安北部现代制造业带和南部高新技术产业带,结合自身资源优势,西咸新区布局"新兴产业+现代服务业+都市农业"的产业体系。其中,泾河新城六大产业板块中,每一个板块都有龙头项目引领,农业、工业、服务业高度融合,集聚发展。秦龙现代生态智能创意农业园选择附加值更高、能够大规模工业化生产的现代农业,让工业和农业联动。新区紧跟时代发展潮流,通过建设新兴产业园区,大力拓宽大数据、云计算、高端装备制造等发展空间。同时,此次规划加大了西部科技创新港建设力度,优化片区交通联系,逐步形成"地铁+高速+主干路"的路网结构,扎实建设产学研一体化的核心创新区。借助西部科技创新港的科技创新优势,带动周边区域联动发展,打造大西安创新高地的意向。具体参见专栏10-7中的内容。

专栏10-7 "十位一体"大数据产业生态体系建设

"产业主导、项目带动"是沣西新城发展的战略路径。从成立之初,沣西新城就占据了信息产业前沿,在全国率先举旗大数据,构建起"七位一体"大数据产业生态体系;如今已经披上"国"字号战袍,成为大数据与云计算产业企业的聚集区。

目前,中国移动、中国电信、中国联通和陕西广电网络四大运营商齐聚西咸新区沣西新城,形成"IT基础层";全国人口信息处理和备份(西安)中心、国家统计局西北数据中心和中国气象局大数据中心相继落户,形成"数据资源层";引进微软、浪潮、淘宝等平台企业,形成"运营平台层";发起成立了陕西省大数据产业联盟以及陕西省大数据与云计算产业技术创新战略联盟,成立"西咸新区大数据交易所",建设"西咸新区政府数据开放平台",打破数据壁垒,面向公众开放,创新数据应用,联合中国联通,面向陕西25万中小企业推出"三秦企业云"服务,上线百项企业级应用服务,发起成立大数据产业发展基金等8只总规模超过200亿元的创业孵化基金,充分调动资本市场助推新区信息产业发展。

资料来源:《羊城晚报》(2017-10-13)。

二、联动发展存在的不足和问题

创新创业联动发展涉及多地区、多部门,也涉及创新创业生态系统内部各要素、各环节,本身就是一项系统而复杂的任务。加之,西咸新区地处西部地区,创新创业资源相对薄弱,难以发挥统领协同的作用。因此,总体来看,西咸新区创新创业发展的联动性,还存在一定的短板或不足之处,比如支撑创新创业发展的区域联动程度还不充分,与西安市、陕西省等创新创业资源的联动程度还不高,五大新城创新创业联动发展的一体化效应尚未形成,支撑产业联动发展的体制机制还不健全等。

1. 支撑创新创业发展的区域联动程度还不充分

西咸新区与全球创新创业资源的联动程度还不高。当前,受西安市对外开放程度相对较弱尤其是实际利用外资总额较低的影响(如表10-1所示),西咸新区国际化程度相对较低,新区集聚全球创新创业资源的能力相对较弱,与国内中关村、上海张江等园区相比,西咸新区聚集的创新创业资源主要以省内、国内要素为主，在更大范围更高层次上配置创新创业资源、推进创新创业国际化的水平相对不足，真正来西咸新区的创新创业要素人才、资本、技术和创新创业机构还不多，与东部发达园区相比还存在较大差距[1]，这在一定程度上，造成西咸新区与国际高端人才、世界先进科技、国际新兴产业等国际创新创业要素的联动程度较弱。

表10-1　2016年全国15个副省级城市实际使用外资和进出口总额情况

（单位：亿元）

城市名录	实际使用外资		进出口	
	金额	排名	总额	排名
哈尔滨	32.10	11	39.70	15
沈阳	8.20	15	113.30	13
大连	30.00	12	514.70	7
长春	65.00	6	141.60	12
南京	34.80	10	502.10	8
杭州	72.10	3	679.90	5
宁波	45.10	8	948.70	3
厦门	22.20	13	766.54	4
济南	16.91	14	96.31	14
青岛	70.00	4	655.00	6
武汉	85.20	2	237.80	11
广州	57.00	7	1297.10	2
深圳	67.30	5	3984.40	1
成都	86.20	1	410.10	9
西安	45.10	9	275.28	10

数据来源：各城市2017年统计年鉴。

---

[1] 截至2016年底，中关村集聚留学归国人员3万人。其中，入选中央"千人计划"累计1188人，占全国的20%。

西咸新区创新创业工作与"一带一路"沿线国家联动程度不强。作为丝绸之路的起点，受陕西省与"一带一路"沿线国家合作交流较少及西咸新区集聚资源谋发展的阶段性特征限制（具体参见专栏10-8中的内容），与东部地区相比，西咸新区创新创业与"一带一路"沿线国家联动程度不强，集聚的创新创业资源及其联动程度明显低于东部沿海发达城市。尽管2016年西咸新区与丝路沿线创投机构发起了"一带一路"协同创新孵化联盟倡议，但该倡议落地性不足，实质性合作交流相对较少，除中俄丝路创新园等少数项目外，并未与沿线国家和地区的创新创业机构开展实质性的全方位合作，并未发挥真正的协同创新孵化作用。同时，尽管也与丝路沿线城市（比如塞尔维亚的克拉古耶瓦茨市、亚美尼亚的久姆里市等）建立了友好城市关系，但是并未合作设立创新创业载体、平台等，尚未开展实质性的创新创业合作。

> **专栏10-8 陕西与"一带一路"沿线国家贸易合作情况**
>
> 国家信息中心发布的《"一带一路"贸易合作大数据报告2017》显示，华东、华南与"一带一路"沿线国家的贸易额分别位列第一、第二位，两个区域合计占到全国的67.7%，达2/3。广东与"一带一路"沿线国家的贸易规模最大，占到全国的20.9%，其次为江苏、浙江、北京，比重均高于10%。2017年，陕西对"一带一路"沿线国家的进出口值为323.7亿元人民币，占全国与"一带一路"沿线国家贸易额（7.4万亿元人民币）的比重仅为0.44%。
>
> 报告也把31个省份与"一带一路"沿线国家的贸易情况进行分型归类，结果显示：广东、江苏、浙江、北京、上海的贸易规模大、产品广，为"全面合作型"；山西、河南、

宁夏、吉林、山东、新疆保持了良好的增长态势，为"快速增长型"；福建、广西、辽宁、天津、重庆、河北、云南、安徽、江西、黑龙江、湖北、四川处于中游，并出现下降，为"优化调整型"；内蒙古、湖南、海南、陕西、甘肃、贵州、青海、西藏的贸易规模较小，为"有待加强型"。

西咸新区与陕西省、西安和咸阳的创新创业资源的整合联动程度不强。当前，尽管西咸新区在推动创新创业工作中积极与陕西省、西安市等创新创业资源对接，与西安相关科研机构和高校建立了一些创新创业载体，比如沣西新城与西安交通大学共建的中国西部科技创新港、沣西新城与西北工业大学、西安科为航天科技集团共同建设的西北工业大学"翱翔小镇"等。但从整体来看，西咸新区利用西安丰富科教资源的程度相对较低，推进创新创业工作的力度和能力与其在西安市乃至陕西新的经济增长极中的功能定位还不相匹配，与陕西省尤其是与西安市的创新创业资源的整合联动程度还有较大提升空间。同时，西咸新区创新创业资源集聚还面临着激烈的区域竞争，尤其是面临着陕西自贸区核心区、国家自主创新示范区和全面创新改革试验先行区"三区合一"的西安高新区的竞争。

2. 五大新城创新创业联动发展的一体化效应尚未形成

五大新城创新创业资源聚集不平衡，在一定程度上降低了联动效能。西咸新区内的5个新城各有发展重点，受新区内空港、沣东、秦汉、沣西、泾河等五大新城发展定位影响（如表10-2所示），目前，西咸新区创新创业资源主要集中在沣西新城，比如沣西新城建成或正在建设的创新创业载体包括中国西部科技创新港、西部云谷、智慧学镇"创新港"和西北工业大学"翱翔小镇"等，但空港、秦汉、沣东、泾河新城等4大组团集聚的创新创业资源相对较少，创新创业活力相对较弱。这在一定程度上拉大了空港、秦汉、沣西、泾河等4个新城与沣西新城的发展差距，客观上降低了五大新城联动释放创新创业活力的空间。

表10-2　西咸新区五大新城功能定位

五大新城	功能定位
泾河新城	西安国际化大都市统筹城乡发展示范区和循环经济园区
空港新城	西部地区空港交通枢纽和临空产业园区
秦汉新城	具有世界影响力的秦汉历史文化聚集展示区和西安国际化大都市生态田园示范新城
沣西新城	西安国际化大都市新兴产业基地和综合服务副中心
沣东新城	西部地区统筹科技资源示范基地和体育会展中心

　　五大新城推动创新创业工作尚未形成联动发展的工作机制。目前，尽管西咸新区开创性地设立了创新创业工作机构，即招商局（创新创业办公室），提出依靠招商引资和创新创业两轮来驱动新区二次创业。但当前五大新城按照各自的工作思路和工作方式推进创新创业工作，各个新城制定了推动创新创业工作的政策，但五大新城推动创新创业工作尚未形成联动发展的工作机制，工作合力和凝聚力不足，没有根据各新城的功能定位和资源禀赋进行错位发展或错位发展程度还不足，五大新城创新创业资源的有效互动、联动发展的动力不足，对创新创业资源的同质化竞争在一定程度上仍然存在。

　　3.支撑产业联动发展的体制机制还不健全

　　支持产业链上下游联动发展的体制机制尚未形成。西咸新区作为2014年新成立的全国第七个国家级新区，发展仍是西咸新区的第一要务。因此，在创新创业工作中，传统的"眉毛胡子一把抓"的招商引资观念仍较强烈，以产业生态链建设拉动招商引资的理念还不强，全产业链招商引资新模式尚未完全形成。同时，对于创新创业服务全链条而言，西咸新区的布局主要集中在技术转移、企业孵化等方面，研究开发、检验检测认证、科技咨询、创投基金等业态相对薄弱，难以形成创新创业全产业链条联动发展的格局。

一二三业产融合发展的体制机制尚不健全。目前，尽管西咸新区部分企业已经探索开展了一二三产业融合发展，但当前西咸新区一二三产业融合多是某一企业内部诸如种植、加工和旅游等业态之间的互动合作，不同企业间的不同业态，以及同一园区内部的不同业态之间融合较少。同时，大部分企业与农民之间的利益连接机制尚未建立，企业与农业基地对接不够，带动本地农民增收的作用不明显。而以休闲农业为代表的三产与农民的利益连接机制更为薄弱，企业拿走更多的产业利润，农户仍然以初级农产品销售为主，难以更多地分享二三产业利润。

三、进一步推动创新创业联动发展的政策建议

进一步推动西咸新区创新创业发展的联动性，应在充分利用区域内外各种创新创业资源，强化政策协调联动，增强统筹协调能力，以产学研协同、大企业协同和国际协同这三大协同体系为抓手，以体制机制创新为动力，积极吸引或激发各种创新创业资源，为西部地区探索出一条可复制可推广的创新创业联动发展之路。

1. 加强市区联动，做强新区创新创业新动能

推动市区创新创业要素联动发展。支持西安市科研院所、高校等机构在新区单独或共建创新创业载体，在发挥市场配置资源的基础上，鼓励西安市创新创业要素流向新区，鼓励新区创新创业机构主动对接西安创新创业资源。积极推动市区创新创业中介服务的交流和沟通，通过建设市区科技公共服务平台，促进服务链与创新链的对接，为科技创新创业提供信息交流、技术交易、企业孵化、人才流动、知

识产权、投融资等配套服务。围绕区域科技成果转化重点，加快区域科技中介体系建设，着力优化区域科技创新创业环境，携手打造科技创新创业的适宜区。

推动市区科技产业联动发展。立足大西安产业综合竞争优势，围绕创新驱动产业发展，加强市区产业发展规划和政策的协调与统一，发挥市场配置资源的基础性作用，促进产业创新集群跨区域联动发展。支持企业联合科技攻关，真正建成以企业为主体、产学研相结合的区域技术创新体系。

推动区域共性技术联合攻关。通过政府引导、资金共投、风险共担、利益共享的模式，在战略性新兴产业领域，以及具有比较优势的产业领域，依托西安市科技资源集聚的优势，共建一批区域性产业技术创新联盟和共性技术研发载体，联合建立面向区域的共性技术平台，构建产业共性技术研发保障机制。

2. 强化政策协调联动，营造良好创新创业环境

建立市区之间、部门之间的政策协调联动机制，形成强大合力。系统梳理已发布的有关支持创新创业发展的各项政策措施，在科技成果转移转化、吸引高端人才等方面，加强交流沟通，协同制定相关激励措施，建立健全创新创业政策协调审查制度，增强政策普惠性、连贯性和协同性。

消除各种制度束缚和桎梏，营造良好的创新创业环境。在政府服务方面，以改革创新促发展，加快推进政府职能转变，全面优化政府服务，强化政务服务部门间的互联互通、数据共享、协同联动，同时利用政府资源，形成创新创业信息资源的集中发布模式。在创新创业融资渠道方面，构建"政府资金引导、市场资本主导"的投融资服务体系和多层次资本市场体系，不断拓宽创新创业主体的融资渠道，提升科技金融放大效应。

坚持"多区联动"和"产城融合"的发展理念，发挥区域内丰富的科教资源优势，大力推进各项改革措施与政策落地，实施一批重点工程，营造良好的创新氛围与环境，进一步激发创新创业的内生动力，加快实现国家创新创业示范基地建设目标任务。同时坚持创新驱动发展，不断推动城区发展动力转换和功能形象提升，为在西咸新区工作、创业、生活的各界人士提供良好的创新创业和生活居住环境。

3.建立完善跨区域的城市发展协调机制

以大西安建设为契机，推动跨区域城市间的产业分工、基础设施、环境治理等协调联动。探索建立城市一体化发展的管理协调模式，创新要素市场管理机制，破除行政壁垒和垄断，促进生产要素自由流动和优化配置。建立成本共担和利益共享机制，加快城市公共交通一体化建设，推进跨区域互联互通，促进基础设施和公共服务设施共建共享，促进创新资源高效配置和开放共享，推动区域环境联防联控联治，实现一体化发展。

坚持以人为核心，遵循城市发展规律，通过创新城市发展理念和科学规划建设，改善功能布局，实现中心城区与新区联动发展，走集约高效、生态良好、可持续的城市发展道路。

第四节　共生：打造创新创业生态"乘数效应"

共生在自然界中普遍存在，最早由德国生态学家德贝里于1879年提出，是指不同物种之间为了生存而按照某种联系生活在一起的行为。在创新创业生态系统中，共生关系是指创新创业企业与政府、投资机构、中介机构、高校、科研机构等组织在一定的创新创业环境（自然环境、社会环境、文化环境、制度环境、技术环境）中相互作用、相互影响，通过交换知识、技术、人才等资源形成一定的共生网络，共同推进系统的演化和发展[1]。共生性是西咸新区创新创业发展环境的重要特点。当前，西咸新区以共生发展为指引，创新创业活动产生了一定的协同效应，发挥单个创新创业种群不具备的功能和作用，正积极打造国内具有较大典范意义的创新创业"乘数效应"。

一、强化创新创业生态共生性特征的主要做法

近年来，为了推动创新创业系统互利共生、聚合裂变，西咸新区管委会积极作为，锐意进取，逐步探索形成以政府为主导、以企业共生共荣为目标、以产业协同创新平台建设为重点的创新创业生态共生性发展格局。具体来看，主要表现在以下方面。

1. 以政府为主导，推进创新要素和机构协同共生，放大创新创业资源聚集效应

自2016年5月获批为国家首批、西北唯一的创新创业示范基地以

---

[1] 宋晓洪,丁莹莹,焦晋鹏. 创业生态系统共生关系研究[J]. 技术经济与管理研究,2017,(1)：27-31.

来，西咸新区管委会着眼于发展全局，积极主动作为，统筹协调创新创业资源，不断推进人、财等创新要素和创新载体协同共生发展，增强创新创业聚集影响，取得了一些经验。

——协同推进创新创业载体建设和创新创业要素集聚。在积极打造业态丰富的创新创业载体，比如光谷创业咖啡、西咸文旅众创空间、京东众创空间、腾讯众创空间、沣东都市农业众创空间等同时，新区不断创新拓宽创业融资渠道和积极吸引创新创业人才队伍。目前，新区形成了政府引导基金、早期投资、创业投资、非股权融资等多种创新创业融资途径，截至2017年，创新创业基金规模高达128.6亿元。人才发展体制机制改革深入推进，人才新政举措不断推出，计划5年投入38亿元，引才育才100万人。目前学历落户和人才引进成效显著，比例高达65%以上，大西安人才特区建设初现雏形。

——积极推动政产学研用协同，推动科技成果转移转化。充分利用西安高校、科研院所集聚的优势资源，积极推动政产学研用协同，推动科技成果转移转化，比如西咸新区沣西新城联合西北工业大学、西安科为航天科技集团共同建设的西北工业大学"翱翔小镇"，小镇将积极通过政产学研用协同创新，打造我国首个以"空、天、地、海"无人系统产业集群为核心的"科教产融"创新示范小镇。同时，为承接中国西部科技创新港的成果转化，西咸新区还规划建设7平方千米左右的创新港产业承接区，推动科学研究、实验开发、推广应用"三级跳"。

2. 以企业共生共荣为目标，积极推动创业企业与其他创新创业主体、创业企业与企业创新创业协同发展，构建企业协同创新共生体

近年来，西咸新区坚持优化存量和培育增量相结合，在充分挖掘现有企业创新创业能力的基础上，积极通过创新创业载体建设，鼓励更多社会主体投身创新创业，培育新型创新创业企业，推进创业企业

与其他创业主体协同发展，在协同推进创业企业与企业创新创业和其他创新创业主体协同共生方面开展了一些有益的探索，取得了一些经验，具体如下。

——推进创业企业与企业创新创业协同发展，有效激励企业创新创业。通过举办"创响中国"西咸站、"硬科技"高峰论坛、约骑西咸"硬科技"小镇等"大众创业万众创新"活动百余场，以及丝路创新园合作与贸易洽谈会等多场国际合作活动，激起了新区创新创业热情，鼓励更多社会主体投身创新创业，形成了创业企业与企业创新创业协同共生的良好局面，2017年上半年，新区新登记企业数同比增长74.9%，增幅居陕西省第一位，组建了以国联质检、佰美基因、华大基因为代表的检测领域企业集群，激发了企业创新创业热情。

——推进创业企业与其他创新创业主体协同共生，有效促进各类经营主体融通发展。以创客和创业孵化机构为载体，积极吸引集聚其他创新创业主体，初步形成了创业企业与其他创新创业主体协同共生的局面。比如，西咸新区沣西新城的西部云谷是一个专业的创新创业孵化载体，作为一个新成立的创业企业，目前西部云谷已经形成了集"孵化、研发、办公、酒店、公寓、广场、公园"等配套服务功能于一体，实现了"5分钟产业生态圈"和"都市产业核心社区"，同时围绕该创新创业平台，也聚集了以法律、财会、知识产权、文献情报等众多中介服务机构。截至2017年底，西部云谷已经签约入驻企业500余家，形成了与入驻企业合力发展、共生共荣的局面。

——通过形式多样的创新创业宣传交流活动，搭建企业交流合作平台，推动企业共生合作。比如，沣西新城通过举办"世界创想跨境行——西咸新区沣西新城站"活动，串联了本土企业与美国硅谷企业的合作，搭建陕西企业对外交流合作平台，增强了沣西新城国际合作的协同创新能力。目前，已有两家硅谷企业与沣西创业企业达成合作，另有多家硅谷企业计划在沣西设立中国分部。

上述内容具体参见专栏10-9所示。

**专栏10-9　2017年西咸新区举办的
创新创业活动主要情况**

1. 2017年"创青春"全国青年创新创业大赛陕西总决赛

2. 2017年全球硬科技创新大会暨"创响中国"（西咸）活动

3. 2017年"一带一路"大西安创客跑

4. 2017年"我们都是跑步家——大西安健康生活计划"创客跑

5. 2017年"探寻科技路·酷动大西安"约骑西咸"硬科技"小镇等活动

6. 2017年"新丝路·逐梦青春"第二届新丝路长安杯大学生国际微电影节

7. 2017年"陕音之巅·创响中国"秦汉新城陕派摇滚之夜

8. 主导拍摄了国内首部以创新创业为主题的电影《奔》

---

3. 以产业协同创新平台建设为重点，推进全产业链条创新创业和服务协同共生双格局形成

近年来，西咸新区坚持以产业协同创新平台建设为工作重点，一方面积极加强全产业链条创新创业融合发展，另一方面以产业创新创业协同平台为载体，积极推进创新创业服务全链条协同共生，全产业链条创新创业和创新创业服务全链条协同共生双格局初见雏形，具体表现如下。

——创新创业服务全链条共生局面初步形成。新区范围内的西部科技创新港、无人机产业"翱翔小镇"、青年创业园和西部云谷等创新创业载体，在提供科教、产业、商业、生活等硬件设施的同时，也为创业者提供技术支持、培训服务、法律金融、股权投资等软件服务，通过上述软、硬服务多种功能"零切换"的新型创新创业综合体建设，西咸新区创新创业服务全链条共生局面初步形成，上下环节有效衔接的创新创业生态体系基本建成。具体参见专栏10-10中的内容。

专栏10-10　西部云谷创新创业服务简介

自建立以来，西部云谷以"致力于成为中小企业成长方案解决商"为使命，以着力打造"5分钟产业生态圈"和"都市核心产业社区"为目标，目前已经成为集科技创业苗圃、企业孵化器、加速器、办公研发、IDC数据中心、IT工业生产等功能于一体的综合性全方位的创新创业服务载体，云谷在为不同成长阶段的创业团队提供办公场地、商业、生活等设施的同时，也可提供融资、人才招募、信息技术、专题培训、政策解读、项目包装及国际合作平台等一站式软件服务。

云谷凭借"产、学、研、居、投"全产业生态链服务优势，成为吸引企业和创业者的磁石，目前已吸引微软、IBM，以及国内四大电信运营商数据中心、国家十大部委容灾备份中心等数十家企业以及巅峰软件、联博电子等中小微IT企业100多家。创业邦、36氪、优家青年国际创业社区等多家国内知名孵化器可为企业提供专业咨询服务。同时，云谷还吸引创新工场、亿达投资、西科天使等约20家投资机构，形成完善的创新创业服务体系。

短短4年时间，云谷已荣获国家云计算服务创新发展试点示范城市、国家新型工业化（大数据）产业示范基地、国家

级科技企业孵化器、全国青年创业示范园区、西咸新区服务
贸易创新发展试点、西咸新区大众创业万众创新示范基地、
陕西省首批小型微型企业创业示范基地、陕西省青年创新创
业联盟理事单位、陕西省青年创业孵化基地等荣誉。

——推动招商、创新创业融合发展，开辟招商引资新路径。通过
招商和创新创业两轮驱动，推动新区二次创业，以产业培育支撑产业
招商，集聚产业发展新优势。据统计，2017年，西咸新区共引进10亿
元以上项目72个，包括总投资超过400亿元的绿地丝路国际中心、670
亿元的华侨城旅游综合体等，中国西电智慧产业园、海航现代物流基
地、西北工业大学无人机产业基地暨"翱翔小镇"等一批重大项目先
后开工建设。

二、培育创新创业生态共生性存在的主要问题

创新创业生态构建作为一项庞大的系统工程，尽管西咸新区初步
探索形成了创新创业生态共生共荣的新格局，地处西北地区的西咸新
区受制于要素聚集能力、体制机制等方面的限制，仍面临着创新创业
生态中存在的一些短板和困难需要补齐和克服。总体来看，西咸新区
创新创业生态共生共荣发展存在创新创业要素统筹协调程度不足、创
新创业要素供给数量和质量尚不能满足创新创业载体需求、政产学研
用和军民融合协同创新不足、创新创业服务全链条协同推进还不成熟
等方面的问题。

1. 创新创业要素统筹协调程度不足

一些创新创业载体并未有效实现"统"和"筹"的功能，对加
强创新创业生态中各主体、要素之间的连接尚未发挥明显的作用。一
方面，创新创业群体的统筹协调程度不高，西咸新区的创新创业群体

主要以科研人员和大学生为主，企业家群体偏少。另一方面，企业创新创业活动和创新创业企业之间统筹协调不够。创新创业活动以个人和团队为主，企业参与创新创业的积极性不高。受思想认识和体制机制束缚的影响，目前，陕西省创新创业工作仍以推进个人创新创业为主，企业参与创新创业的比例并不高。2016年陕西省有R&D活动的规模以上企业数仅为868家，占规模以上企业总数的比重仅为16.04%，全国仅排第14名（如图10-7所示）。与陕西省和西安市创新创业大环境相一致，西咸新区创新创业工作参与主体也以个人和团队为主，与个人、团队和民营企业创新创业工作的广泛性和深入性相比，企业创新创业的比例较低，创新创业的积极性不高。

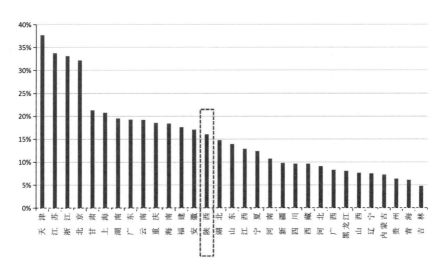

**图10-7　2016年有R&D活动的规模以上企业数
占规模以上企业总数的比重**

数据来源：中国科技统计年鉴（2017）。

2.要素供给数量和质量尚不能满足创新创业载体需求

自创新创业工作启动以来，在西咸新区管委会的高度重视下，新区创业服务机构短时期内数量暴涨，截至2017年10月底，新区已建成光谷创业咖啡、西咸文旅众创空间等18个产业特色鲜明的众创载体，京东、腾讯众创空间等数十个众创载体正在加快建设，总建设面积约300万平方米。中国西部科技创新港全面开工，在其周边已规划10平方千米的拓展区。大部分创新创业服务机构为创业团队除提供物理空间外，还可以提供综合基础服务（比如综合服务型众创空间），即工商注册、法务咨询、财务咨询、政策解读、政策申请、培训辅导、人力资源等。西咸新区创新创业机构或载体的服务能力已远远超过创新创业要素的供给数量，同时由于西咸新区处于西部地区，创新创业要素供给的质量也不能达到创新创业载体规划建设的目标。调研发现，西咸新区的创新创业群体主要是以科研人员和大学生为主，企业家群体偏少，从人员知识和学历层次的角度来看，高端人才偏少。

3. 政产学研用和军民融合协同创新不足

陕西科教资源富集，创新综合实力雄厚，每万人口高等学校在校生数和R&D人员均居全国前列（如图10-8、图10-9所示）。雄厚的科教资源并未转变为经济社会发展优势，科技发展与社会经济发展"两张皮"现象突出，是科教大省的同时也是经济小省（如图10-9所示）。作为我国传统的军工大省和国防科技工业重要基地，由于受军民融合发展的体制性障碍、结构性矛盾、政策性问题的影响，陕西军工资源优势并没有转化为经济优势，军工科技资源对经济的带动作用较弱。"十二五"时期，陕西省国防科技工业累计完成总产值5493.08亿元，占同期陕西省全部工业增加值的比重仅为0.51%。西咸新区作为陕西省经济社会发展的龙头，虽然在政产学研用和军民融合方面都进行了大量努力，但现阶段其协同创新的程度和效果仍显薄弱，在一定程度上降低了创新创业生态效率。

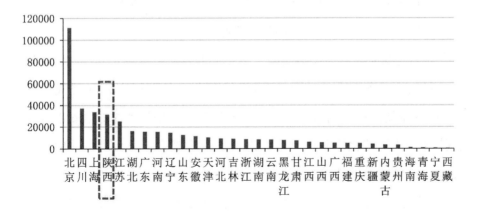

图10-8　2016年各地区研究与开发机构R&D人员情况

数据来源：中国科技统计年鉴（2017）。

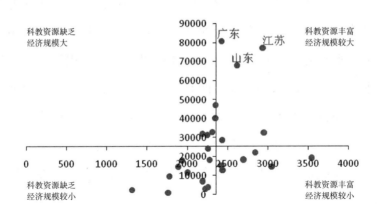

图10-9　分地区每万人口在校大学生数与GDP交叉对比情况

4. 创新创业服务全链条协同推进还不成熟

由于地处西北，在当前高端要素资源"孔雀东南飞"的背景下，与东部沿海地区创新创业服务相比，西咸新区在高端专业培训、高层次人才、创新创业融资等方面，还不能满足创新创业全链条服务的要求。同时，作为全链条孵化的核心载体，创新创业载体尚未形成多元投资主体参与发展的态势，大部分孵化机构仍过于依赖政府，市场化运行程度较低，运作缺乏活力，经营缺乏亮点，同质化严重，在一定程度上造成"空架子""杂货铺"等现象。

5.制约创新创业生态共生性的体制机制障碍仍然存在

科技成果转移转化机制障碍仍然存在。长期以来，科技成果转化的"陕西现象"一直广受诟病。近年来，尽管陕西省、西安市等在科技成果转移转化体制机制方面进行了一些探索，出台了一些促进科技成果转移转化的政策措施，比如颁布《陕西省促进科技成果转化条例》《陕西省促进科技成果转移转化行动方案》《西安市加快技术转移转化的若干措施（试行）》等，但制约科技成果转移转化的核心机制问题仍未解决，共同推进科技成果就地转化的工作合力还没有形成，科技成果转移转化不畅仍是制约创新创业生态共生性的重要原因。从营商环境来看，由于地处西北，与东南沿海地区相比，市场化水平总体偏低，导致西咸新区的营商环境仍有较大的提升空间。尽管许多企业反映政府部门的行政效能有了大幅提高，但与东南沿海等地相比，西咸新区在产业集聚、服务平台、政策扶持和媒体推广等方面仍存在不小差距。另外，招不到人、融不到资、得不到政策等现实问题也互相交织叠加，拉低了创业者和投资者对西咸新区营商环境的整体观感。

三、进一步增强创新创业生态共生性的政策建议

增强西咸新区创新创业生态系统共生性，应统筹协调区域内外的创新创业要素和机构，坚持市场在资源配置中的决定性作用，充分发挥西安的科教、军工资源优势，以政产学研用协同和军民融合协同为重要抓手，以全产业链创新创业共生为目标，着力打造创新创业服务型经济。

1. 统筹协调创新创业资源，以市场机制推动创新创业要素供给多元化、高端化

进一步建立科技资源共享、研究开发、科技金融、成果转化等市场化综合性服务平台，积极打造创业者、企业、高校和科研机构、金融机构、中介机构等相互作用、良性互动的统一整体，开展创业全过程服务，鼓励发展众创、众包、众扶、众筹等新模式，形成西咸新区新型创新创业生态链，打造西咸新区的"创新系"和"创业群落"。充分发挥市场在配置资源中的决定性作用，整合政府、企业、社会等多方资源，积极推动新区内的科研机构、高校、企业、创客等主体协同，建设众创、众包、众扶、众筹支撑平台，推动政策、技术、资本等各类要素向创新创业集聚，促使各类创新创业要素共生互助、聚合裂变，充分发挥社会资本作用，以市场化机制促进多元化供给与多样化需求更好对接，实现优化配置。

2. 破解科技成果转移转化机制障碍，推进政产学研用协同和军民融合协同

改革现有科研学术评价考核制度，探索建立激励科技工作者全力投入科技成果转化的系列配套政策，支持创新创业人才在企业和高校、科研院所间双向自由流动。搭建面向高校院所的科技成果转移转化服务体系，组建技术交易联盟等联合技术转移服务机构，建设科技成果转化特区。发挥西咸新区在政产学研用协同创新中的协调、管理以及支持等角色，通过定期组织举办政产学研用协同创新座谈会以及学术沙龙等，邀请企业、高校、科研机构以及领先用户等各创新主体共同研讨学术前沿问题，提出解决方案。出台优惠政策引导和鼓励高校、科研院所和企业等各创新主体交流合作，开放现有科研设施和资源，推动科技成果在全社会范围实现共享和转化，促进政产学研用协同创新网络的形成。进一步推动军民融合协同，在确保国家安全和核

心机密的前提下，适时推进解密机制改革。加快推进国家重大研发平台和科研设施实现共建共享，支持具备开放条件的军事科研院所（大学）、军工集团公司所属实验室面向社会开放。复制推广西安科技大市场改革经验，在企业与国防科工部门之间，建立沟通合作的大平台，实现"隐军于市"。

3. 支持企业创新创业发展，形成全产业链条创新创业共生格局

实施企业创新创业协同行动计划，支持大型企业开放供应链资源和市场渠道，通过内部孵化、开放创新需求、共享产业资源等方式，推动开展内部创新创业，带动产业链上下游发展，促进大中小微企业融通发展。支持领军企业开展内部创新和协同创新，引导众创空间、工程技术中心、企业重点实验室等创新主体强强联合，着力构建大企业创新创业生态圈。支持建设面向企业内部和产业链上下游的创新创业要素汇聚平台，促进面向生产全过程、全产业链、产品全生命周期的信息交互和集成协作，构建大企业创新创业生态圈。

加强重点产业协同创新平台建设，形成全产业链条创新创业共生格局。打造集高校、科研院所、企业等众多创新主体于一体的产业协同创新平台，为企业提供共性技术研发、行业资讯、信息资源、智能检索、集群决策支持等服务，促进平台内人才、技术等创新要素合理流动。参考深圳光启理工研究院模式，探索建立依托新型研发机构的平台型产业组织模式，实现技术研发、人才培养、项目培育、市场转化等功能于一体。构建大企业主导的链条型产业组织模式，支持大企业整合上下游资源，构建全产业链创新网络，营造覆盖"科技创新、成果转化、产业发展"全链条的生态体系。

4. 进一步推动创新创业服务全链条共生，打造创新创业服务型经济

进一步加强"西部云谷"、"硬科技小镇"，以及创新创业主题大街等创新创业平台建设，推动创新型孵化器和便利化、全要素、开

放式的众创空间建设，推动创客的创意创新向创业创富转化，培育集众智、汇众力的创客经济。依托创新创业服务发展创客型经济，发挥政策集成和协同效应，实现创新与创业相结合、线上与线下相结合、孵化与投资相结合，推动创客的创意创新向创业创富转化，培育集众智、汇众力的创客经济。依托互联网跨界融合发展分享经济，顺应移动互联背景下生产资料、商品服务开放共享的新趋势，推动研究开发、检验检测、创业孵化、科技金融、科技情报等分享平台建设，形成支撑行业转型升级和辐射全国市场的综合科技服务，打造全国分享经济的创新中心和服务中心。

第五节　开放：推动创新创业跑出加速度

改革与开放是40多年来中国经济实现腾飞的双翼，改革是开放的前提，开放是改革的动力。改革与开放孪生，如何协调，蕴含着勇气和智慧，体现一方政府依法治理的水平和效率。开放有两个内容，对外是开放、对内是改革。"一路一带"建设将改革与开放高度紧密地链接在一起。上海自贸区在推动（服务业）市场开放和传统国际经贸规则衔接方面的成功实践，从改革角度丰富了开放的制度内涵。陕西、大西安以及西咸新区，要借"一带一路"外力来推动社会治理，实现跨越式、可持续发展，拓展与中亚、南亚以及中东国家和地区的合作，同样要加快推进由法制化引领的市场化改革进程。以自贸区建设为载体，以"硬科技"为抓手，走特色化的"引进来"和优势化的"走出去"的"以进促出"的开放之路，是"一带一路"的陕西意义。助力大西安从城市转型为都市，集聚优质创新创业资源，引领关中平原城市群发展，在国家向西开放和"一带一路"建设中铸就品质高地，推动西咸区创新创业跑出加速度，是陕西全省上下为之奋斗的目标。

发展的质量和水平取决于改革开放的深度和广度。"一带一路"为西部融入全球创新能力合作提供新机遇，推动开放整体环境发生深刻变化，使发展理念、发展动力、发展环境等诸多创新创业要素实现积累集聚，助力创新水到渠成，就业创业成为风尚。为降低与中央层面的"对接"难度，加快构建开放型现代化经济体系是陕西、大西安及西咸区改革开放的中长期目标。未来5~10年，大西安及西咸新区应着力向内部功能整合要动力要活力，增强"以进促出"吸引力。加快市场化改革进程，加快融入国内统一大市场，做实"大产业、大通道、大物流"优势，以政策洼地，汇聚人流、资金流、技术流、人才流，夯实经济基础，优化产业结构，为贸易流、资源能源流、投资流"组合"走出去，提供经济基础和制度保障。

一、开放引领"一带一路"创新创业高地的主要做法

2011年以来，西咸新区在陕西省委、省政府的坚强领导下，紧紧围绕创新城市发展方式这一主题，重点推进高新技术、临空经济、信息服务、文化旅游、商贸物流、高端装备制造、现代农业等产业的招商引资工作，内资外资同步重点推进，截至2015年底累计引入内资743亿元人民币，外资24040万美元。与丝路沿线国家在经贸、文化和投资领域进行深层次合作项目规划和包装，注意吸引外资，提高经济外向度和贸易及产业合作平台，加强相互投资。既帮助区内企业走出国门，也帮助国外企业带着优势技术和特色产品走进国门。

1. 域内开放：以自贸区为载体，推动外向型经济发展，培育创新创业潜在主体

中国（陕西）自由贸易试验区（如图10-10所示）[1]西咸新区片区于2017年4月正式挂牌，新区创新发展理念，充分发挥自贸区平台作用，积极探索"自贸+服贸+创新创业"多式联动创新发展新模式。一

---

[1] 中国（陕西）自由贸易试验区总面积119.95平方公里，涵盖三个片区：

· 中心片区87.76平方千米 [含陕西西安出口加工区A区0.75平方千米、B区0.79平方千米，西安高新综合保税区3.64平方千米和陕西西咸保税物流中心（B型）0.36平方千米]，包括西安高新区、西安经开区和西咸新区沣东新城、秦汉新城、空港新城部分区域。

· 西安国际港务区片区26.43平方千米（含西安综合保税区6.17平方千米），包括西安国际港务区和西安浐灞生态区部分区域。

· 西安杨凌示范区片区5.76平方千米，包括杨凌示范区部分区域。

是围绕自贸区总体方案，针对69项试点任务，实施台账管理制度，以制度创新和案例培育为核心，制定了11个特色创新案例台账。二是打造"企业走出去一站式综合服务平台"，整合法律、融资、保险等多种国际化专业服务资源，实现专业的境外服务机构一站式集合。三是依托电子口岸平台，成功运行全国版国际贸易"单一窗口"，为新区企业快速融入国际国内市场提供路径和平台。四是依托全省首家省级人力资源产业园——陕西（西咸新区）人力资源产业园创建"海外人才一站式服务平台"。

图10-10　陕西自贸区3个组团示意图

政府职能和营商环境有了很大转变。为了让投资、贸易便利化，自贸试验区1500多项事务推行"最多跑一次"等服务。陕西自贸试验区的一站式服务大厅等一系列改革和制度创新，推动了政府职能转变。一些服务平台的设立，便利了与"一带一路"沿线国家开展商贸、人文交流，营商环境发生深刻变化。

上述内容具体参见表10-3。

表10-3　2017年4月1日至12月31日经营主体注册登记情况

自贸试验区各管委会	新增企业数量（户）	新增注册资本（亿元人民币）	其中外资企业数量（户）	其中外资企业注册资本（万美元）
西安管委会	7565	2142.25	90	51487.99
杨凌示范区管委会	449	38.87	5	1402.06
西咸新区管委会	1333	918.67	12	14025
合计	9347	3099.79	107	66915.05

从2017年4月1日至12月13日的经营主体注册登记情况来看，到西咸区注册的新增企业有1333户，其中外资企业数是12家，注册资本达14025万美元，远远高过杨凌区的相关数据，表明西咸新区对外资企业正显现出较大吸引力。

随着"一带一路"建设的深入推进，西安已经成为我国向西开放的前沿。西安国际港务区的设立和中欧班列的开通，给自贸区内的跨境电商企业提供了难得机遇。随着货运列车、集装箱场站、粮油加工生产线等配套服务设施的完善，西安爱菊粮油目前在哈萨克斯坦建立了粮油基地，计划2018年从哈萨克斯坦进口粮油30万吨。2017年4月1日至12月31日，自贸试验区新增注册企业9347户（其中，外资企业107户），新增注册资本3099.79亿元人民币（其中，外资企业注册资本66915.05万美元），新增注册资本1亿元以上企业231家。

2. 空中搭桥：以空港新城建设国家临空型对外开放高地，打造国际航空物流枢纽，培育形成航空物流核心产业链，促进关联产业聚集及配套服务逐渐完善

西咸新区对于其所在的陕西省以及整个关中地区而言，其独特优势是空港优势。"一带一路"的五通，以交通网络为先导。在与丝绸之路经济带的连接中，依托西北最大的航空港，西咸新区拥有绝佳的空中优势。而且从全国来看，西咸新区的空港在地理上是全国交通中

心，2个小时航程可覆盖全国70%的国土面积。新区依托国内第八大机场——西安咸阳国际机场，发挥"空中丝路"重要节点优势，建设西安、陕西对外开放大通道，以航空物流、航空维修与制造、航空总部经济等产业为主导，在多式联运、通道建设、航空服务、口岸经济等多方面开展先行先试，全力构建"一带一路"航空物流网络体系，打造"中国孟菲斯"。[1]

2017年以来，西咸新区开通了三条洲际全货运航线，国际货运航线累计开通4条，货运航线累计达到12条，航空货运吞吐量达到19.88万吨，同比增长13.7%，增速位列全国十大机场第二位；引进法国赛峰公司、法国梅里亚公司发展高端制造，与宝能集团联手打造航空企业CBD；2017年5月，西咸新区与海航集团整合40家航空企业资源，总投资1800亿元，组建海航现代物流集团，有力助推了"中国孟菲斯"建设。

空港新城成立于2011年，是西咸新区的核心板块，规划面积144.18平方千米，其中自贸区面积13.8平方千米，是目前国内最大的临空型自贸片区之一。区内的西安咸阳国际机场是我国西部地区最大的空中交通枢纽。自成立以来，立足于丝路交通商贸物流中心、国际会展和文化创意中心、国际航空服务业和航空高端加工制造聚集中心、生态和农业小镇示范中心的发展定位，紧紧依托西安咸阳国际机场，重点发展航空物流、航空维修、航空企业总部、跨境电商等临空型产业，坚持把招商引资作为"一号工程"，"五资"齐抓，多措并举，加大招商引资力度，一批大项目、好项目集中落地，为追赶超越提供了坚实支撑，助力打造国际航空物流枢纽和大西安航空服务功能区。目前，空港新城吸引了普洛斯集团（新加坡）、丰树集团（新加坡）、日本近铁（日本）等物流企业。与"一带一路"沿线国家加快合作步

---

[1] 孟菲斯是美国田纳西州最大的城市，为谢尔比县县治。这座美国中等城市，因助力"联邦快递"的迅速成长而成为全球最大吞吐量的航空货运枢纽，被誉为世界物流中心。

伐。目前，新加坡龙头物流企业普洛斯集团与丰树集团等已入区投资项目；中吉产业园"一园两区、两地并重"的建设模式已经确定，吉尔吉斯斯坦驻陕西商务代表处和意大利中国签证中心已初步达成落户意向。截至2015年12月，空港新城建设临空特色重大项目40多个，累计完成固定资产投资额435亿元。其中，物流类项目16个，完成投资额30.56亿元，仓储面积80.19万平方米，完成44.54万平方米，成为全市高端仓储设施聚集区和西北地区最大的电商快递集散中心。2015年7月，空港新城从全国1210家电商物流园区中脱颖而出，获得2015年度全国优秀物流园区的荣誉称号。

具体参见专栏10–11中的内容。

专栏10–11　中俄丝绸之路高科技产业园

2014年10月，在李克强总理和俄罗斯总理梅德韦杰夫的见证下，中俄丝绸之路高科技产业园正式落户西咸新区。丝路高科技产业园规划占地247亩，投资3.2亿美元，建筑以俄罗斯风情为主，采取"一园两地、两地并重"的方式开发，成为拉近中俄两国科技和文化联系的重要桥梁，促进中俄两国经贸往来的快车道。园区现处于一期施工阶段，已经引起中俄两国的金融机构、航空航天企业、石油钻探企业和汽车制造企业的极大兴趣。

---

3. 以"进人"为统领增进民心相通，相融相通，生生不息

搭建"一带一路"国际交流合作平台，服务"以进促出"的开放策略。西咸新区发起成立"'一带一路'青年人文创新联盟"（筹）、"丝绸之路"法医联盟，推动"以创新为引领、以青年为主体、以产业为核心、以人文为纽带"的"一带一路"协同创新孵化

联盟建设，举办"一带一路"协同创新孵化国际发展论坛和沿线国家创新创业论坛、"起航新丝路·丝绸之路文化使者"等活动，其中"丝路文化使者"被列入《文化部"一带一路"文化发展行动计划（2016—2020年）》重大文化交流品牌活动；西咸新区还通过秦汉新丝路数字文化创业产业基地、沣东中影国际影视基地等项目，加强与丝路沿线国家影视合作，打造"一带一路"国际影视产业中心。2017年，陕西旅游对标"五新"战略任务，统筹抓好国家全域旅游示范省创建、国际一流文化旅游中心建设、旅游改革创新、"品质立游强旅"、旅游形象提升等五大系统工程，全省旅游业发展态势良好。全省接待境内外游客5.23亿人次，同比增长16.41%；旅游总收入4813.59亿元，同比增长26.23%。

4. 紧盯全球科技创新竞争态势，以"硬科技"合作联通海内外

"硬科技"是陕西联通世界的桥梁。西部地区聚集了大量科研院所和高校集群，军工企业传统基础雄厚，高新技术产业不断兴起，西部地区完全具备在科技创新上占据一席之地，而"硬科技"正是西部地区实现弯道超车的重要路径。统计数据显示，全球100多家世界500强企业落户西安，其中华为、IBM、三星等"硬科技"企业已纷纷在西安落户，仅西安高新区就聚集了世界500强研发机构48个。在西咸新区，中国西部科技创新港、西北工业大学"翱翔小镇"、国内首个"硬科技"小镇都正在加紧建设，未来将成为西安"硬科技"产业新的聚集区。首届全球"硬科技"大会是一次恰逢其时的平台搭建举措，是落实党的十九大提出的加强创新能力国际合作的有益尝试，是汇聚全球顶尖的"硬科技"成果及人才，打造中国西安的"硬科技"品牌名片，把国际、国内更多优质科技创新资源对接到西安，为西安注入"硬科技"的时代基因，将西安打造成"硬科技之都"。随着国家航空城实验区、西咸空港保税物流中心、能源金融贸易中心、信息

产业园、国际文教园的建设，西咸新区在互联互通、经贸往来、金融投资以及科技教育等方面将获得更多的发展动力。

二、开放发展面临的主要问题

一花独放不是春，百花齐放春满园。在看到西咸新区把握机遇克服困难，存量基础薄弱、增量成绩靓丽的同时，西咸新区开放发展面临的困难，实际是陕西全省外向型经济发展滞后、改革有待深化的一个缩影。从目前全省开放实践来看，有起色，但方向重点、措施和特色有待进一步挖掘；物理开放成效显著，软环境建设处于起步阶段，"'硬科技'之都"所需要的特色软环境需要进一步明确；作为拥有多个国家级光环的陕西和西咸新区，首先要探索深化"一带一路"在市场规律和国际规则下运行的地区特色，前瞻性预测：国家对凝聚建构发展规则共识这个战略需求，并付诸实践，做出"以进促出、品质引领、示范高地"的非凡业绩。鉴于此，开放思维和理念、开放动力构成、开放环境建设等一系列具有顶层、系统和前瞻性的理论和实践问题，都是陕西和西咸新区开放发展所要研究解决的。

1. 开放发展观念理念需深入人心，形成思想自觉和行为自觉

开放是环境、体制机制再造，也是一种理念、文化和精神的再现。陕西人的"城墙文化"与开放创新有着天然冲突。虽然历史上陕西并不缺少商业文化，但在中国改革开放40多年实践中成长起来的陕西人，他们一直处于对外开放末梢，深为发展不平衡不充分的矛盾所困。越是如此，人们的价值观愈发趋向于求稳定，小富即安，缺少改革开放实践的深刻洗礼，缺少创新创业激情，缺少勇于冒险、敢为人先的探索拼搏精神。当国际国内环境发生重大变化，建设现代化经济体系成为不可阻挡之势，人和人才的成长与发展路径受到挑战。建设大西安和西咸新区需要一批能够开拓市场，把握国际产业发展趋势、

推动要素顺畅流动、崇尚和敬畏规则的新型复合型人才，引领和推动改革开放，主动适应经济社会重大变革。社会也要形成鼓励承担风险、宽容失败的社会文化氛围。目前，陕西和西咸新区均处于打造开放和创新载体及平台阶段。如何实现各载体功能优化和整合、要素和资源集聚及流动，尤其是人及人才培养、流动等制度层面问题，仍在探索实践中。

2. 开放空间有待拓展，开放基础尚待夯实

经济外向度仍偏低是根本原因。2017年以来，陕西外贸进出口始终保持两位数高增长，但是陕西经济外向度仍处于较低水平。2017年前三季度，全省经济外向度为12.9%，较二季度增长0.3个百分点，但仍低于全国21.3个百分点。外贸方式中，海关特殊监管区域物流货物异军突起，实现高增长，但份额仍显单薄，仅占全省外贸进出口总值的5.6%。外贸方式结构并未发生较大转变，加工贸易仍为多数，占全省的60%以上，说明全省外贸产品仍以简单加工再出口为主，自主能力较低。外贸的内生活力虽有提升，但拉动力仍有限。2017年前三季度，私营企业外贸市场份额较上半年提高3.8个百分点，但外资企业仍以70%以上的市场份额占据外贸主体地位。并且，外贸市场仍显单一，五大贸易伙伴依旧，占有份额不降反升，较2017年上半年提高0.9个百分点。

对外经济结构单一，外商投资表现单一。2017年1—11月，以股份制合作的外资企业投资额暴增。从产业分类来看，第一产业项目较少，第三产业出现下降，表现不稳定；从行业分类来看，制造业主导作用明显，占全省70%以上，集中度过高；从地区分类来看，外商投资主要集中在西安地区，实际利用外资达90%以上，相比之下，部分地市在实现合同外资或实际利用外资方面未能实现突破。

对外直接投资国别和地区有限。2017年1—11月，全省新设境外投

资企业32家，境外投资5.76亿美元，同比减少13.3%，主要分布在中国香港、马来西亚、加纳等地，涉及能源资源开发、商贸服务、建筑等领域。其中，在"一带一路"沿线国家投资8300万美元，主要涉及能源化工、矿产资源开发、建材等行业。截至2017年11月底，全省共在"一带一路"沿线国家投资10.3亿美元。

具体参见表10-4所示。

表10-4　陕西省外商投资情况简表（2017年1—11月）

分类	项目数（个）			合同外资（亿元）			实际外资（亿元）		
	本年	上年	同比增长率（%）	本年	上年	同比增长率（%）	本年	上年	同比增长率（%）
总计	164	106	54.72	873245	373423	133.85	485693	414199	17.26
中外合资企业	83	45	84.44	144987	103540	40.03	49304	51441	-4.15
中外合作企业	0	1	-100	245	3950	-93.8	2195	2492	-11.92
外资企业	79	58	36.21	714757	258925	176.05	420279	358175	17.34
外商投资股份制	2	2	0	13256	7009	89.13	13915	2091	565.47

经营主体结构单一。陕西是科教和资源大省，但长期以来，产业和研发是两张皮，没有形成与科技、教育相匹配的产业发展基础和制度基础。数据显示，截至2016年末，杭州市小微企业数量达到33.98万户，仅2016年就新增6.73万户，对经济的综合贡献率达到44%。而到2016年底，西安小微企业的数量是22.23万户，2016年新增5.5万户，对经济增长的贡献率尚无统计。小微企业的活跃度，某种程度上反映了开放程度及开放对创新创业的带动程度。虽然西咸新区引进了一些特

色项目[1]，但由于受整体投资环境、软环境建设、项目储备等的综合
影响，引进外资尚处于开拓阶段。

3. 对标国际视野、前瞻谋划，开放环境建设还在路上

陕西、大西安和西咸新区如何在新一轮环境再造中脱颖而出，仍
是一个极具挑战的战略任务。从自身来看，陕西迎来了千载难逢的历
史性机遇。如何保持陕西优势，并转变成提高人民群众幸福指数的社
会实践，回报曾经哺育中国共产党人、支持中国革命取得胜利的三秦
大地，需要扩大开放、需要环境和制度创新、需要高站位，勇于承担
国家使命，将经济优势和政治优势转化为政策优势和竞争优势，练好
内功，引领西部发展，成为向西开放的动力引擎。按照这个要求，改
革开放的一些基础性工作尚待加强。一方面，市场化改革的程度直接
影响对内对外开放的体制机制环境。另一方面，以"硬科技"为抓手
建设大西安所需的法制化、国际化、便利化营商环境差距较大，尤其
是保护知识产权意识和制度建设还需要付出很大努力。

三、推动改革开放不断取得成效，助力创新创业提档加速的主要思路

开放是创新创业的必要条件，创新需要开放的不断深化，创业需
要市场化、法制化的营商环境，尤其是大西安和西咸新区主打"硬科
技"地理标志，创新创业的制度环境需要更加凸显国际化。创业是水
到渠成。

1. 以进促出，分步实施，高位错位发展

西部和陕西发展的质量和水平首先取决于开放深度和广度，创

---

[1] 比如，中俄丝绸之路高科技产业园、中国西部科技创新港、沣西新城信息产业园，以及第四军
医大学医教研综合园区项目、新加坡普洛斯空港国际航空物流枢纽航港基地、宜家家居、张裕瑞
纳城堡酒庄、泾河乐华城等。

新是发展的驱动力之一。"一带一路"向陕西提出了培育新动能、构筑新高地、激发新活力、共建新生活、彰显新形象的"五新"战略任务。陕西要成为内陆改革开放的破局者,中国向西开放的探路者,"一带一路"沿线上的先行者,需要在国家战略和发展大局中找准契合点、选准发力点,在人无我有中抢占先机,在人有我特中勇立潮头,把自身的优势转变为追赶超越引领的胜势。与西部及内陆城市竞争,要避免同质化,充分利用科技教育和红色资源,做好新时代——根在陕西,魂在延安的大文章,集聚"硬科技"开放创新发展的政策优势。

——依托组织机构,培育潜在创新创业主体。设立"一带一路"向西开放教育联盟,建议将西咸研究院更名升格,赋予其更大的权限和更多职能。利用陕西历史文化教育资源优势,针对中亚国家的政府官员、企业、科技人员、大学生进行培训,创造条件"进人",实地了解西部地区创新创业环境,促进国别交流与研究,把脉合作特色,有针对性地制定"走出去"政策,为深化国别合作,推动向西开放合作提供智力支持。设立伊斯兰问题研究院,具体可选择挂靠在哪所高校或者哪个机构之下,因为向西开放,绕不开伊斯兰的历史、文化,要有针对性地开展开放创新领域合作研究,比如深入研究伊斯兰金融。陕西曾是东西方文明交流的枢纽与桥梁,可设立陕西中亚国家产品集散中心,成立中亚国家旅游联盟,在陕西设立中国国际进口博览会陕西分展馆,以支持中亚国家促销其旅游产品,支持中亚国家开拓中国市场。增加一些国家的领事馆和签证机构,让"一带一路"上的文化和旅游交流越来越通畅,增进民心相通。具体参见专栏10-12中的内容。

专栏10-12 "以进促出"任务

1.设立"一带一路"向西开放教育联盟。建议将西咸研究院更名、升格，赋予其更大的权限和更多职能，提供强力智力支持。

2.设立伊斯兰问题研究院。具体可选择挂靠在哪所高校或者哪个机构之下。

3.设立中亚国家产品集散中心，在西咸新区设立"中亚产品"一条街，聚八方人气。

4.成立中亚国家旅游联盟。这是实施"以进促出"的重要抓手。

5.抓紧研究提出：在陕西设立中国国际进口博览会陕西分展馆，支持中亚国家促销其旅游产品、开拓中国市场。

6.增加一些国家的领事馆和签证机构。让"一带一路"上的文化和旅游交流越来越通畅，增进民心相通。

7.尽早争取在西咸设立国家援外培训机构（比如中亚地区分院），以满足"一带一路"向西推进对国际人才的迫切需求。

——分步实施，逐步改善创新要素供给条件。政府的作用，一是要着力打造公平公正的开放创新平台。政府在提供资金支持时，要在市场末端进入，即政府要成为新产品、新技术的使用者和推荐者。也就是说，政府要以下订单购买服务在先，再激励民间资金进入。二是要培育好为企业服务的中介机构，完善开放创新的经营主体结构。科技成果必须有一个法律化的过程，才能成为财产，才能进行买卖。科技价值的评估，离不开中介机构。政府在提供资金支持时，要在科

技市场末端进入。科技成果一旦成为财产如何用活，则需要担保、质押。可以探索成立懂科技经营的"特色融资担保公司"。也就是说，能够解读行业发展特色的担保公司。当然，这其中存在风险，关键是政府要管控好开放创新的市场风险。撇开道德风险，开放和创新都存在市场风险，这是科研和创新的固有规律。一方面，政府要营造创新环境，当然包括宽容失败的环境，同时要采取措施打击开放创新的投机者，设立科技创新门槛——对真正的创新者，通过了，这就是门，不通过，这就是坎，以阻击投机者。政府要真正为创新创业者提供支柱和保护伞。制度的完善是一个累积和渐进的过程，与我们要真正建立的创新创业生态是同步的，要对制度的功能有正确认识，对制度的价值取向形成共识，即坚守公平、公正、平等、诚信，并依据环境发展而不断完善，渐次探索。具体参见专栏10-13中的内容。

专栏10-13　政府的任务

1.政府在提供资金支持时，要在市场末端进入。以下订单购买服务在先，再激励民间资金进入。

2.探索成立懂"硬科技"运营的"特色融资担保公司"。也就是说，政府要推动设立能够解读行业发展特色的担保公司。

3.组织研究成功案例。

法制化引领市场化国际化"硬科技"都市建设，建设创新创业者满意、群众安居乐业的宜居宜业都市。从设立上海自贸区至今，全国已经有13个国家级自贸试验区，包括陕西自贸区在内，需要探索建立市场化法制化国际化的营商环境。对于陕西这个"以进促外"的西部改革开放创新高地，法制化引领市场化国际化又是其独有特色。市场化的核心要义就是法制化，国际化就是规则制度被利益攸关方认可接受。"进"

不是陕西的目的，而是高位发展的手段。以"进"促"出"，推动与有关国家和地区开展高水平合作，形成法制化制度化合作新特色。制度建设不是空穴来风，不是一厢情愿，而是需要沟通、了解、挖掘和发现，需要广泛的人员交流合作，需要发现深藏在民间的行之有效的习惯和惯例，倾听有关国家和企业的合理诉求，这是推进法制化合作、建构经贸新规则的务实路径。通过准确掌握合作方的合理诉求，研究制定各国认可的原则、标准、规则、制度等，有利于培养发展中国家对规则、制度的理解和共识，认识到制度对经济增长的促进作用，既是培养创制能力合作的过程，也是塑造开放创新生态的灵魂。发展中国家大多缺少规则意识，相比较对发展的需求而言，对制度需求的弹性很大，而规则和制度正是发展中国家的短板，制约其参与全球价值链合作，尤其是在全球经济放缓、保护主义盛行、经贸规则重构的当下，发展中国家从能力建设入手，学习制定有益于保障发展中国家利益的创制能力建设，无疑是一条标本兼治之路。

2. 进人统领，凝聚共识，打造地理标识

陕西要扩大与"一带一路"沿线国家及地区的经济合作，加强教育、科技、文化、卫生、旅游等方面交流合作，发挥枢纽和门户作用，着力构建"一带一路"建设"五大中心"。建设大西安，带动大关中，引领大西北。践行新发展理念、落实"五个扎实"和"五新"战略任务、奋力追赶超越引领，以高端、品质、引领，加速融入全球价值链之中，让"硬科技"成为陕西新地标，需着力做好如下三件事。

一是打造创新人才国际合作高地。推进创新人才工作市场化国际化，是陕西实施人才强省战略、建设世界"'硬科技'之都"的迫切需要。以全球"硬科技"大会为契机，加快拓宽创新创业人才的国际视野，同时，引进国际创新人才，推动人才国际化。通过各类引人政策，持续引进全国人才、一流人才才能塑造业绩，一流业绩支撑一流城市。为进一步强化对国际人才创新创业的对接服务，探索支持鼓励国际人才来陕创新创业的路径及有效办法，陕西国际人才创新创业园需要未雨绸缪，加快推进。建设的首要目的就是发现和引进一批带着技术、项目和资金的高端国际人才；扶持和孵化一批技术前沿、高端引领的科技创业项目，从而提升陕西国际化水平。建议考虑在西安高新区和沣西"硬科技"小镇原有物理空间的基础上，研究设立几个试点园区，也是借此理顺大西安建设"硬科技"世界之都的举措。建议尽早与国家外国专家局对接，签署《共同推进西安国家自主创新示范区建设国际人才创新创业园合作备忘录》。陕西高校、科研院所众多，具有科技教育文化等资源优势，是集聚人才的重大平台和载体。出台并落实好人才新政至关重要。国际化人才支撑"'硬科技'之都"建设，相应地，要求建立与国际规则接轨的高层次人才管理制度。同时，要关心和处理好早期和后期到西咸新区服务的各类人才的切身利益。

二是凝聚国际规制制定共识。"一带一路"建设既要利用好既有平台、机制和规则，也要探索发展中国家互利共赢的共同遵循。在制定规则和参与全球治理方面，中国经验不足，但又是一个大国，必须承担大国责任，提供区域或全球公共产品。摸着石头过河，借鉴我国外交实践经验，最大限度凝聚共识，彼此尊重核心利益和关切，不倚强凌弱、以大欺小，平等互助，探索新时代下和平共处五项基本原则的再丰富。以"进"促"出"，以进人为统领搭建平台，根本目的在于：最大程度地宣传、说服、沟通、解释中国对外政策、意图等，就合作前景达成共识，或产生新的合作需求。探讨合作的过程，就是民心相通、增进共识的过程，是推出被各方接受的规则，以及促进规则流动的必要条件。中国已在"一带一路"沿线国家投资了不少项目，通过引进来、走出去，了解项目落地情况、面临的问题和风险，对深化合作提升质量、效益和国际形象十分必要。

　　三是做好"硬科技"创新，需要增加软实力支撑，使"硬科技"成为陕西、大西安和西咸新区的地理标识。知识产权作为一种智力劳动成果的专有权，是经济发展和市场竞争的重要手段，尤其是海归人才云集的高科技产业领域，知识产权保护显得尤为重要。现在越来越多的海外留学人员选择回国创业，与这个热潮形成对比的是知识产权保护薄弱，整个社会重视不够。西安要打造"'硬科技'之都"，知识产权作为软实力的体现，如何能够让"硬科技"加软实力两条腿走路？目前，在政策引导方面，有很多工作需要研究落实细化。陕西是科技教育人才聚集的硅谷，也是人才的硅谷。如何能够将这一优势变为科技创新的硅谷，重视知识产权保护尤为重要。陕西要追随国家步伐，做国家战略的分担者、开放创新的破局者，与时俱进地研究和实践新时代面临的新任务。

第十一章　武进区创新创业生态体系建设经验

武进是我国推动创新创业向纵深发展的优秀典型，也是研究如何打造创新创业升级版的重要基层样本。本章依托创新创业发展环境的分析框架，进一步提出优化武进创新创业发展环境的本质是培育具有广泛多样性、良好流动性、较好连通性和较强黏性的创新创业生态系统。在充分概括以武进为代表的创新创业"新苏南模式"的基础上，从要素、比例、机制和环境等4个方面深入剖析武进创新创业发展环境的现状，分析表明其存在的主要问题包括：要素质量与机构功能偏低偏弱，有国际影响力的创新型领军企业数量偏少，产业趋同和链短群弱现象制约产业结构持续优化，创新创业国际合作、产学研合作与产城融合发展机制仍存短板，生态环境和营商环境仍需完善等。针对上述问题，提出要以提高创新创业的供给体系质量、构建以具有国际竞争力的现代产业体系为主线来优化武进创新创业发展环境的思路及政策建议，切实推动"机构要素规模扩张"向"结构优化、机制创新和环境再造"转变。

第一节　以武进为代表的创新创业"新苏南模式"

改革开放初期，江苏南部的苏州、无锡、常州等地在乡镇企业发展中独树一帜，形成了著名的"苏南模式"。"苏南模式"最早由费孝通先生于1983年提出，指的是江苏南部的苏州、无锡、常州三市所辖的12个县市，发展出了以集体经济为主、以乡镇企业为运行主体的区域模式。与其他模式（温州模式、珠三角模式）相同，"苏南模式"的诞生有重要的历史背景，即我国推动农村工业化和实施非平衡发展战略。在"苏南模式"的形成过程中，武进主要是模式的受益者和积极的跟进者，具体参见专栏11-1中的内容。

专栏11-1　武进与"苏南模式"的起源

武进是"苏南模式"的重要发源地。武进位于江苏南部，地理位置优越，北枕长江"黄金水道"，南濒太湖，距离上海、南京分别150千米和120千米。武进有2500多年的发展历史，物产富饶，素有"鱼米之乡"称号，农业基础较好。

改革开放之后，在乡镇企业和农村工业的带动下，武进经济迅猛发展，逐步形成了以工业为主，农副工商并举的经济格局，综合实力不断增强，经济和社会发展水平在全国县级区域经济中始终处于领先地位，在历届"中国农村综合实力百强县(市)"评比中均名列前10位，是"中国明星县(市)""中国首批小康县(市)"之一。

　　武进的发展得益于乡镇企业承包制的推广。周某是当时武进5000多名农民企业家中的一位,父母均为农民,1979年高中毕业后跟随一位亲戚学做瓦工,虽然收入还可以,但受当时环境鼓舞,觉得做瓦工不是长久之计,于是到乡里的一家生产鞋模的乡镇企业（苗桥农机站武进模具厂）学做鞋模,当时的月收入为12元。1981年,随着承包制在当地推行开来,周某也萌生了承包念头。他与几个学徒合计,开始承包鞋模的销售业务,收入按年产值5%的比例提成。从1981年至1996年,该厂的固定资产从6万元左右增长到60万元左右。周某个人也从承包中建立起了比较好的业务网络,收入随之提高,为日后创业积累了条件。

　　经与武进当地朋友交流发现,周某的故事虽然算不上"轰轰烈烈",但在当地却很有代表性。因为他的故事代表了当时苏南农村地区探索创新的趋势。周某所在的厂依然是集体经济模式的乡镇企业,但经过周某以及其他人在不同环节的承包（比如周某承包的销售业务）,实现了与市场的进一步对接,在保持企业控制权不变的情况下,增强了企业运营的市场化程度,释放了发展活力。在这个过程中,乡镇企业发展与农民个人收入增长也实现了同步,体现了"苏南模式"始终坚持的共同发展、共同富裕。

　　资料来源:案例素材来自《一个农民企业家的创业经历》,载于钟笑寒主编的《中国农民故事》（由清华大学出版社于2005年出版）。

　　20世纪90年代,随着外部发展环境的变化,尤其是市场供求关系和外部竞争的巨大调整,"苏南模式"下的集体经济难以适应更高层次的市场竞争,逐步从制度便利转变为制度制约。集中表现为三个方面：一是供求关系的结构性变化与供给导向的不适应；二是市场竞争加剧与政企混合之间的隐性不适向显性冲突转变；三是新一轮国际产业转移下，苏南地区普遍选择了迎接全球化，积极吸引外商投资，发展外资经济。为了适应这些新变化，"苏南模式"开始演化升级，集中体现在诸如集体经济存量的股份合作制改革、招商引资和外向型经济的增量发展、政府作用层级更迭和政府行为创新这三个方面。在这一过程中，武进更多扮演的是主动的参与者。具体参见专栏11-2中的内容。

专栏11-2 武进与"苏南模式"的演进

1992年9月，武进县政府制定并下发《武进县乡镇企业股份合作制试点的实施办法（试行）》，明确阐述了股份合作制试点要求，至当年年底，该县有33家乡镇企业开始实施股份合作制改造改组试点，成为苏南模式从1.0向2.0演变的引领者。

从具体形式来看，股份合作社主要有土地股份合作社、社区股份合作社和专业合作社，并由这三种派生出置业合作社、富民合作社、就业合作社等多种形式。土地股份合作社主要是适应农村土地流转、实现规模经营的需要，把农户分散承包的土地集中起来，统一经营或者发包。社区股份合作社是把过去的集体财产和新形成的集体财产，通过股份化，量化到人。专业合作社则是农民在生产、加工和流通领域，基于专业化生产所成立的合作组织，以解决分散生产与大市场之间的矛盾。同时，集体经济的发展重心也发生了调整，从社队企业的传统业务，转变为资本经营、资产资源租赁和承包经营，并借鉴珠三角模式兴建标准化厂房、打工楼、商业用房等物业用于出租，以获得持久而稳定的收益。据武进发展改革委网站公布的材料，截至2002年，该地区累计完成乡镇企业改制8060家，占改制面的99%。

　　除了苏州工业园区和昆山国家级园区，苏南其他地区在建设开发区、吸引和利用外资方面也表现不俗。以武进高新技术产业开发区为例，该开发区起步于1996年，早期以乡镇企业、集体企业为主，规模偏小。2002年武进高新区实施"南区开发战略"，并通过画格方式加强产业规划，每一格形成一个产业区。2008年，武进高新区开始从"以大规模拆迁和开发建设为主"向"招商引资为主"转变。2012年8月，武进高新区获得国务院正式批复，由省级开发区升级为国家级高新区。据统计，2012年入驻武进高新区的企业有3800余家，包括通用、博世、MAN(曼)、普利司通等12家世界500强企业，总投资1000万美元以上的项目168个，入驻园区的瑞声科技、南方轴承、创生医疗、恒立油缸等7家企业成功上市。

资料来源：《苏南模式的历史演变和时代意义》，选自中国宏观经济研究院课题组内部报告（2018）。

　　近年来，随着新一轮科技革命加速孕育，发展壮大创新创业所催生的经济新动能成为全球主要经济体的战略方向，我国经济进入新常态，经济发展从高速增长迈向高质量发展新阶段，"苏南模式"面临着前所未有的挑战。一方面，我国已经逐渐从资本要素稀缺转变为创新要素稀缺，发展的关键从获取和积累要素转向提升要素组合效率。苏南地区在经过一定时期的积淀后，亟须实现产业再次升级，此时传统的资本投入已不再是关键制约因素，更需要的是高人力资本等创新要素。另一方面，区域竞争从资本要素向创新要素转变，从国内竞争走向深度参与全球竞争。即便在价值链上的某一环节实现了较大规模，但如果迟滞不前、固步自封，既不着眼于产业链升级和价值链攀升，也不重视新技术、新模式和新业态的培育和拓展，在全球创新竞争中就很难保持经济竞争力和创新力。为此，以武进为代表的部分苏南地区，开始在创新创业上发力，充分借鉴"温州模式"中的合理成分，并保留了武进等苏南地区的自身特色，形成了较为独特的创新创业生态，其特征和经验可集中概括为"三并三合三化"。其中，"三并"是武进形成创新创业"新苏南模式"所坚持的基本原则、"三合"是武进形成创新创业"新苏南模式"所蕴含的重要内核、"三化"是武进形成创新创业"新苏南模式"所呈现的外在特征。在这一过程中，武进已经从传统的跟随者与参与者逐渐走向前台，成为创新创业"新苏南模式"的引领者、践行者和推动者[1]。

一、"三并"：创新创业"新苏南模式"的基本原则

武进在推进创新创业的过程中，始终坚持政府外力推动与企业内生驱动并举、统一规划与特色发展并重、开放创新与自主创新并进的基本原则，既充分借鉴了其他发展模式所具有的能动成分，又保留了"苏南模式"在政府力量、外向型经济方面的基本特点，为形成以武进为代表的创新创业"新苏南模式"创造了条件。

1. 外力推动与内生驱动并举

政府对市场具有较强的牵引作用一直是"苏南模式"重要的特征之一。但在创新创业的大浪潮下，政府往往很难进行预判或提前规划，只有充分发挥企业家才能，通过鼓励创新型企业大量试错才能找到符合市场需求的技术创新。为此，武进改变原来过度依赖政府投资推动、外资拉动、资源依赖的发展模式，转变为更加侧重企业内生的

---

[1] 作为全国首批入选创新创业区域示范基地的城区，武进区积极探索创新创业"新苏南模式"，改革创新迈向深入，动能活力加速释放，2016年获得"中国中小城市创新创业百强区第一名"荣誉。

自主创新驱动与科技依托，同时更加有效地发挥政府的"站台"作用。在产权制度上，由原来的乡镇集体企业改制为民营企业，并逐步建立现代企业制度，实现股改、上市。在发展路径上，更加注重发挥资本的牵引作用，强调拥抱资本市场、参与资本运作，才是推动企业腾飞裂变的翅膀，才能让企业在未来的竞争中占据主动。实践证明，科技创新、转型升级是推动企业发展壮大的内生动力。正是通过政府外力推动与企业内生驱动并举，武进涌现出一批诸如常发集团、恒力液压等具有较强内生驱动力的创新型企业，在政府大力扶持相关产业的基础上实现了创新创业的集群化发展。具体参见专栏11-3、专栏11-4中的内容。

> **专栏11-3　常发集团通过激发内生动力拥抱资本市场实现创新发展**
>
> 　　江苏常发集团是一家集农业装备、制冷器材、房地产为一体的大型多元化产业集团，总部常发大厦坐落于常州市武进区。近年来，常发作出重大战略调整，把房地产剥离出来，将工作重心和集团的发展重点全部转移到以常发农装为核心的装备制造业领域，全力推动常发农装的第三次革命。通过技术创新、转型升级和资本运作，让常发农装进入全球行业前五名，成为全球一流的现代农业装备企业和农装知名品牌。常发集团每年R&D经费达到销售额的4%，全部用于农装领域基础材料研究、核心技术改造和新产品研发。
>
> 　　从2001年开始，集团相继组建江苏省企业技术中心、农业装备工程技术研究中心、企业院士工作站和国家级技术中心——常发研究院。研究院下设拖拉机、多缸机、收割机、材料工艺等7个研究所，拥有460人的研究团队，全部来自

上海交通大学、武汉大学等众多国内知名高校、科研机构。2013年至今，集团在农装领域的投入已经超过1.58亿元。在加强自主研发的同时，常发农装积极探索产学研合作机制，先后与东南大学、美国西南研究院等国内外重点高校院所建立了长期合作关系，进行关键领域、核心技术研发。2010年，常发集团所属常发制冷成功上市，2015年，常发制冷相继收购理工雷科、成都爱科特和西安奇维科技，并将传统制冷业务从上市公司剥离，顺利实现了由传统制造企业向高科技信息化军工企业的转型。

资料来源：根据《武进民营企业：转型升级中开启新征程》及有关资料整理。

专栏11-4　政府加大改革力度并提高服务水平有力推动创新创业

针对企业家反映的共性问题，武进充分利用集体经营性建设用地入市试点的改革红利，帮助原集体建设用地企业完善权证，为企业厘清资产权属扫清障碍。

试点建立行政审批局，做到"一枚印章管审批、一张网络管服务"，开展"企业事先承诺、窗口容缺受理"改革试点。

对产品有前景但缺乏短期流动资金的企业，提供暂时周转资金支持，缓解中小企业转贷压力。

建立重点企业服务微信群，常态化开展企业大走访活动。

资料来源：《常州日报》的新闻报道《"资本+创新"！武进加快打造"新苏南模式"》（2017-5-2）。

2. 统一规划与特色发展并重

武进十分强调从全区的角度统筹改革发展，为此发布了产城融合、"五个三年行动计划"[1]等一系列发展规划。例如，在产城融合的规划方面，明确提出着力打造"一中心、三片区、特色镇"[2]产城融合空间，推动鼓励村级集体经济组织因地制宜探索集体经营、统一服务、物业管理、混合经营、异地置业等多种形式的新型集体经济发展道路，推动"留用地（留用房）"、集体建设用地有偿使用和有关税收优惠等政策的落地[3]，以建设成为空间有机协调、产业活力强劲、城镇品质高端、服务功能完备、市民乐业幸福的国家产城融合发展示范区为目标，促使"两聚一高"[4]在武进生动新实践，为全国提供可复制可推广的经验借鉴。

在具体执行过程中，武进十分注重发挥镇、村的主观能动性。例如，产城融合中明确提出结合武进区的现状基础、发展条件，科学划分产城融合板块，集聚发展高端特色产业，合理配置生产生活生态空间，积极探索具有时代特征、区域特色、武进特点的产城融合发展道路。上述原则之所以能发挥较大成效，与武进契合了区内所辖乡镇财力较强、与产业园区联系较紧的实际且没有给予过多的行政干预有很大关联。由于产业园区的收益可以较大幅度留存并划拨给乡镇，使得

---

[1] "五个三年行动计划"包括"263专项行动"、产业创新发展、大城管建设、教育卫生事业均等化、特色强镇建设等5个方面，均规划到2020年。

[2] "一中心"即中心城区，包括湖塘镇、牛塘镇、高新区北区、绿建区。"三片区"分别是：以常州经开区为主体的东部片区，包括戚墅堰街道、丁堰街道、潞城街道和遥观、横林、横山桥等3个镇；以武进国家高新区为龙头的中南片区，包括武进高新区及前黄、礼嘉等镇；以西太湖科技产业园为引擎的西部片区，包括西太湖科技产业园及西部的嘉泽等镇。"特色镇"包括洛阳镇、雪堰镇、湟里镇。

[3] 武进的农村土地制度改革三项试点在全国实现了"七个率先"，江苏雷利成为全国以出让方式取得集体经营性建设用地使用权的第一股。

[4] "两聚一高"即聚力创新，聚焦富民，高水平全面建成小康社会。出自时任中共江苏省委书记李强代表第十二届江苏省委所作的题为《聚力创新 聚焦富民 高水平全面建成小康社会》的报告。

乡镇在发展过程中对园区的依附力更强，高效实现了在一定范围内特色发展的目标。

3. 开放创新与自主创新并进

武进的开放创新实践有过曲折、走过弯路，但得益于思想解放和观念更新，对开放创新的认识日趋客观辩证，不断推动开放创新实践走向深入。事实上，自主创新与开放创新并不矛盾，两者不仅可以而且应该做到相辅相成。当前，我国提出创新驱动发展战略，一个重要的转变就是强调自主创新与开放创新的辩证统一[1]。

改革开放初期，长期封闭使我国对自身技术水平缺乏客观认识，在创新水平整体落后的情况下，新技术的研发和产业化很难与国际接轨。当时，技术引进的红利十分明显，一个小小的技术引进就可以直接带动一个产品甚至一个产业的快速发展，武进利用苏南地区大力发展外向型经济的优势，实现了产业升级和创新提升，但这也诱使武进产生了什么技术都可以"买得到"的幻象，在一定程度上忽视了自主创新的重要性。随着自主创新的必要性和紧迫性被越来越多的人认识到，武进开始强调必须立足自主创新来提升发展后劲。当前，武进一方面在中以科技产业园的实践中尝到了开放创新的甜头，另一方面也逐渐认识到需要在科技产业园中利用开放创新大力推动自主创新，力

---

[1] 习近平总书记在2016年多次提到两者之间的关系，比如"我国的经济体量到了现在这个块头，科技创新完全依赖国外是不可持续的。我们毫不动摇坚持开放战略，但必须在开放中推进自主创新""我们强调自主创新，绝不是要关起门来搞创新。在经济全球化深入发展的大背景下，创新资源在世界范围内加快流动，各国经济科技联系更加紧密，任何一个国家都不可能孤立依靠自己力量解决所有创新难题。要深化国际交流合作，充分利用全球创新资源，在更高起点上推进自主创新，并同国际科技界携手努力，为应对全球共同挑战作出应有贡献""在技术发展上有两种观点值得注意。一种观点认为，要关起门来，另起炉灶，彻底摆脱对外国技术的依赖，靠自主创新谋发展，否则总跟在别人后面跑，永远追不上。另一种观点认为，要开放创新，站在巨人肩膀上发展自己的技术，不然也追不上。这两种观点都有一定道理，但也都绝对了一些，没有辩证看待问题。一方面，核心技术是国之重器，最关键最核心的技术要立足自主创新、自立自强。市场换不来核心技术，有钱也买不来核心技术，必须靠自己研发、自己发展。另一方面，我们强调自主创新，不是关起门来搞研发，一定要坚持开放创新，只有跟高手过招才知道差距，不能夜郎自大"。

求掌握更大主动权，为此积极谋划苏澳工业园，建设更高水平和层次的创新合作平台。

二、"三合"：创新创业"新苏南模式"的重要内核

作为当时首批全国创新创业示范基地中的唯一一个区[1]，武进立足股改和资本构建创新、创业、创投"铁三角"，同时充分发挥实体经济和职业教育全国领先的比较优势，形成了以创新支撑与资本牵引相结合、创新创业与产业升级相汇合、产业发展与职业教育相契合为重要内核的创新创业"新苏南模式"。

"三合"不仅集中凸显了武进所具有的特殊禀赋，也充分契合了创新创业所蕴含的内在规律。对我国不少地方而言，"三合"正是它们推进创新创业中存在的短板。

1. 创新支撑与资本牵引相结合

"苏南模式"进入新阶段的一个重要变化是从较为侧重开办企业、经营企业，逐步过渡到更加强调创新支撑。因此，如果说原有的"苏南模式"比较强调创业，那么当前以武进为代表的创新创业"新苏南模式"则是在加快迈向创新。从这个意义上来说，创新型人才、创新型企业和创新型平台就成为重要元素。另外，与原来过分注重资本积累不同，现在则是更突出资本牵引，强调用银企对接、兼并重组、企业上市、创业投资和私募股权投资基金、多层次资本市场等资本力量和市场手段来牵引企业创新发展。

——深化企业股改。梳理符合国家产业政策、主营业务突出、资产质量较高、盈利水平较好、竞争能力较强、具有一定发展潜力的企业，按照保"30"争"50"的目标狠抓企业股改，帮助企业形成完整

---

[1] 成都市郫都区当时仍为郫县，因此在首批2家全国创新创业示范基地中，仅有常州武进为城市中的行政区。

的现代企业制度。

——鼓励上市融资。加大对上市挂牌后备企业库企业的培育。分类指导企业上市挂牌，鼓励已在境外设立公司和因受政策影响而难以在国内上市的企业赴境外上市。截至2017年6月底，武进上市企业达24家，新三板挂牌企业33家，上市挂牌后备企业超过70家，上市企业规模位居江苏全省各县（市、区）第二位，"武进板块"初具规模，上市企业的发展已经成为武进经济发展的"晴雨表"和"风向标"。

——支持兼并重组。在运作好新兴产业母基金的基础上，设立并购基金和股改基金，推动武进企业并购和股改上市工作，引导上市挂牌企业以增发、发债等资本运营方式进行并购重组。

——完善平台功能。打造西太湖科技产业园、中以常州创新园、以苏澳合作园区等具备国际化和开放合作格局的产业园，构建贯通研发孵化、成果转化、知识产权保护、投融资服务、项目引进等功能的"资本+创新"合作链。

——成立资本市场发展协会。进一步整合区内优质企业资源，搭建企业家活动交流平台，更好地建立政府、金融机构与企业之间的纽带，及时高效服务区内企业。

——汇聚科技金融资源。按照"一区两街"的定位，推动科技金融集聚区建设。积极引入股权投资、融资租赁、证券公司、科技保险、科技银行等创新型金融机构，重点发展风创投、种子基金、科技支行、科技小贷、风险补偿等多种金融模式。

2. 创新创业与产业升级相汇合

武进的一个重要优势是以制造业为核心的实体经济具有较强的竞争力。在形成创新创业"新苏南模式"的过程中，武进加快由传统产业集群向特色产业集群转变，把创新创业与产业升级紧密结合，形成一批成长性好、发展潜力大的经济新动能。数据显示，2016年，战略

性新兴产业、高新技术产业产值占武进规模以上工业比重分别为31.3%
和45.2%，智能装备、轨道交通、石墨烯、节能环保、绿色建筑、健
康、互联网、花木等创新型和特色型产业不断上规模上层次。

——继续做强第二产业。目前武进总体处于工业化中期发展阶段，
并不断向工业化中后期演进。从横向比较来看（如表11-1所示），处
于相似区位条件和发展阶段的昆山、江阴自2011年以来均经历了经济
增速放缓和二产（主要为工业）增速下降的变化过程。相比之下，武
进在二产增加值增速方面则相对较高。

表11-1　2011年以来昆山、江阴和武进二产增加值增速及GDP增速

（单位：%）

年份	昆山		江阴		武进	
	二产增加值增速	GDP增速	二产增加值增速	GDP增速	二产增加值增速	GDP增速
2011	12.2	15.8	10.7	12.0		12.0
2012	8.0	12.0	9.5	10.6	12.0	12.0
2013	6.7	9.7	8.8	9.6	12.2	11.0
2014	5.1	7.7	6.4	7.8	10.3	10.2
2015	5.6	7.5	7.0	7.4	6.7	8.0
2016	4.8	7.4	7.1	7.4	8.7	8.0

数据来源：武进统计局。

——建设产业创新创业支撑服务平台。武进坚持产学研合作，
全力打造科研孵化、公共服务、对外开放等各类产业发展平台，促进
各类企业空间集聚、研发交流、功能互补。比如，新光源产业集群引
进中科院成都有机化学研究所、中科院上海技术物理研究所等科研
机构，成立半导体照明产业专利联盟，为产业集群内企业提供技术支
撑；功能新材料产业集群依托江南石墨烯研究院建设石墨烯科技产业
园，集聚重点实验室11个，引进石墨烯领域高端人才37名，先后攻克

多项核心技术，成功培育总市值超20亿元的石墨烯企业9家，着力打造技术研发、创新服务、创业孵化、应用示范、综合配套的"一条龙"产业培育体系。

——加大产业与企业的创新扶持力度。出台产业创新发展"1+5"政策意见，在农业现代化、工业经济、现代服务业、人才优先、金融扶持等方面强化支持，撬动各类资源向实体经济集聚。例如，在重点产业领域的核心技术人才引进上，最高给予1000万元的创业资金资助；创业担保上，个人贷款额度提高到50万元，10万元以内按贷款基准利率的100%给予贴息等。

3. 产业发展与职业教育相契合

武进高度重视培养产业工人、高级技工等产业发展急需的专门人才。依托苏南国家自主创新示范区创新核心区——常州科教城这一平台，采取多项措施来确保职业教育与产业发展方向高度一致，为产业落地、转型发展提供强有力的职业教育支撑。

——推动职教布局同产业发展合理衔接。根据自身产业特点，将常州科教城打造成为特色鲜明的职教集聚区。建立保障职业教育教学质量提升的长效机制，形成"校中厂、厂中校"等校企合作新模式。

——实现职业教育加创新创业教育融合发展。组建了由地方干部和企业家共同组成的创业导师团，依托民办培训机构大力推进"互联网+"创业培训。依托行业骨干企业、重点职业院校和社会培训机构，积极打造各类高技能人才培养示范基地。

——促进课程设置按市场需求动态调整。武进区定期开展专业与产业吻合度调查和当地企业大走访活动，建立三年一轮的第三方专业建设水平评估制度。引进德国"双元制"先进职教模式，开展国家现代学徒制试点，建设了一批现代化实训基地。

——推进职业教育与普通教育协调发展。破除先普高、后职教的招生办法，实行职业学校提前招生、扩大招生、开放招生，探索建立职业中学、高职专科及应用本科间衔接贯通的人才培养新模式。

——整合职业教育和技工教育一体化发展。贯彻"大职教"发展理念，统一制定和实施中等职业教育和技工教育的招生办法和年度指导性招生计划，统一生源输送，规范招生秩序，整合中等职业学校和技工学校招生系统。

三、"三化"：创新创业"新苏南模式"的外在特征

费孝通先生曾经以"村村点火、处处冒烟"来描述"苏南模式"，但从现在来看，以武进为代表的创新创业"新苏南模式"有了若干新的外在特征，集中体现为：在形态上，从散点分布变为集聚集群；在范围上，从依靠沪浙变为国际合作；在主体上，从农民为主变为全民参与。

1. 创新创业集群化

从外在形态来看，当前苏南地区已经不再是"村村点火、处处冒烟"的乡镇企业分散分布的传统景象，而是向现代特色园区经济乃至产城融合的发展方向转变（如表11-2、表11-3所示）。以战略性新兴产业和十大产业链为主攻方向，推动产业链向两端延伸、价值链向高端攀升，着力推进特色产业集聚壮大。目前，形成了初具规模、特色鲜明的石墨烯新材料产业、智能装备产业、节能环保产业、健康产业、互联网产业、轨道交通产业、绿色建筑产业等七大特色产业，并已经形成若干特色产业园区，呈现产业集聚的集群化发展特征。在创新创业空间布局上，以科教城为核心，武进重点向东西方向延伸，常州经开区、武进国家高新区、西太湖科技产业园和绿建区联动。

表11-2　武进特色工业园区发展重点

名称	产业发展方向引导
常州经开区	重点发展轨道交通装备、新型特种材料、智能电力装备等三大主导产业，培育发展绿色家居、绿色电机、绿色能源等潜力产业。
武进国家高新区	大力发展智能装备、电子信息、新能源汽车等主导产业，重点培育新型电子元器件、新能源利用装备、绿色照明、检验检测等产业链。
西太湖科技产业园	保持石墨烯标杆地位，加速突破医疗器械产业，提升功能新材料、高端电子和精密机械等优势产业，强化以中以创新园为载体的国际合作。
湖塘科技产业园（湖塘镇）	加快推进纺织、机械等传统产业改造提升，围绕2.5产业、智能装备关键部件、医疗器械等产业发展方向，着力培育"四新经济"。
青云工业园（牛塘镇）	重点发展高端制造业，推进纺织产业高端化发展、化工产业转型升级，加强中俄合作园区、军民融合产业园等平台建设，打造智能制造中心。
绿色低碳产业园（前黄镇）	进一步做大装备制造产业，全面发展新能源、新材料等绿色低碳产业，打造高新区配套生产服务中心。
湟里工业产业园（湟里镇）	大力发展机械制造、汽车零部件等主导产业，积极培育智能装备、新材料等高技术产业，着力打造全省特种钢材深加工产业基地。
洛阳工业园（洛阳镇）	做大做强电机、冷藏冷链等特色产业集群，进一步做优新材料、生物医药等高技术产业，加快发展电机电器产业园、冷藏冷链装备产业园。
精密机械产业园（雪堰镇）	提升精密机械等传统产业，优先发展轨道交通装备、环保材料、新能源等新兴产业。
礼嘉工业园区（礼嘉镇）	推动农业机械、家电及游艇、雨具等特色产业向高端提升，争取在机电一体化、新材料、新能源等领域取得突破。

资料来源：《以武进为代表的"新苏南模式"园区经济发展研究》，选自中国宏观经济研究院内部研究报告（2018）。

表11-3 武进现代服务业集聚区发展重点

类型	重点发展集聚区名称
现代物流集聚区	武南物流园、亚邦物流园、横山桥恒耐物流园
科技服务集聚区	常州科教城、江苏津通科技创业园区、武进科技创业园区、西太湖国际智慧园区、常州先进碳材料科技产业园、武进国家高新区众创服务中心。
商务服务集聚区	绿色建筑产业服务业集聚区、延政路楼宇经济集聚示范区、花园街商圈经济集聚示范区。
交易市场集聚区	夏溪花木交易市场、横林国际地板城、夏城路专业市场服务业集聚区、武进汽车城、横山汽车街区。
文化创意产业集聚区	太湖湾数字文化产业园、城市文化创意产业集聚园、文化创意科技产业集聚园、环太湖文化旅游产业集聚区、西太湖影视产业基地。
信息服务集聚区	常州信息产业园、西太湖电子商务产业园
旅游业集聚区	太湖湾旅游度假区、泛淹城文化旅游区、三勤生态园、宋剑湖生态旅游区、西太湖生态旅游区、横山桥旅游休闲区、西太湖国际健康城、雪堰乡村旅游产业集聚区。

资料来源：《以武进为代表的"新苏南模式"园区经济发展研究》，选自中国宏观经济研究院内部研究报告（2018）。

2. 创新创业国际化

上海的"星期天工程师"曾经在江浙地区的创新创业中发挥了巨大作用，为"苏南模式"和"温州模式"的产生提供了创新创业的基础。在经济全球化的发展大潮下，武进没有把眼光局限在国内，而是立足全球，通过引进海外团队、外聘海外退休工程师以及与国内外研究机构合作等手段集聚最广泛的创新资源，全力推动经济转型升级。即便从全国范围来看，在一个区的范围内能集聚如此之多的国际化专业化创新创业合作平台也是十分少见的。例如，依托常州科教城和武进国家高新区这两大主体优势建设的中德创新园区，被列入"中国-欧盟城镇化伙伴合作计划"；依托与江苏省跨国技术转移中心合作共建的中芬绿色创新中心，建设以芬兰为重点、辐射欧洲的国际创新合作

平台；重点引进俄罗斯、白俄罗斯、乌克兰等国人才和项目，致力于
打造长三角地区对俄科技合作窗口；中以常州创新园是全国唯一一家
获得两国政府高层认可授权的中以合作创新园区；着力建设苏澳合作
园区，争取更大自主权，打造武进发展外向型经济的新引擎。

3. 创新创业全民化

在创业主体上，"洗脚上田"的农民曾经是以乡镇企业为代表的
"苏南模式"的创业主力军。2005年以来，武进的常住人口与户籍人
口的差距持续拉大，表明武进一直处于人口净流入的状态（如图11-1
所示）。在创新创业的"新苏南模式"中，更多的大学生、新生代农
民工、企业职工、"创二代"和留学归国人员加入创新创业大军，成
为创新引领的中坚。这不仅大幅提高了创新创业主体的整体层次，也
有利于形成各展其才、各尽其用的生动局面。据当地的同志介绍，武
进创业者很多，平均每三个人中就有一个人是老板。此外，武进连续
多年居全国民营经济最具活力县区第一名，目前全区20多家上市公司
都来自民营企业，400多家高新技术企业中有387家是民营企业，显示
全民创业具有旺盛的生命力。

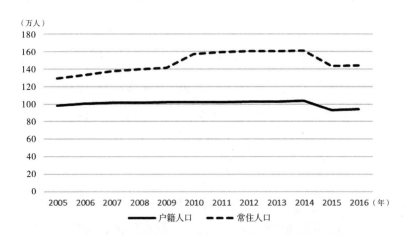

图11-1　武进户籍人口和常住人口数量比较

数据来源：武进区统计局。

第二节　武进创新创业生态的主要短板和存在问题

在以武进为代表的创新创业"新苏南模式"的影响下，创新创业发展环境不断改善，推动各类要素不断聚集，创新创业对经济社会发展的牵引带动作用不断凸显。但也需要看到，与北京海淀、上海杨浦、深圳南山、武汉东湖等同类或类似区域相比，武进的创新创业生态仍然存在不少短板和进一步完善的空间。利用本书提出的创新创业生态系统的分析框架并结合创新创业生态培育的"五性"标准，发现武进的创新创业生态问题集中体现在要素、比例、机制和环境等4个方面，而多样性和连通性相对较弱则是导致整个生态自组织性不强的主要短板。

一、要素和机构维度：创新的基石不牢，平台支撑不够有力，缺乏国际型领军大企业

要素基础是支撑创新创业生态创新性的重要前提，它既包括高校院所、创新人才、创业资本等基本创新投入，也包括创业者和初创企业等创业主体、机构及创新创业功能平台等载体。与北京海淀、上海杨浦、深圳南山、武汉东湖等同类或类似区域相比，武进主要在科研院所、人才、土地、平台和企业主体等方面存在差距，削弱了创新创业发展的后劲。

——缺乏高水平的高校院所。在创新创业生态中，高校院所可能并非是创新创业的主力军，但其所拥有的知识生产能力和庞大的人才

资源却是一个地区创新创业发展环境的重要基础。即便是深圳这样的创新创业高地，也在通过建设高水平大学、开展联合办学和开设虚拟大学园等方式来弥补自身在这方面的不足。武进立足常州，目前仅有4所本科高校，仅有河海大学进入"双一流"，在高校院所的数量和质量方面，与北京、上海、武汉、西安等地有较为明显的差距。高校院所的缺乏，不可避免地导致武进地区缺乏知识生产和创新的源动力，尤其是原始性技术创新能力受到明显制约。具体参见表11-4。

表11-4　部分城市高校的数量和质量

（单位：所）

城市	高校数量	"211"数量	"985"数量	双一流高校	双一流学科高校
北京	89	26	8	8	21
武汉	80	7	2+3（"985"优势学科创新平台）	2	5
西安	63	6	3	3	8

数据来源：根据互联网相关资料整理。

——人才、土地要素问题突出。由于缺乏一定数量的高校院所，武进本地的人才供应受到了较大的制约。尤其是行业领军人物和高水平的技术开发、市场运营、社会融资等领域人才缺乏，例如在新医药产业，调研发现高层次人才匮乏已成为制约该行业企业发展的关键因素。人才的缺乏还进一步诱发产业链与创新链统筹不足，导致武进区研发投入强度和万人发明专利拥有量均低于昆山和江阴等周边区县，也远低于北京海淀、上海杨浦、武汉东湖等地。除人才外，土地问题在武进也十分突出。调研发现，武进土地开发强度过大，严重制约了实体经济的后续发展。目前武进土地开发强度已超过30%，是江苏全省平均水平的近1.5倍，逼近全省开发强度最高的无锡市水平。每年上级下达的计划用地指标远远不能满足实际需要，靠内部挖潜解决土地供给困难如同杯水车薪，很多项目因土地问题而难以启动。这与北京海淀、武汉东湖等地仍具有较大发展空间形成鲜明对比。

——创新平台支撑功能不强。功能性创新平台是支撑创新创业的重要载体，也是创新创业发展环境中最具有资源凝聚力的关键要素。从北京海淀、武汉东湖等地的发展情况来看，多功能、强联系、市场型、专业化的创新平台已经成为支撑创新创业发展的核心，人才、资金在向平台汇聚，项目、技术从平台衍生。但从武进的现状来看，平台仍存在较为分散、功能较弱等典型问题。例如，平台数量不少但联系松散，缺乏整体规划，人员良莠不齐，不能实现资源共享，众创空间和创新创业平台运营管理专业化和服务供给差异化不足。部分平台由于机构合并与人员分流，现有的新进人员仍严重缺乏联盟建设经验。

——缺乏国际型领军大企业。虽然武进形成了一大批"隐形冠军"企业，但具有国际竞争力的创新型领军企业数量偏少。截至2016年底，武进区仅有营收超千亿元企业1家、超百亿元企业9家、超十亿元企业近60家，服务业企业基本上是"低、小、散、弱"，即档次低、规模小、分布散、竞争力弱，行业内部集聚度低，缺乏具有带动区域性发展的龙头企业。虽然大中型企业以及高技术企业90%以上都建有研发机构，但真正掌握核心技术的企业并不多，多数企业的技术创新能力并不强。在不少产业链中，关键核心技术受制于人的局面仍未改观，仿制和中低水平竞争情况大量存在，还未形成"武进设计""武进创造"的发展模式。

二、结构维度：资金来源较为单一，人才供需的结构性矛盾凸显，产业结构有待进一步优化

在创新创业生态系统中，"结构"是指要素和机构是按照什么比例进行配置，不同的组合决定了系统的运行效率，并进而影响整个环境和文化。例如，若中小创新型企业或初创企业非常多且占比较大，那么整个生态的创新活力就会较强。相反，如果企业主体中的国有企业或金融行业企业占比过大，那么这一生态可能将难以实现充分的创新导向。再如，若创业主体中以本地人为主，缺乏外来人口，那么这一生态的多样性就会被大幅削弱，难以建立多元开放的创新机制。与北京、上海、深圳、武汉等地的同类或类似区域相比，武进主要是在资金、人才和产业等方面还存在结构单一、结构错配、结构不优等问题，大幅降低了整个生态的多样性。

——资金来源较为单一。数据显示，目前活跃在中关村的天使投资人超过1万名，占全国至少七成以上，聚集了雷军、徐小平等一批知名的天使投资人和IDG、红杉、北极光等国内外知名投资机构。2017年，北京、上海、浙江和广东等四地的股权投资额分别为4868亿元、1914亿元、1626亿元和653亿元，分别是江苏省的10.1倍、4.0倍、3.4倍和1.4倍，如果进一步考虑到资金在省内的布局，武进与上述省份内同类或类似的创新创业高地区域的差距会更大。调研也发现，支持武进创新创业的资金来源结构仍然不尽合理，市场化方式运作的资金占比仍然偏低。例如，仅从平台来看，真正市场化投资、运营并形成造血机制的创业平台少，政府主导建设、院校及研发机构主导建设的占到总数近70%。

——人才供需的结构性矛盾凸显。目前武进区高技能人才队伍无论是在总量、结构还是素质要求上，不能完全适应经济社会和产业发展需求，劳动者的等级结构与相应发展水平的国家和地区相比，不够合理。随着经济转型升级速度加快，企业用工需求结构明显发生变化，对高技能人才、专业技术人才的需求比重不断加大，技能型专业型人才资源匮乏将日益凸显，单一型人才多，复合型人才少，人才结构性矛盾也逐渐明显。统计显示，武进总就业人口中，初中及以下学历就业人口占比达56%，这一比例远高于北京海淀、上海杨浦、深圳南山、武汉东湖等同类或类似区域。这充分反映出武进在较高学历的专业技术人员和熟练技术工人方面还存在一定的缺口。专业技术人员主要集中在教育、卫生等行业和机械、纺织等传统产业，而电子信息、生物医药、新材料等高科技企业人才比例偏低。尤其是地板、灯具、花木等特色产业因为缺乏研发人才的支撑，影响了产业的深度开发，实用型人才短缺的矛盾日益显现。

——产业结构有待进一步优化。无论是北京的"高精尖""白菜心"，还是深圳的未来产业，产业高级化始终是产业迈向中高端的核心标志。如果产业整体层次无法向高端迈进[1]，那么创新创业对经济社会的牵引带动能力就会备受制约。以深圳为例，2017年全社会研发投入占GDP的比重达到4.13%，全年全市新兴产业（七大战略性新兴产业和四大未来产业）实现增加值9183.55亿元（已剔除行业间交叉重复），增长13.6%，比上年提高3.0个百分点，占GDP比重达到40.9%，比上年提高0.6个百分点[2]，技术自给率超过八成。从产业链来看，武进新兴产业链的链性不足且规模偏小。例如，武进新能源产业链缺乏MOCVD（金属有机化合物化学气相沉淀）等关键设备配套企业；新医药产业链条较短，上游研发能力和中游中试、临床试验条件缺乏，产业链内部横向融合不足；新能源产业链中，引进企业与本地企业缺乏配套衔

---

[1] 需要注意的是，产业向中高端迈进，并不一定意味着全部是战略性新兴产业，关键在于产业链和价值链以及技术自给水平。

[2] 其中，新一代信息技术产业增加值4592.85亿元，增长12.5%；互联网产业增加值1022.75亿元，增长23.4%；新材料产业增加值454.15亿元，增长15.1%；生物产业增加值295.94亿元，增长24.6%；新能源产业增加值676.40亿元，增长15.4%；节能环保产业增加值671.10亿元，增长12.7%；文化创意产业增加值2243.95亿元，增长14.5%；海洋产业增加值401.45亿元，增长13.1%；航空航天产业增加值146.64亿元，增长30.5%；机器人、可穿戴设备和智能装备产业增加值639.64亿元，增长15.1%；生命健康产业增加值98.12亿元，增长19.5%。

接。2016年，除高端装备制造产业链外，武进七大新兴产业链[1]规模以上产值规模占规模以上工业总产值规模均在5%以下，部分不足1%。具体参见专栏11-5中的内容。

专栏11-5　武进的产业到底弱在哪儿

武进工业结构仍然偏重，2016年轻重工业比重为28.8：71.2，冶金、化工、纺织三大行业规模以上产值占比近50%，导致对能源、环境的过度依赖，结构性污染问题依然突出。部分低端低效产能还未有效退出，一批工艺落后、达标难度大的化工、印染、电镀等重污染企业仍在运营。在全社会大力推动节能减排和太湖流域综合整治及部分行业产能过剩的大背景下，生态保护与利用矛盾冲突凸显。特别是在保持经济总量增长的前提下，实现能耗总量下降的难度很大，这也导致很多市场景气良好的企业扩大再生产面临供电等制约。

从工业内部来看，冶金、化工、纺织等传统行业占比大，新兴产业增长速度慢、产品层次低等问题突出。特别是10%的重点高新技术企业贡献了近60%的税收，而近50%的中小高新技术企业税收贡献度不到5%，高新技术企业的含金量仍需提升。传统产业集群门类众多但产业集中度不高，产品相互独立缺乏互补，甚至出现相互竞争现象。新兴产业集群的产业链条偏短，关键技术尚未取得突破性进展。比如，轨道交通产业集群虽然产业规模较大、产品种类较多，但体现产业集成水平的整车制造方面还存在短板，在车辆总成、转向架、车体、牵引传动系统、网络控制系统、制动系统等核心

---

[1] 包括新材料产业链、生物科技和新医药产业链、新能源产业链、节能环保产业链、智能电网产业链、海洋工程装备产业链和新能源汽车产业链。

技术方面鲜有自主知识产权。

从产品进出口结构来看，机电、纺织、化工作为武进传统的出口行业，出口额所占比重超过80%，附加值较高、前景较好的高新技术产品的市场竞争力不强，出口比重长期在15%左右的低水平上徘徊。新兴产品还面临应用推广困境。比如，石墨烯产业研发取得了一定进展，但具体在哪个领域能够实现突破尚不明朗，下游行业难以推进则极大限制了石墨烯产品的应用推广；石墨烯产业的孕育和壮大期的时间较长，在产业化之前投入巨大，而且还面临长时间的亏损压力，导致企业生存和发展的压力巨大。

从典型平台来看，武进国家高新区仍然重视制造业大项目引进，在生产性服务业引进培育上还没有真正破题，第三方物流、融资租赁、检验检测认证、风创投机构等方面的总量偏低，对园区经济提质增效的支撑作用不强。

资料来源：根据中国宏观经济研究院报告《"新苏南模式"研究——武进的探索与实践》有关内容整理。

三、机制维度：创新创业国际合作、产学研合作与产城融合发展机制仍存在不协调不合理之处

从创新创业生态的角度而言，"机制"维度主要是指这些要素和机构的运行机制，包括协调机制、动力机制等，它们决定了创新创业要素资源能否有效配置和有序流动。主体与主体、要素与要素、要素与主体之间需要有良好的交互与协同机制，才能保证形成统一整体，产生协同效应，从而表现出单个创业种群不具备的功能和作用。与北京海淀、上海杨浦、深圳南山、武汉东湖等同类或类似区域相比，武进仍需在优化创新创业国际合作机制、加强产学研和产城融合发展机

制方面重点着力。

——创新创业国际合作机制还需优化。从区级来看，武进的创新创业合作无论从范围还是层级来看，均达到了较高的水平。但从调研来看，中以常州创新园、中芬绿色科技产业园、中美科技产业园、中俄科技产业园、苏澳合作园区等国际合作园区相继落户，有力提升了武进的城市知名度和国际影响力，但目前尚未对武进园区经济乃至区域经济社会发展形成突破性的带动作用，国际合作园区对实体经济发展的引领作用亟待增强。由于国际合作机制方面仍然存在缺乏自主权、缺乏带动力等问题，在江苏省内层面一些国际性平台还存在管理体制和盈利机制较为落后的问题。例如，中以创新园共集聚中以合作企业50家，涉及医疗器械、新材料、农业、汽车零部件、食品营养强化剂、商务咨询、金融服务等诸多领域，但武进方面对创新园的建设缺少抓手，不少同志反映"有时我们想使劲但确实使不上"等问题，在中以创新园并没有真正实现共同合作研发，在我国知识产权保护不力的情况下，以色列企业连技术转移也颇为谨慎。另外，我国很多地方的园区经济正在探索建设具有自由贸易功能的第四代开发园区，并且园区投资收益来源正从土地经营转向城市经营、产业经营和资本经营相结合，但武进园区经济的运营模式和机制相对传统，很多乡镇工业园区的管理模式较为滞后。

——产城融合机制亟待健全。产城融合是一个城市转型升级的关键途径。上海杨浦的案例说明，良好的产城融合机制将为城市发展注入新的活力。武进在推进产城融合方面已经取得较好进展，但仍存在若干亟待厘清的机制问题。例如，部分区镇关系权限模糊，产业园区未能与周边形成联动、协调发展态势。武进国家高新区北区与湖塘镇、太湖湾旅游度假区与雪堰镇虽为联动发展型区镇，但由于长期行政区划分割，还需在用地规划、考核机制、财税机制等方面进一步明确联动发展机制。常州经开区（即原戚墅堰区和遥观、横林、横山桥等三镇）和武进国家高新区与前黄镇区域未实现规划建设、经济发展和社会管理的一体化，导致一些衔接区域的规划意图不一致。作为"飞地经济"的常州科教城对武进创新创业的支撑作用也有待提升。又如，"工业围城"现象较为突出，武进国家高新区、牛塘、湖塘等部分地区的工业用地分布相对分散并与乡镇、村庄混杂，更新调整难度较大。城镇居住与村庄布局混杂，城镇建成区存在新楼盘与"城中村"相互混杂。具体参见专栏11-6中的内容。

专栏11-6　上海杨浦区产城融合之路

和所有的老工业基地一样，杨浦曾因历史的负担而止步不前甚至倒退。作为中国近代工业发源地，杨浦的工业曾一度相当发达，但主要是传统的。随着产业结构调整，产值下降，下岗工人增多，经济发展速度放缓，老旧城区急需改造，20世纪八九十年代的杨浦还比较困难。直到2003年"知识杨浦"的提出，后来演化成"大学校区、科技园区和公共社区"三区联动，这个百年工业基地才逐步实现了从"工业杨浦"到"知识杨浦"，再到"创新杨浦""创业杨浦"的华丽转身。

——与高校、科研院所的联动。全国范围内，高校、科研院所集中的区域，主要就是北京海淀、湖北武汉和上海杨浦。为此，杨浦区和高校签了几轮的战略合作协议，包括科技成果转化、搭建功能性平台、人才共同培养。

——以科技创新或创新创业为引领，走一条老工业区转型发展之路。杨浦绝大部分地方是建成区，而且是老工业区，现在重头戏是老工业、老厂房的改造。杨浦南部旧区太

集中，以前财力不够，没法做大面积成片开发。如今杨浦滨
江段是重点开发的区域（15.5千米的杨浦滨江，是上海中心
城区中最长的黄浦江岸线），现在宏观定位是杨浦滨江国际
创新带，科技金融是重点。

——比较早提出"创业街区"的概念，让创业的元素融
入城区的方方面面。整个布局中建设四大创业街区，分别是
创智天地、国定东路、长阳路和环上海理工大学，现在又提
出比"三区融合"更高的口号，即走"三区联动"（大学校
区、科技园区、公共社区）和"三城融合"（学城、产城、
创城）的特色道路。

资料来源：根据《21世纪经济报道》的新闻报道《上海杨浦转型：学城、产
城、创城三城融合》整理（2017）。

——产学研合作机制有待提升。由于武进当地并不具备类似北
京海淀、上海杨浦、武汉东湖等类似区域所具有的高校院所密集的优
势，产学研合作不可避免地受到影响。产业与职业教育充分融合是武
进的重要特色，但现有制度框架下，企业的主体地位还没得到确立，
缺乏企业参与职业教育法律与政策方面的约束。特别是当前正在全力
推进现代学徒制试点，企业主体责任不明，面临具体职责无法落实的
困境。同时，我国还缺乏企业参与职业教育的资质标准，企业参与校
企合作带有盲目性，影响了企业参与校企合作的有效开展。

四、环境维度：营商环境与国内外发达地区仍存在一定差距

文化和营商环境是创新创业生态的重要软实力。创新创业生态中
的"环境"维度主要包括营商环境和创新文化，其中，营商环境包括
公平竞争的市场环境、法制环境、政策环境、创业服务环境等，文化

则涵盖更广。武进根植于长三角这一中国开放的前沿地带，在市场化程度和营商环境方面较许多内陆城市具有优越性。但创新创业本质上仍是集聚发展的，比许多内陆城市好并不必然代表着创新创业会在武进生根发芽，武进必须主动向国内外发达地区看齐，在重塑文化和营商环境上找准自身存在的不足。调研发现，武进有许多创业者，但真正具有企业家精神的企业家并不多。另外，管理理念和方式方法上与浙江、广东等地仍存在不小差距，影响了创新创业发展环境。

——缺乏具有企业家精神的企业家。企业家精神是企业家群体所具有的人才素质、价值取向、经营理念、胆魄魅力以及思维模式等方面的抽象表达和超越升华，是经济持续发展和企业基业长青的发动机。持续创新是企业家精神的内在本质要求，但武进地区不少企业家由于是农民出身，"小富即安"思想仍不同程度的存在。"小富即安"体现了武进人勤劳肯干、自给自足、安居乐业的稳健人文特征，但也在一定侧面上反映了在取得一些成绩后安于现状、不思进取的思想状态。一方面，"小富即安"导致企业技术创新动力不足，武进区中小企业家大部分出身农村，受时代局限大多缺乏系统化教育，脱贫致富是他们在创业初期的主要动机，而在守业和推动企业做大做强阶段，通常缺乏企业家的远见卓识和对企业的长远规划。另一方面，"小富即安"导致政府官员的制度创新动力不足，部分官员的工作过于"求稳"，改革创新和进取精神不足，安于现状，不愿承认差距，也怕承担责任和风险，长此以往将阻碍全区实体经济的转型升级和创新发展。

——营商环境还有较大改进空间。主要体现在政府需要进一步加快职能转变、知识产权保护水平需要提升、管理能力和服务意识需要提高等方面。创新产业集群发展要求政府加快职能转变，但目前武进园区经济、行政、服务管理的整体联动和关键环节的简政放权还需加强。以武进国家高新区为例，从内部机制来看，作为苏南国家自主创新示范区"一园八区"之一，园区尚未用足用好体制机制先行先试的政策优势。对上级有关政策研究得还不透、探索得还不足、办法还不多、成效还不大，在江苏省乃至常州市都未形成有亮点、可复制的制度创新。特别是在差位淘汰、岗位交流等动真碰硬的体制机制改革方面还有很多文章要做。从外部机制来看，作为武进区委区政府的派出机构，园区在法律上的主体地位不够明确。虽然江苏省委赋予开发区行政审批制度改革试点任务，但往往受到法律制度限制，国土、规划、建设、立项、环保等对园区发展具有重大影响的经济领域行政审批权限授予还不到位，这在一定程度上制约了园区投资环境。另外，集体经营性建设用地入市的土地收益在国家、集体和个人之间的分配及平衡问题仍然存在；科技金融发展过程中的政府投融资支持方式亟待创新，管理的规范性仍待提升；公共服务尚未完全围绕人口集聚而合理分配资源，镇区设施服务水平相对较弱，居住、商贸、教育、卫生、健康养老等基本公共服务在数量和质量上难以满足需求，这在很大程度上也影响了武进对技术技能型人才和高层次管理人才的吸引力。

第三节　优化武进创新创业生态的对策建议

要以提高创新创业的供给体系质量、构建具有国际竞争力的现代产业体系为主线，来优化武进的创新创业发展环境。推动"机构要素规模扩张"向"结构优化、机制创新和环境再造"转变，以优化结构来提升创新创业生态系统的整体效率，以创新开放合作机制、产学研合作机制和产城融合发展机制来促进创新创业要素的有效配置，以环境再造来吸引更多优质创新创业要素高效集聚。充分发挥有效市场和有为政府的力量，以龙头企业牵引、高端要素汇聚、创新平台支撑为重点，构筑以提升产业的国际引领能力为目标的现代产业发展新体系。

一、构建高质量的要素供给体系

要瞄准武进在科研院所、人才、土地、平台和企业主体等方面存在的差距，推进全区各个科技创业平台资源共享、量质并举，并积极对接、引进全国知名的创业品牌载体资源，以推进企业主导型平台建设为重点，真正实现全区科技创业平台协同创新发展。

——大力引进世界知名大学、著名研发机构、企业来武进建立分支机构和搭建创新平台，开展共性技术研发。

——以共建新实体与探索新机制为抓手，打造校地企协同升级版。建设合作研发、中试熟化、人才培养、校地合作、公共服务、国际合作等五大平台，构建激励相容、权责对等的治理新体系。

——依托企业、联合高校和科研院所，建设制造业开放创新中心，开展关键共性重大技术研究和产业化应用示范。推动建立一批军民结合、产学研一体化的科技协同创新平台。

——进一步凝练武进的主导产业方向，更加聚焦优势产业。鼓励主导产业的龙头企业与供应商组建供应链联盟或建设供应基地，鼓励产业链的上下游企业建立智能化生产管理系统。

——继续优化壮大"创业导师"队伍，鼓励拥有丰富经验和创业资源的企业家、天使投资人和专家学者担任创业导师或组成辅导团队。依托各园区资源，尝试细化导师队伍，进一步拓宽服务渠道，扩大服务范围，满足不同机构、不同层次人才的服务需求。

——优化人才引进政策。充分聚焦优势产业、缺口较大的人才，更加突出引进人才对武进区的价值。对人才的能力特点进行合理界定，探索对人才的实际贡献提出总体方向和具体要求。

——优化土地开发方式。探索建设具有自由贸易功能的第四代开发园区，使园区投资收益来源从土地经营转向城市经营、产业经营和资本经营相结合，进一步盘活土地资源，提高土地开发效率。

二、构建结构合理的现代产业体系

针对武进在资金、人才和产业等方面还存在结构单一、结构错配、结构不优等问题，要加大引资引技引智力度，以指标引领、产业升级、人才培养等多种方式推动创新创业生态的要素结构比例的优化，以构建高质量发展的现代产业体系为抓手，增强创新创业生态的多样性。

——强化指标引领。要以高质量发展为根本要求，进一步优化相关考核指标的设计与使用。要突出知识与技术密集型产业占比、高技术产品出口占比、智能制造普及率等结构动能指标，以及全员劳动生产率、工业企业净利润率、单位面积工业增加值和单位GDP能耗、工业企业水耗等效率效益指标，以结果优化倒逼创新创业生态的结构优化，推动经济向集约化、生态化、高端化方向迈进。

——吸引优质的国内外风险投资基金和风险投资管理公司落户，扩展创业投资积聚效应。设立区域性天使投资发展支持资金，建立天使投资风险分担与补偿、信用激励和约束机制。

——结合投资沙龙等活动，着力发挥创业咖啡、天使投资人、创新服务联盟等创新平台作用，搭建项目对接的桥梁，拓宽中小型企业的融资渠道，为科技型企业和创业资本提供一体化服务，加快形成多元化、多层次、多渠道的科技与金融结合体系。

——探索发展政府股权投资基金。按照不对赌、不控股、早退出、有评估的原则，支持一批早期创新创业项目。

——重点围绕新一代信息技术、高端装备、新能源、新材料、生物、新能源汽车、海洋工程装备等新兴产业领域，定期编制发布新兴产业发展行动计划和产业发展指导目录，统筹布局技术研发、标准制定、应用示范和产业化等环节重大工程，打造一批特色优势新兴产业集群，推动新兴产业向智能化、集成化、规模化发展。

——在重点领域试点建设"数字工厂""智慧车间"。以"两化融合贯标"和"互联网与工业融合创新工程示范试点"为抓手，采用奖励和后补助方式引导龙头企业建立覆盖设计、生产、装备/产品、资源计划管理、供应链管理、电子商务等全业务过程的智能信息化系统，实现企业深度智能化。

——实施传统产业创新转型计划，鼓励冶金、化工、地板、纺织、家用电器等传统产业采用技术并购、技术入股、股权互换等方式与优势企业开展技术合作，采用后补助等方式支持企业改良技术设备、改进生产工艺、改善经营管理。

三、推动高水平开放、产学研合作和产城融合

在优化创新创业国际合作机制、加强产学研和产城融合发展机制方面重点着力，进一步推动高水平开放、产学研合作和产城融合。

——进一步强化对外合作的主动权。建设苏澳合作园区，以共建研发平台、共同开拓第三方市场、共同产业化等方式提升创新合作的含金量，争取更大自主权，打造武进发展外向型经济的新引擎。充分发挥武进科创中心、常州科教城等平台载体的能动作用，为创新研发和产业化提供有力支撑。

——支持企业大力开展开放式创新。鼓励企业利用并购获取技术资源，鼓励行业相关企业组建并购联盟实施联合收购。引导企业在并购前开展技术专利和知识产权评估，在并购过程中加强技术管理，在并购后注重消化吸收再创新。鼓励有实力的创新型企业在欧美等创新前沿国家和地区，通过自建、并购、合资、参股、租赁等多种方式建立海外研发中心和实验室。运用互联网思维及其工具，依托企业打造国际创客空间，提升整合和利用国际创新资源的能力。

——搭建标准创新公共服务平台，形成一批自主创新先进技术、在国内外具有重要影响力的核心标准，培育一批创制、采用先进标准的优势企业群体和标准联盟。引导支持企业将拥有的自主技术转化为标准，通过"标准走出去"实现"产品走出去"，提高企业在国际、国家和行业标准制定中的话语权。

——实施并推广国有股回购政策，给予科研团队在适当溢价的基础上拥有向有关单位回购国有股的优先权。在更广范围内强制性建立利用财政资金形成的科技成果限时转化制度。

——深化校企合作机制创新。加速研究制定促进校企合作办学有

关法规和激励政策，深化产教融合，鼓励行业和企业举办或参与举办职业教育，发挥企业办学主体作用。出台相关政策法规，明确企业在校企合作中的主体地位和职责，提升企业在整个职教环节中的合法权力，推动校企合作的制度化建设，逐步建立起科学的、动态的、立体化的职业教育质量保障体系。进一步鼓励有条件的企业试行职业院校和企业联合招生、联合培养的学徒制，企业根据用工需求与职业院校实行联合招生（招工）、联合培养。

——探索职业教育的人事制度改革。建立专兼职相结合的职业学校人事管理体制。根据职业教育特点，改革职业学校人事编制制度，在保证基本编制的前提下，通过政府购买服务的方式来解决兼职教师的经费问题。进一步完善专兼职教师管理制度，形成专兼职教师互补、互进、互升的良好局面。允许职业学校教师与高校教师一样，同等享受产学研激励的有关政策。

四、培育企业家精神和优化营商环境

主动向国内外发达地区看齐，着力培育企业家精神和改善营商环境，使武进真正成为创新精神迸发、创业活力涌现的创新创业高地。

——积极营造"尊重企业家、理解企业家、关怀企业家、支持企业家"的社会氛围，树立"尊重企业家特殊劳动、珍视企业家社会价值"的观念。引导全社会理性看待和正确认识中国企业家成长的历史过程，积极肯定企业家尤其是民营企业家队伍对中国经济社会发展所作出的贡献。同时，打造"鼓励创新、支持创业、褒扬成功、宽容失败"的氛围，鼓励企业家"安心经营、放心发展、用心创新"。

——把创业精神培育和创业素质教育纳入国民教育体系，实现全社会创业教育和培训制度化、体系化。建立和完善多层次的培训体系，培养建立高素质的企业家队伍，使企业家具有卓越的突破精神、不竭的创新思维、深厚的责任意识、高瞻远瞩的国际视野，厚重的文化底蕴。围绕民营企业代际传承，培养和帮助"创二代"掌握现代化企业管理知识，转变"家族式管理"思维，增强社会责任感和依法经营意识。

——强化职业教育发展理念。将职业启蒙教育系统化融入中小学教育阶段，从小学阶段开始实施职业生涯教育，将正确职业观和劳动观作为中小学职业生涯教育的核心，促进中小学生养成基本的职业意识和职业兴趣，为其职业发展奠定基础。同时要在全社会营造重视职业教育和技术技能人才的良好氛围，大力宣传"工匠精神"。

——加大政府改革与扶持力度。深化农村土地制度改革三项试点，扩大相对集中行政许可权和相对集中行政处罚权改革成果，进一步深化行政改革。通过发放创新券、政府采购、间接补贴等方式，加大众创空间、孵化器、中试基地、各类创新中心对技术创业者的支持力度。对有自主创新意愿但经济实力不足或从事研究特定尖端技术的企业，允许按销售收入的一定比例提取诸如科技开发风险准备金、技术开发准备金、新产品试制准备金、亏损准备金等。

——建设宜居宜业的创新创业高地。推进实施常宜高速、苏锡常南部高速、苏南沿江高铁、轨道交通等重大交通项目，构建立体式、快速化交通网络。建设信息化高科技园区、智慧型城区，形成涵盖商业线上交易、智能出行、高端圈层社交、智能办公、智能健康系统、智慧物业等功能的服务体系。高标准打造一站式创业服务社区和"24小时生活配套服务圈"，为创业者提供办公、生活所需的软硬件一体化配套。

——加强对知识产权的运营和保护。落实国家知识产权综合管理体制改革的相关举措，充分用好专利导航、专利运营等相关工具，增强企业用好知识产权的意识。发挥知识产权的融资功能，积极开展知

识产权技术入股、质押融资，提高知识产权证券化率。完善快速维权
机制，提供更加高效、便捷、低成本的维权渠道。加大海外知识产权
维权援助力度，帮助企业在"走出去"的过程中维护自身合法权益。

调研报告

调研报告一　中关村的创新创业：特色经验、问题和建议

内容提要：中关村既是我国创新创业的重要地标，也是我国历次创新创业浪潮的策源地，中关村的历史就是我国创新创业史的缩影。中关村的创新创业之所以具备如此影响力，既源于其在制度环境、基础设施、资金、人才、企业家、市场容量、文化氛围等方面的明显基础优势，也与其始终领创新风气之先、居体制改革之首的经验做法息息相关。总结中关村创新创业的特色经验，剖析当前存在的问题，有助于形成可资借鉴的经验，对于进一步释放中关村创新创业活力、形成更高层次的制度设计也大有裨益。

一、创新创业发展成效显著

中关村的创新创业亮点纷呈、成效显著，已成为我国经济转型升级的重要风向标、全国新经济发展的重要引擎之一。

一是新创办科技企业数量多。随着创业风口来临和政策利好频现，中关村创业企业如雨后春笋，发展势头迅猛，掀起了我国第四轮创新创业热潮的序幕。2013年，中关村平均每1.5小时诞生一家新企业，平均每天诞生一家亿元级企业。2014年，中关村新创办科技型企业超过1.3万家，2015年则达到2.4万家，增长近一倍。其中，中关村创业大街已成为我国科技创业的新地标，聚集了诸如创新工场、车库咖啡、36氪等创新型孵化器40家，日均孵化企业4.9家。

二是企业上市前的估值高。中关村已累计孵化培育创新型企业1.3

万家，每年20家以上企业成功实现IPO，上市前估值超过10亿美元的"独角兽"公司已达50余家，这一数量仅次于美国硅谷。比如亚杰商会培育的美团网、大众点评网、百合网，创新工场孵化的豌豆荚，联想之星投资的旷视科技，北京创客空间孵化的蚁视科技，36氪的氪空间，3W咖啡的拉勾网等企业。微软创投加速器已成功孵化126家企业，93%的企业获得新一轮融资，总估值达到57亿美元。

三是创新创业跨界融合模式新。中关村的创新创业已抢先进入跨界融合创新时代，前沿技术研发、商业模式创新、科技金融创新相结合，不断催生新业态。58同城、美团等企业，已成为我国分享经济的典型。以天使汇股权众筹、京东O2O众包、航天科工云网众创、36氪众扶等为代表的"四众"新模式，助推新经济发展，创造了新需求、新就业、新价值。

四是高新技术产业贡献大。2015年，中关村高新技术产业总收入4.08万亿元，约占全国高新区的1/7；实现增加值5557.4亿元，对北京市经济增长的贡献率达36.8%，位居全国省级行政区划前列；企业专利申请量突破6万件，同比增长38.4%；中关村及北京市技术合同成交额3452.6亿元，占全国35.1%。

五是技术研发综合实力强。中关村是我国自主创新和原始创新的主要策源地，涌现出一大批改变生产生活方式、打破行业固有格局的颠覆式创新。一批"创客"、"痛客"和"极客"抢抓"奇点"、瞄准"痛点"、追求"极点"，催生了大量引领科技产业发展、着力普惠民生的原创性成果。目前，中关村在部分领域已经"领跑"，例如在人工智能、颠覆性新材料、生物技术等前沿领域涌现了百度和格灵深瞳的无人驾驶汽车、中科院的液态金属、中航工业航材院的石墨烯、王中林院士团队的纳米压力发电机、商汤科技的计算机视觉和深度学习原创技术、北京生命科学院的靶向型小分子抗癌新药等全球领先的技术创新成果。截至2015年底，中关村企业累计创制国际标准207项，在人工智能、移动互联网、高端显示等领域逐步掌握话语权。

六是品牌和国际影响力大。中关村的企业"走出去"进程不断加快，已累计在海外设立分支机构571家，2015全年发起海外并购36起，并购金额525.5亿元。小米、58同城等企业是移动互联网和分享经济时代的领跑者。百度、京东入围全球互联网公司十强，联想、中芯国际、紫光、京东方等企业跻身所在领域世界前列。中关村的战略支撑力、创新引领力、辐射带动力和国际影响力不断壮大，具有全球影响力的科技创新中心已雏形可见。

二、特色经验是重要支撑

中关村推动创新创业的特色经验是中关村创新创业取得成功的重要原因。长期以来，在落实党中央、国务院关于推动创新创业指示精神的基础上，中关村利用创新创业政策先行先试的机会，形成了具有中关村特色的创新创业理念、工作方法和具体思路。

第一，坚决贯彻市场理念，形成政府、市场、社会三位一体的善治格局。中关村创新创业是市场决定资源配置的创新创业，坚持有为政府、有效市场、有用社会，已初步形成政府引导、市场主导、社会参与的联合治理格局。经营主体主导创新方向、配置创新资源、选择攻关项目、组织创新行为、推进成果转化。政府可以有为，更应有位，既不缺位也不越位，主要工作是优化创新创业生态系统，提供公共服务和改善发展环境，而不能"赤膊上阵"。社会组织则在政府相关部门的引导和协调下，发挥比较优势，促进资源整合。在联合治理格局下，民间资本成为中关村创新创业的主要驱动力，创业投资、天使投资案例和金额都占到全国40%。以创新工场、联想之星等为代表的70余家创新型孵化器，都是经营主体自主创办、自主经营的。产业技术联盟、行业协会组织等创新型社会组织已超过200家，有力推动了大中小企业、产业链上下游企业协同创新。

第二，重视发挥领军企业在推动创新创业中的动力源作用。中关村日益成为大企业、跨国公司研发中心的首选之地，微软、英特尔、IBM、默克雪兰诺等263家大型跨国公司在此设立有区域总部或研发中心。同时，通过实施"十百千工程""瞪羚计划"等举措，支持培育了一批十亿元、百亿元、千亿元级的创新型领军企业，形成具有全球影响力的创新企业群。一方面，面对跨界融合等市场激烈竞争所带来的不确定性，领军企业倾向于鼓励内部创业，充分利用企业内部资源，使企业既能留住人才又能保持活力。联想、百度、京东、亚信等纷纷建立内部创业孵化机制，建立创业孵化基地，鼓励员工内部创业。另一方面，领军企业发挥着明显的外溢效应，一批高管离职出走创业，催生和培育出许多高质量的创业企业，形成了独具特色的创业系，比如百度系、联想系、华为系、网易系、搜狐系、金山系、微软系等，每一个"系"都聚集了上百家企业。2015年中关村新创办科技型企业中，近半数来自规模以上企业的高管、骨干离职创业。

第三，引导推动"天使投资+合伙人制+股权众筹"创业模式。这一中关村的主流创业模式被认为更有利于科技创业公司成功，政府也因势利导积极推广。1万多名活跃的天使投资人被认为是中关村创业生态的"腐殖层"，为创业提供了广阔而肥沃的土壤。合伙人制则意味着人比资本重要，集体智慧比单枪匹马重要。不是资本说了算，而是人说了算；不是个人说了算，而是合伙人之间形成各取所长、优势互补、合作共赢。股权众筹使得融资不再是面向少数人，而是面向多数人的融资，特别是向有经验、有资源、有经济实力的特殊人群融资。这一创业模式能将商业模式创新、技术创新和金融创新更有效地结合，推动创业企业走向成功。

第四，打造功能整合型创业空间，充分发挥资源集聚效应。对于想创业的人群和初创企业来说，相较于单一专业性的资源支持，他们更渴望得到全方位的资源和服务。中关村的创业社区就是功能整合型创业空间，比如"YOU+青年"创业社区、回龙观"创新创业社区"，整合了办公、生活、展示、居住等功能，降低了创业门槛，提高了创业效率，成为实实在在的创业者之家。中关村创业大街实际上也是让各类资金、技术、人才相互碰撞发挥集聚效应的空间，已成为全国众创空间发展的旗帜。截至2015年底，街区共引进40家国内外有影响力的创业服务机构，合作投资机构超过2500家。与美国、法国、韩国、澳大利亚等国家的十余家机构开展多方位国际合作。全年共组织全球创业大会、创业马拉松、创客嘉年华、全球风险投资峰会等创业活动超过1500场，吸引15万人次参加。累计服务创业团队1791个，约600个团队在街区孵化，其中包括100余个海外创业团队和外籍团队。

第五，大力提高对各类创新创业资源的吸附力。一个地区创新创业的发展程度高并不意味着创业企业多而且个个都很成功，而是更在于是否有足量的资源持续不断地做有价值的创新创业活动，使优质资源留下来、创新创业文化沉下去。尽管部分研发中心出现人才流失，但人才仍留在中关村的创新创业系统中继续新的创新创业活动。单个企业的资源技术在生态系统内快速流动，使得更具竞争力的行业企业拥有巨大的创新创业资源池。这使得即便面临失败，创新创业主体仍愿留下来开始二次创业，创业已经成为一种生活方式。

第六，构建开放系统，立足长远积累战略资源。开放是创新创业生态系统的生命线。中关村长期致力于不仅要做北京的中关村，更要成为中国乃至世界的中关村。立足周边，中关村与天津、河北联合构建创新创业生态系统，支持中关村企业在津冀设立了2000余家分支机构，跨京津冀地区的创业资源链初步形成。着眼全国，中关村创新型孵化器在全国设立分支机构共305个，通过开展连锁化运营，以品牌和理念输出替代原来的技术和产品输出，带动了各地创业服务业升级发展。比如优客工场7个项目在全国5个城市开业，孵化面积2万平方米，提供了3000个工位；黑马会在全国20多个城市设立分会和黑马基地；天使汇在全国7个城市落地。面向全球，中关村主动链接和配置全球创新创业资源，深度融入全球创新创业网络。超过10家中关村众创空间在全球主要发达国家设立分支机构，中关村创新型孵化器在海外设立分支机构22个。入驻中关村创业大街的创业服务平台与20余个国际机构合作，在美国等国家设立了4个分支机构、9个办公室，累计孵化了5个国家的20余个外籍团队。2015年，在中关村开展的各类跨境创业服务活动超过200场，加快了国际高端创新创业要素的跨境流动和聚集。中关村已成为全球创业资源快速流动与汇聚的关键枢纽之一。

第七，把精准激励作为优化创新创业生态的关键环节。北京市出台支持高校学生创业等"京校十条"政策，2015年中关村在全国率先设立高校科技人员和教师投资学生创业支持资金，首批支持了55个高校师生创业项目。继续深化职称评价等改革试点，实施"中关村高端领军人才教授级高级工程师职称评审直通车""研究员系列职称评审直通车"。持续推动北京生命科学研究所、国家作物分子设计工程技术研究中心、北京大数据研究院、北京纳米能源与系统研究所等新型科研机构建设，实行以科学家为主体主导的经费管理制度和科技成果转化机制，为高端人才干事创业提供支撑。通过实施技术入股、股权奖励、分红权等多种形式的激励，使人才能够直接享有成果转化收益，充分释放高校、院所的创新活力。截至2015年底，中关村共有105项激励试点方案获得批复，404名科研和管理人员获得股权，激励总额2.17亿元，人均激励额度53.6万元。落实并推广中关村"1+6""新四条"先行先试政策，对符合条件的企业和人才提供税收支持。

三、仍存在要素和机制双重短板

目前，中关村创新创业的活力及潜力仍有较大提升空间。从创新创业生态系统的视角来看，与国内外其他创新创业中心相比，中关村的短板主要集中在机制层面，尤其是以技术转移转化机制不畅最为突出，同时在便利融资机制和人才吸引机制方面也有较大的改进空间。机制上的缺陷使中关村无法有力撬动和放大自身在创新创业要素方面的巨大优势。另外，要素层面创新创业主体、创业资本等方面还较为薄弱，抑制了中关村创新创业潜力的进一步挖掘和释放。

1. 在机制层面，技术转移转化、便利融资与人才吸引等机制存在缺陷，使中关村既有的要素优势未能充分发挥

机制是创新创业生态系统的核心，它是连接创新创业要素、提高整合效率的关键。实践表明，好的机制不仅会极大调动和释放自身创新创业要素的积极性和潜能量，还会吸引其他地域创新创业生态中的要素来本地聚集，与本地要素产生化学反应。目前，中关村创新创业在一些关键性机制上仍存在不足，既有要素的优势难以有效发挥。

一是多因素导致技术转移转化不畅，使中关村科研实力的比较优势未充分凸显。雄厚的科研实力是中关村的最大优势。但调研发现，技术成果转化不畅较为突出，"不愿转化、不擅转化、不能转化"较为普遍。部分科研人员想利用成果自己创业，但往往不具备创业的基础和条件。部分科研院校虽然内设了技术转移转化机构，但有关人才匮乏致使难以提供高质量的技术转移转化服务。许多院校投入了大量经费到应用型科技型项目中，但成果往往无法产业化。技术转移转化不畅有认识上的原因，比如部分院所和科研人员对技术转移转化在认识上有偏差，认为"技术转移转化自己也能干""自己的成果自己转

化更靠谱"。但更主要的是体制性障碍。技术转移转化的源头是成果质量，在尚未建立现代科研院所制度的情况下，科研院所的薪酬、评价与选拔体系存在诸多弊端，极大地影响了成果质量。技术转移转化过程需要中介组织，但由于技术转移转化分配机制还未理顺、科技服务业发展相对滞后、技术转移专业人才奇缺，以及中介组织参与技术转移转化被当作"公益事业"，导致技术转移转化中介发育缓慢。技术转移转化不畅造成大量科研资源闲置浪费，一位有机会走进某顶尖大学实验室的投资人发出感叹，"处处都是宝，但全然不知"！

二是结构性体制性因素导致融资便利性较低，使创新创业主体时常陷入"进""退"两难境地。中关村的天使投资、风险资本、银行资本、上市并购等资本集聚已经形成相当规模。但调研发现，中关村的融资便利程度与其资本要素丰裕并不匹配，融资便利仍是一大难题，创业者借钱"进"入创业和投资人因并购上市"退"出投资存在不小困难，这主要源于更深层次的结构性体制性问题。部分天使投资和风险资金的进入时机主要是新创企业已经发展壮大或处于IPO的前期，使"天使"和"风险"名不副实。银行资本仍占据主导地位，但由于特殊的风险管控、知识产权评估难、新创企业轻资产等原因，银行通过知识产权质押融资等渠道给予新创企业的融资便利十分有限。信用体系不完备使创业借贷风险人为放大，不少受访新创企业表示资金来源主要依靠自有资金或基于亲缘、血缘、姻缘和朋友关系而获取的资金。IPO与并购机制不完善加剧了部分投资者对"难以全身而退"的忧虑，导致其在投资时更加审慎。同时，也有部分"融资不便利"是创业者主观原因造成的，谋求"挺挺过去"或"待价而沽"的创业者不在少数。

三是人才的多样性、适配性和黏性有待提高，使企业在招人用人方面遇到挑战。通常情况下，容易找到人才是企业落户中关村的重要原因。但调研发现，企业在人才方面遇到的困难远不仅限于"能否找到人才"。许多企业反映，"现有的人才规划大多聚焦顶尖人才，但企业需求量更大的中层工程师等则无法享受政策"。另外，许多企业无法解决核心员工的户籍、子女入学等现实问题，加上高额的生活成本，人才的黏性明显下降。北京生命科学研究所的研究人员坦承，"过去低估了回北京生活的压力"。因此，吸引和服务人才机制不健全和由北京独特地位引发的系列问题是造成人才多样性、适配性和黏性下降的重要原因。

2. 在要素层面，创新创业主体与创业资本等要素仍显薄弱，使中关村创新创业潜力的挖掘释放受到抑制

创新创业客观上需要各类要素高密度聚集，以应对创新创业中的不确定性。中关村的要素优势在全国范围内都非常显著，但要素之间比较则显示出中关村在主体培育和资本发展方面仍相对薄弱，抑制了中关村创新创业潜力的进一步挖掘和释放。

一是高校、科研机构和国有企业等在创新创业中的积极作用未充分发挥。创新创业主体的数量和质量直接决定创新创业的活力和成效。凭借高度集聚的高校、院所等创新资源，中关村创新创业群体的绝对量和相对值在全国处于领先水平。与浙江初创企业多以模式创新为主不同，中关村的科技创新特征非常鲜明。但调研发现，高校、科研机构和国有企业在创新创业中的积极作用尚未充分调动激发，体制内的科研人员创业没有形成气候，高校创业系的活跃度明显偏低。多数大学生缺乏独立创业的知识技能和管理技术，存在盲目追求形式化创新创业的倾向。从对清华X-Lab的调研来看，跟随导师创业或校友回炉创业的成功率会相对较高。创新创业主体在意愿、能力、资源等方面存在巨大差异，导致当前部分新设立企业存在开业率低、实体经济占比低、科技含量低等问题。

二是金融要素尤其是创业资本的力量仍显薄弱且结构不优。尽管中关村的天使投资、风险资本、银行资本等资本集聚已经形成相当规模，但相对于数量庞大的创业项目扎堆而言，中关村的创业资本力量仍显分散。近年来，中关村天使投资发展迅猛，但个人天使较少、机构天使较多，天使投资的发展水平总体较低。另外，私募股权基金种类不少，但仍缺乏诸如并购基金等具有独特功能的基金。金融血液亟待补充，尤其是天使端和并购端的资金缺乏，与有关公共政策不到位密切相关。以天使投资为例，政府引导基金对早期投资的支持力度和效果不明显、对投资人的税收激励不足是造成个人天使发育缓慢的重要原因。中关村一位天使投资者一语道破，"资本利得的双重征税、投资亏损不计入、公司法不承认人力资本等都是十分现实的问题"。另外，许多投资者对天使投资认识不够也间接导致天使投资发育迟缓。

四、应进一步完善创新创业生态系统

良好的创新创业生态是支撑创新创业蓬勃发展的关键。在一定机制作用下，不同创新创业要素相互作用促进创新创业活动持续发展，构成了一个动态平衡系统。其中，既包括创业主体、市场服务、创业资本、基础设施、创业机会、创业文化和人力资本等要素，也涵盖人才吸引、技术转移转化、便利融资、孵化服务等机制。创新创业生态系统的良好运作，既需要建立在坚实的创新创业要素基础上，更需要依托有关机制发挥作用。

完善中关村的创新创业生态系统，关键是要牢牢把握创新、创业与创投构成的"技术-文化-资本"铁三角。按照"尊重市场、突出分工、强调协同、崇尚合伙"的原则，着力夯实主体、资本的核心要素，优先补齐技术转移转化、便利融资、人才吸引等机制的短板，发挥政府在提供优质服务、营造良好环境等方面的功能，实现创新创业

生态系统的持续优化。

1. 厚植创新创业土壤，持续夯实中关村的创新创业要素基础

创业生态系统应该为所有的创新创业要素提供"土壤"，以创新、创业与创投构成的"技术-文化-资本"铁三角为核心，夯实中关村创业主体、市场服务、创业资本、基础设施、创业机会、创业文化和人力资本等要素基础，使创新创业真正落到经济发展上，落到文化培育上，落到理念转变上。

——创新创业主体基础。在中关村开展建立健全现代科研院所制度试点，以薪酬、评价和选拔体系为核心，在不同高校与科研院所分类探索实行符合创新创业规律的科研管理制度体系，激发科研人员投身创新创业的积极性，增加技术供给，提高成果质量，引导高校院所创业系在中关村大力发展。鼓励中关村各类所有制大企业开展内部创业，研究出台为内部创业、连续创业提供专门支持的有关措施，发挥创业系在提升创新创业质量方面的积极作用。

——创新创业服务基础。将推动众创空间发展与构建"高精尖"经济结构的目标进行有机结合，大力统筹中关村内各类创新创业基础设施、孵化机构、产业基地、科技园区、创新创业服务平台、科研院所等创新创业资源建设，推动"高精尖"领域开放式协同创新。进一步完善"孵化+创投"机制，与全球知名孵化器合作，打造一批国际化、专业化的新型孵化器，积极开展跨国孵化，提高中关村科技服务领域的整体水平。

——创新创业资本基础。以各类创投资本为主，构建覆盖企业生命全周期的资本链条，形成功能完备、实力雄厚的资本力量。大力发展天使投资尤其是个人天使，以跟投、担保等适当方式对个人天使投资行为给予一定的支持。发挥中关村创投引导基金的作用，支持更多风险资本投向早期初创公司。积极发展并购基金，形成有利于连续创

业的进入和退出机制。

——创新创业产业基础。发挥中关村"一区十六园"的潜在优势，加强产业生态与创新创业生态良性互动。在虚拟现实、增强现实、大数据、云计算、新一代互联网等技术浪潮中，处理好"快创新"和"慢创新"的关系，以产业生态为引领提前谋篇布局。既要谋划好中关村未来的产业发展方向，通过产业集群构筑上下游产业链条，掌控生产网络和价值链的关键部分，又要加强产业基础设施建设，营造便捷、舒适的生产生活环境，做到宜居宜业并重。

——创新创业文化基础。发挥中关村代表性创业人物的示范作用，凝练中关村的企业家精神。把创业精神培育和创业素质教育纳入国民教育体系，引导鼓励知名高校、大型企业以多种方式开办创业大学，普及社会性创业教育，实现中关村内的创业教育和培训的制度化、体系化。

2. 健全创新创业机制，大力提高创新创业要素协同整合效率

着力完善联结整合各创新创业要素的创新创业机制，以技术转移转化、便利融资、人才吸引和服务等机制为重点，突破体制障碍，促进技术转移转化，为创业企业种群提供无缝隙的金融支持，吸引更加多样化的人才服务中关村创新创业。

——完善体制推动技术转移转化。鼓励政产学研用的技术创新合作，促进高校技术创新成果的商业化。在落实高校院所与企业技术转移转化自主权的基础上，适当加大对技术转移方的分配比例，大力支持具有技术转移、知识产权管理和投资功能的高校与科研机构的转移转化机构建设。

——搞活金融要素促进便利融资。搞活金融市场，实现便捷融资。鼓励银行联合其他金融机构对创新创业活动给予有针对性的股权和债权融资支持。加快探索尚未盈利的互联网和高新技术企业到创业

板发行上市制度，解决特殊股权结构类创业企业上市的制度性障碍。不断丰富中关村支持创新创业企业的金融产品，支持知识产权质押融资、专利许可费收益权证券化、专利保险发展。

——优化人才吸引和服务机制。在永久居留"直通车"等全国首创的10项出入境政策基础上，通过住房、户籍、医疗以及子女教育等制度的安排，吸引国外高科技人才（外籍华人）进入中关村创新创业生态系统。依托高校高精尖中心和北京生命科学研究所、北京纳米能源与系统研究所、北京大数据研究院等新型科研机构，强化海外归国人才的团队式引进。加快推进社会保障制度改革，破除人才自由流动制度障碍，实现党政机关、企事业单位、社会各方面人才顺畅流动。

3. 加大扶持力度，抢抓改革机遇释放重大政策利好

随着中关村创新创业生态不断发育成熟，政府应进一步加快由主导者向服务者转变的步伐。要避免政府直接参与创业生态系统中创业种群的构建，通过抢抓全面深化改革的历史性机遇和利用中关村长期作为我国创新创业政策首试区的优势，争取试验一批新政策的制定和实施，从创业政策的完善、创业生态系统硬件设施的建设等方面发挥服务者的作用，降低新创企业的创业成本和风险，引导创业活动不断聚集。

——加快转变和优化监管模式。创新创业发展中不断出现新业态、新模式的跨界融合创新和跨区域属性越来越明显，传统的市场准入和市场监管方式严重滞后。应加快以新的监管模式作为应对，探索中关村支持互联网金融健康发展、引导和鼓励众筹融资平台规范发展的具体办法，给新业态、新模式留有充分的创新与发展空间，加强风险控制和规范管理。

——强化创新创业信用体系建设。建立和规范企业信用信息发布制度，制定严重违法企业名单管理办法，把创业主体信用与市场准

入、享受优惠政策挂钩，建立市场准入等负面清单，破除不合理的行业准入限制。在创新创业领域加快落实"守信联合激励、失信联合惩戒"，探索在中关村实施针对创新创业企业获得服务、获批进入等相关领域的激励与惩戒措施。

——加大知识产权保护力度。针对新形态创新成果加快推出知识产权保护办法。完善知识产权快速维权与维权援助机制，缩短确权审查、侵权处理周期。加大对反复侵权、恶意侵权等行为的处罚力度，探索实施惩罚性赔偿制度。

——争取财税政策有所突破。积极争取在中关村试点针对中介服务组织、创业投资者、研发经费加计扣除、知识产权抵扣等方面的税收优惠政策。通过税收政策以及硬件设施支持等机制来培育中介服务组织、个人天使投资者和创新创业企业。争取在中关村先行先试自主知识产权产品认定政策，允许具有高水平专利等知识产权的产品纳入增值税优惠税率范围。

调研报告二 深圳创新创业生态环境调研

内容提要：与国际一流创新创业策源地相比，深圳在科教基础和人才储备、体制机制和政策环境、文化理念等方面仍然存在短板。未来一段时期，要继续支持企业与政府建立协调互动的关系，进一步探索科研院校体制机制改革的"特区经验"，加快以科技金融融合为导向的金融改革创新，支持进一步夯实深圳的科教人才基础，并在财税、土地和政府服务等方面继续先行先试，以持续完善创新创业生态环境。

一、深圳形成良好创新创业生态环境的关键要素

深圳经过36年的发展，以全国0.02%的土地面积、0.8%的人口，创造了全国2.6%的GDP、4%的国内发明专利申请量、近一半的PCT国际专利申请量，集中了全国1/3的创业投资机构和1/10的创投资本。全社会研发投入占GDP的比重达到4.05%，战略性新兴产业增加值占GDP的比重达到40%，先进制造业增加值占规模以上工业增加值的76.1%，技术自给率超过85%。每千人拥有商事主体200户，年度新增商事主体总量、创业密度等指标均居国内前列。

创新型中小微企业"铺天盖地"蓬勃发展的同时，一大批在国内乃至全球市场上领先的"综合冠军""单项冠军"也相继涌现，包括全球最大的通信设备制造企业——华为、最大的即时通信服务企业——腾讯、最大的新能源汽车电池生产商——比亚迪、最大的基因测序及分析中心——华大基因研究院等。

科教人才基础进一步夯实，先后孕育发展出40余家集源头创新、研发和产业化于一体的新型研发机构，其中，中科院深圳先进技术研究院年度专利申请量约占中科院系统的1/10。光启研究院拥有全球超材料领域86%以上的专利。

体制机制创新不断取得新突破，深圳清华大学研究院第一个提出新型科研机构"四不像"运行管理模式，中科院先进院率先发展集科研、教育、产业、资本"四位于一体"的运行模式，均为探索科教体制改革积累了宝贵的经验。

究竟是什么原因造就了"新深圳现象"？调研组认为深圳独有一种相对优越的生态环境，能够持续汇聚人才、知识、资本等各类创新资源。其独特之处主要体现在以下4个方面。

1. 浓厚的商业文化

在深圳，人们茶余饭后的聊天主题更多的是如何赚钱，"八卦"的对象更多的是任正非、马化腾，年轻创客们的"咖啡会场"处处可见，整个城市弥漫着浓郁的商业气息。之所以如此，有三个主要原因在背后支撑：首先，深圳企业创造了太多的"神话"，包括深圳引以为豪的"6个90%"，也包括太多在其他地区遭遇融资尴尬或被忽视的人才、新技术却在深圳发光发热、生根发芽的故事。其次，深圳这个年轻的城市汇聚了众多与其"同龄"的人们。据深圳市统计局有关数据显示，深圳市居民平均年龄不到35岁，劳动适龄人口比重长期占据绝对优势，15～59岁人口占比80%以上，60岁以上人口占比不到5%。最后，深圳市还是典型的移民城市，原住民很少，90%以上的人口都是外来的。居民素质高，观念开放，适应外来文化的能力强，有利于持续汇聚国内外创新资源。

2. 大型企业的示范效应以及以市场为导向的产学研相结合的创新体系

深圳年收入过千亿元以上的大型企业有8家，年收入50亿元以上的企业有65家，科技型企业超过3万家。这些龙头企业、创新型企业的引领示范效应持续发挥作用，上下游配套供应商、各类服务提供商蜂拥而至，布局在市域范围以及周边东莞、惠州等地区，形成了吸盘似的积聚效应。截至目前，已有接近300家世界500强企业落户深圳，微软、甲骨文等近30家跨国公司在深圳设立研发中心，累计吸引34个国家和地区的56家官方科技机构入驻。总部位于美国硅谷的HAX，是一家国际硬件领域知名的孵化加速器，已落户深圳几年。据其负责人介绍，"他们在美国需要花三个月才能找齐的电子元件，在深圳华强北电子一条街1天就能配齐。100多天就可以帮助创客联系工厂做出原型产品，再带回硅谷面向投资人路演。如此高效、迅速地完成这一过程，只有深圳能够实现"。

3. 资本的易获性

深圳是国内公认的金融生态环境最好的城市之一。全市有分行级以上持牌金融机构378家，深圳证券交易所、招商银行、平安保险、中信证券等金融领军企业林立，工商系统登记在册的各类私募基金管理公司3000余家，管理基金6000余只，管理规模近万亿元，占广东省80%以上。2015年，全市金融业增加值占GDP的比重达到14.5%，过去10年间年均增速20%以上，年新增金融机构数量超过20家。上市公司数量达到202家，位居全国第六，总市值达到4.6万亿元，位居全国第三，其中，主板上市公司74家（全国第六），中小板上市公司82家（全国第四），创业板上市公司46家（全国第三），新三板挂牌公司291家（全国第八）。发达的金融服务机构、多层次的资本市场、大批类型多样的创投机构，有力支撑中小微企业、新兴产业发展，助力深圳吸引更多创新创业资源。

4. 政府的角色定位和支持政策

深圳政府历来秉承"大市场小政府"的理念，坚信"有形之手"的功能主要体现在弥补市场失灵方面，"只要企业能做主的事情，政府决不插手"。总体来看，"有形之手"主要通过4种方式发挥作用。一是引导发展方向。例如，2008年国际金融危机暴发之后，深圳没有选择走增加传统产业投资的道路，而是趁势推出互联网、新能源、新材料等战略性新兴产业，后来又审时度势地提出生命健康、海洋及机器人、可穿戴设备等未来产业。以"战略性新兴产业+现代服务业+传统产业改造升级"的产业结构布局，顺利度过危机。二是持续优化配套服务。加快推进商事制度改革，商事主体数量两年内迅速翻番突破200万户，增量超过前30年总量。着力推进深圳湾创新创业空间、科技创新资源共享平台、各类孵化载体等创新创业平台建设，进一步加强了"企业家+风险投资家+创业者"之间的联系。三是不断完善政策法制体系。例如，为扭转"山寨城市"形象，出台了《特区加强知识产权保护工作若干规定》等系列专项法规。下决心打击知识产权侵权行为，于2014年对涉嫌多次严重盗版侵权的快播公司处以2.6亿元的天价罚款。四是大力夯实产业发展和创新创业的基石。花大力气集聚资金、技术、人才等创新资源。政府牵头设立总规模1000亿元的投资引导基金，组建专业公司管理，目前参股资基金总规模超过6000亿元，财政资金对社会资金放大近7倍。帮助企业降低投入前沿技术开发的设备支出成本，围绕下一代高速光传输技术、移动智能终端安全技术、个性化细胞治疗技术等领域先后组建国家地方联合实验室。实施重点引进海外高层次人才和团队的"孔雀计划"，专项资金从5亿元翻番到10亿元，最高单项奖励8000万元。"十二五"期间，累计引进"孔雀计划"创新团队76个，海外高层次人才1364人，留学归国人员超过7万人。

二、深圳与国际一流创新创业策源地的主要差距

与美国硅谷等国际一流的创新创业策源地相比，深圳仍有很多不足，主要表现在以下三个方面。

1. 科教基础和人才储备方面

坚实的科学基础是创新的源泉。实践表明，世界领先的科技产

业创新中心往往拥有一流的大学，科研资源丰富，人才储备充足。美国硅谷，不仅环绕有斯坦福大学、加州大学伯克利分校、圣克拉拉大学，还集聚了世界1/4的诺贝尔奖获得者，诸多跨国企业的研发总部。中国台湾地区的新竹，拥有台湾工业技术研究院、台湾清华大学、交通大学以及精密仪器发展中心等诸多科研院所，为本地信息产业发展提供大量知识储备。与之相比，深圳科教人才资源欠缺的问题却十分突出：高校仅7所，远低于北京的91所、上海的66所；国家级科研机构仍然空白，而北京、上海分别有62家、9家；基础研究投入仅占全社会研发投入的1%左右，低于全国4.7%的平均水平；基础性研究人才不足3000人，相当于北京的10%、上海的16.9%。

2. 体制机制和政策环境方面

调研中了解到，美国斯坦福大学每年申请专利120个，技术转移经费收入约5000万美元。根据事先签订的技术转让合同，这部分收入1/3归校方、1/3归学院、1/3归发明者。此外，为鼓励在校教师创新创业，加州大学伯克利分校对于离职创办企业的教师给予多种支持，也欢迎教师们创业后再回到学校工作。斯坦福大学的教师可以两年内停薪留职去创业，也可以利用无薪假期（例如每周1天）为公司提供咨询服务。相比之下，深圳的创新创业者们却经常面临"小环境好、大环境差"的情况。据北京大学深圳研究院的负责人反映，新型研究机构的概念很好，但由于"三无"身份（即"无编制、无行政级别、无运行经费"），即便吸纳了一些有冒险精神的人才共同发展，但由于缺乏稳定支持、相对完善的社保等大制度环境的保障，各方面压力很大，很难安心从事研发工作。产业界也遭遇类似尴尬。例如，深圳大疆公司从事无人机开发制造，却被有关部门以加强监管为由强制加装额外收费软件，增加产品成本。北科生物科技公司从事干细胞再生医学领域研发应用，但受制于国内相关领域法律法规滞后，很难规模化发展。

3. 文化理念方面

在美国硅谷调研，可以深切地感受到那里确实是一个创意无处不在、创客无处不在、创新精神无处不在的地方。与沙丘路上的风险投资者们聊天，他们表示，在美国硅谷，筛选项目的主要指标是看人，"人才比想法重要，人才比技术重要"。而看人的关键不是学历学位，而是能力、想法、价值取向，即"重要的不是学过什么，而是想什么、做什么"。这与深圳以及国内很多地方引进人才时更强调学历、职务、职称导向的做法大相径庭。

更值得一提的是，美国硅谷很多公司、创客们从事创新创业的目标是实现理想，而不是完全为了赚钱。比如，谷歌公司强调"do not be evil"（不做邪恶的事），还强调"足够多的眼睛就可以让所有问题浮现"。在谷歌，即便是基层员工发现公司正在开发的业务可能有损用户权益时，也有权随时质疑并得到相关负责人员的答复。硅谷的创新团队在组建过程中，合伙人也更倾向于寻找彼此理念、价值观比较一致的人做搭档、组建团队，而不是仅仅看对方是否有资金、有设备、有技术、有客户资源等。

此外，美国硅谷的创新十分鼓励自由探索。例如，谷歌公司坚信"人们在自己最感兴趣的事情上表现最好"，基于此设计了"20%时间计划"制度，即激励员工利用工作时间的20%去从事自己感兴趣的研发项目。据介绍，目前红极一时的图像搜索、无人驾驶技术开发，最早都始于公司员工兴趣导向的研究探索。

三、支持深圳进一步完善创新创业生态的建议

1. 企业与政府建立更加互动的关系

企业要承担更多国家和国家间的科技合作项目，扩大企业家、投

资家更多参与国家重大科技专项、规划和相关政策制定中的话语权。扩大民营企业在国防科技中的"参军"范围，鼓励民营企业取得武器装备科研生产许可证，以分类分层、分阶段以及一体化竞争等多种形式参与武器装备科研采购。深圳企业要与国家相关政府主管部门组成专项政策研究小组，在可控范围内率先开展大数据、互联网教育、分享经济、基因检测、细胞治疗等新经济领域的监管创新试点。

2. 进一步探索大学科研院所的"深圳经验"

进一步发挥好中科院深圳先进技术研究院、深圳清华大学研究院等作用，继续支持在诸如"四位一体""三无""四不像"等新机制方面的探索。支持在深圳布局一批面向国际科学前沿、引领颠覆式创新的"开放式"国家重大科技基础设施和载体，支持高水平应用研究导向型的科研院所和新型研发机构建设。支持深圳搭建全球"开放式创新"合作网络，加快开展国际合作办学，推动政府间国际科技组织、国际技术转移中心落户深圳。

3. 加快以科技金融融合为导向的金融改革创新

持续推进金融改革，加强金融创新与产业政策的协调配合，支持深圳在跨境金融、产融合作等重点领域加快先行先试。持续深化科技金融试点，充分发挥市政府引导基金、创业投资引导基金的杠杆和孵化作用，完善产业扶持方式和"银证保企"科技风险分担机制。支持探索设立资本市场服务创新创业母平台、跨境投融资服务平台等各类基础平台，加强金融资源供需对接，促进金融要素优化流转。进一步探索开展投贷联动试点，支持有条件的银行业机构PE、VC等创投机构加强合作，试点提供股权和债权相结合的融资服务。深化前海蛇口自贸片区各项金融创新试点，支持科技创新型企业利用跨境人民币贷款、赴港发债以及外债宏观审慎管理试点、跨境双向人民币资金池等，来拓宽融资渠道、降低融资成本。扩大外商投资企业股权投资

（QFLP）试点规模，争取开展私募股权众筹等融资试点，引导社会资本加大对初创期、起步期科技型企业的培育扶持。

4. 支持进一步夯实科教人才基础

支持探索以企业需求为导向，建立新的人才甄别标准，进一步完善人才流动制度，释放大型企业内部员工和高校、科研机构的科研人员等精英人才的活力。支持深圳深入开展户籍（居住证）制度改革，进一步提高积分落户流程的透明度，加快推进基本公共服务均等化。加快保障房和安居房建设，探索实施全市一盘棋的"人才公寓计划"，降低人才安居成本。进一步优化人居生态环境，着力加快国际一流的医疗、教育等配套设施建设，让各类人才来得了、留得住。

5. 支持财税、土地和政府服务方面的政策试点

支持在深圳开展税费综合改革试点，探索普惠性财政补助，进一步提高研发费用加计扣除比例和扩大研发费用扣除范围，进一步降低高技术企业增值税率，降低企业创新创业成本。支持深圳与东莞、惠州等珠三角周边城市和香港、澳门地区开展深度创新和产业合作，打破条块分割，消除隐形壁垒，贯通产业链条，重组区域资源，实现创新要素自由流动、优化配置，拓展发展空间，推动落马洲-河套片区成为深港创新网络重要节点，加快推动珠三角地区一体化发展，更好地发挥深圳的带动辐射作用。支持开展政府行政体制改革试点，推进政府和公共服务信息资源的开放共享，探索实行产业准入的审管分离制度，实施政府采购和重大应用示范工程，进一步加大对创新产品和服务的政府采购力度。

调研报告三　如何破除制约科技成果转移转化的"国资诅咒"
——对成都职务科技成果混合所有制改革的调研

内容提要：加速科技成果转移转化是实施创新驱动发展战略的关键。当前，"专利权等国有无形资产越严格管理越实质流失"的"国资诅咒"严重制约科技成果转移转化及其衍生的技术创业。成都通过承认职务科技成果特殊属性、实施所有权确权激励来破除"国资诅咒"，实现科研人员和高校在权力与动力上的激励相容。要着力优化政策和法律法规，加快建设校内成果转移机构，积极完善改革相关政策配套体系，推动职务科技成果转移转化。

　　"十三五"时期，提高科技成果转化率和科技进步贡献率是实施创新驱动发展战略、迈入创新型国家行列的关键。继2007年国家下放科技成果所有权[1]、2014年试点取消审批和备案要求之后，2015年新修订实施的《促进科技成果转化法》标志着科技成果"三权"改革取得重大进展。但这是否意味着高校院所科技成果转移转化就畅通无阻了呢？囿于"国资严格管理、高校隶属国有"的基本国情，高校和科研院所依然面临"国有资产严格管理→成果所有权归国有单位→高校无权将国有股划拨个人→难以精准激励科研人员→成果无法或非法转移转化→实质性国资流失"的怪圈，本文称之为"国资诅咒"。它

---

[1] 此处的"所有权"其实是不完整的所有权。根据当时的规定，高校科技成果转化涉及国有资产处置，因此在处置、收益过程中需要视情形向财政部、教育部等有关部门报批。

不仅导致专利权等国有无形资产陷入"越严格保护越实质流失"的悖论，也严重制约科技成果转移转化及其衍生的技术创业。

一、调研目的和方法

高校和科研院所的科技成果转移转化是支撑自主创新、推动技术创业的重要源头。作为全国高校院所最密集的城市之一、四川全面创新改革试验区的中心，成都一直探索如何加速科技成果转移转化。2010年，西南交通大学在全国范围内率先引入混合所有制模式，正式触及科技成果所有权改革。2016年，成都提出在全市范围内推广职务科技成果混合所有制改革。为准确把握这一改革的进展、成效和问题，中国宏观经济研究院"创新创业生态系统研究"课题组部分成员赴成都进行了专题调研。2016年8月下旬，调研组在成都分别召开了部门和高校、企业代表座谈会[1]，前往成都高新区、未来科学城、郫县"菁蓉镇"和中韩创业园、侠客岛等孵化加速机构实地走访。11月上旬，调研人员走访了成都大学、西南交通大学和四川大学等三所高校，访谈管理、科研一线人员共26人（如表1所示）。

调研采取了访谈和问卷两种方式。从调研设计来看，访谈提纲兼顾面上与具体情况，既了解科研管理人员对改革的整体认识和判断，又结合科研人员亲身经历且了解改革的具体细节和效果。问卷既包括受访者及其所在单位的基本情况，又尽可能地量化改革推进的进展和效果。同时，根据科研人员与管理人员在专业知识、政策理解、角色定位方面的差异，访谈提纲与调研问卷对两类群体予以区别对待。

---

[1] 部门包括由发展改革、经信、科技、工商、财政、教育、人力资源社会保障、金融办、科协等有关部门，高校包括四川大学、西南交通大学，企业包括十分咖啡、顺点科技、成都创客坊、食为天科技、光谷咖啡、天府新谷、中嵌自动化、国信优易等。

表1　调研访谈和问卷回收的人员数量分布情况

学校	西南交通大学	四川大学	成都大学	合计
调研理由	部属高校，职务发明权属改革率先推动者	部属高校，方案即将出台，是积极跟进者	市属高校，成都大力推进改革的试点单位	合计
访谈人数	13	8	5	26
其中：科研人员	10	5	2	17
管理人员	3	3	3	9
回收有效问卷数量	11	6	2	19
其中：科研人员	10	5	2	17
管理人员	1	1	0	2

资料来源：根据访谈记录与回收问卷整理。

从调研结果来看，发放问卷26份，现场回收20份，有效问卷19份。科研人员有效问卷在发送问卷中占比达到100%，管理人员有效问卷在发送问卷中占比仅为22.2%。17名科研人员在年龄、职称、专业、拥有和转移专利、早前经历、创办企业、行政职务等方面呈现较为多元化的分布，具有较好的代表性。对有效问卷的分析表明，比较了解权属改革的比例超过50%（如图1所示），其中"非常了解"的5人均来自西南交通大学。

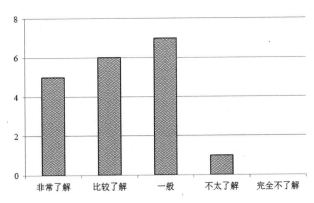

图1　对职务科技成果混合所有制改革了解程度的分布（N=19）

资料来源：根据回收问卷统计绘制。

二、"国资诅咒"严重制约高校科技成果转移转化

高校科技转移转化通常包含许可、转让和入股等形式。"国资诅咒"成为在蓉高校成果作价入股型转移转化中难以逾越的障碍。

1. 管理者深感职务科技成果全归"国有"阻碍了科技成果转移转化

许多管理者认为，由于科技成果知识产权全归单位，高校又无权将入股后的国有股划拨给个人，加上"不转化、无人负责，一转化、有人问责"，许多职务科技发明从"成果"变成了"陈果"。西南交大科技园是西南交通大学的全资子公司，也是职务科技成果混合所有制改革的重要推手。由于兼具高校与企业的双重基因，科技园既能从高校管理的角度看出职务发明成果的先天缺陷，又能从企业经营的角度看出职务科技成果的后天不足。科技园副总经理康凯宁认为，"现有的职务科技成果所有权体制割裂了发明人与成果之间的'母子'关系，科技人员没有所有权，无权决策科技成果转化事项，职务科技成果就成了'孤儿'。全国高校职务发明平均寿命只有三年多，三年后，职务科技成果就成了'弃儿'（如图2所示）"。因此，"没有发明人知识产权的职务科技成果先是个孤儿，后是个弃儿！"

图2 职务科技成果处境尴尬

资料来源：西南交通大学科技园提供。

在科技人员难有话语权的情况下，高校促进成果转化能力的不足加大了职务发明转移转化的难度。问卷用五分量表，请受访者从知识产权管理、科技成果定价与收益分配管理这三个能力维度对所在单位的促进成果转化能力进行评分。图3显示了三个维度简单加权后得到的平均水平，大于等于3分的比例达到58%，说明受访者对高校的成果转移转化能力并不满意。科技成果定价能力得分相对更低，反映出受访者对高校在成果转移转化中的谈判议价能力并不认可。

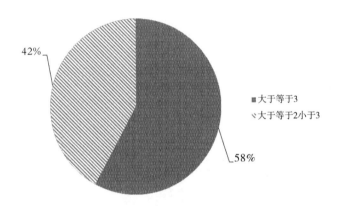

图3 对所在单位促进成果转化能力评价的分布（N=19）

说明："1"分代表非常强，"5"分代表非常弱。

资料来源：根据回收问卷统计绘制。

2. 科研者认为自己的创造性劳动没有在成果转移转化中得到认可

由于科研人员的创造性劳动未在科技成果所有权中得到承认和体现，导致他们往往没有将转移转化作为申请专利的动机。一位四川大学副教授的经历颇能说明问题。多年前，他以技术秘密的方式与投资者建立了长期的合作关系，后来投资者提出让其通过技术成果作价200万元入股参与创办企业。于是他开始着手为技术秘密申请专利，但问题也随之出现。一方面，学校明确告知他专利权人应为学校，因此入股后全部是国有股；另一方面，投资者开始担心今后国有股的议价、退出都将存在较大风险。冗长的手续和不合理的安排让副教授感叹：
"早知道自己的专利转移转化后全是国有股，就不会趟这个浑水了！"

　　问卷统计表明，认为本单位科研人员申请专利的主要动机是"完成指标"和"报奖"的受访者占比高达63.2%，而保护知识产权、填补空白、推广成果等动机并未占主流（如图4所示）。由于职务科技成果被认定为国有资产，大量科研人员申请专利要么是为了评奖和晋职，要么是为了将价值较低的成果尽快变现，而真正有价值的成果则通过私下渠道转让获益。

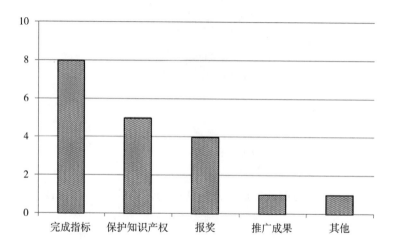

图4　本单位科研人员申请专利的最主要动机（N=19）

资料来源：根据回收问卷统计绘制。

　　3."国资诅咒"造成国有无形资产陷入"越严格保护越实质流失"的悖论并严重制约科技成果转移转化

　　职务发明的所有权在归属学校的同时，也成为学校无法处置和转让的国有资产。由于职务发明的所有权只能归学校，而学校作价入股后又只能是国有股，在国有股无法划拨给科研人员的情况下，就难以激励科研人员，导致科研人员不愿转化或"地下转化入股"，形成实质性的国有资产流失。西南交通大学（简称西南交大）的数据显示，2010—2012年，学校转让、许可职务发明成果7项，收入67万元，但申请费、维持费和专利奖金支出竟高达600万元。截至2015年7月，西南交通大学专利申请量2308项，有效专利数仅为961项，很多专利在学校维持3年后便失效了。现实中，我国专利的平均维持年限仅有3年左右，但一项专利发挥价值往往要5～8年。因此，大量的职务科技成果根本没有转化。

三、成都引入混合所有制模式破除科技成果转化的"国资诅咒"

从2010年起，西南交通大学开始探索职务科技成果权属混合所有制改革，这一被称为科技体制的"小岗村"改革从2015年起在成都全市范围内推广。

1. 高校积极探索

西南交通大学实施"早分割、早确权、共享制"。从2010年起，西南交通大学开始试水职务科技成果权属混合所有制改革，即将高校科技成果转让给科技园，由科技园向国家知识产权局提出专利权人变更申请，实现发明人和科技园共有专利权。这一改革流程有三个关键环节：一是高校将科技成果转让给科技园，从国有事业单位到国有企业单位，不属于国有资产流失；二是科技园通过向国家知识产权局提出专利权人变更申请，实现发明人和科技园共有专利权；三是专利评估作价入股后，发明人按照3:7的比例与高校共有专利权并持有70%的股权（如图5所示）。新修订的《促进科技成果转化法》出台后，学校又创造性地将事后国有股权奖励，前置简化为国有知识产权奖励，在全国率先提出了职务发明人对职务科技成果的所有权，即"早确权、早分割、共享制"的改革模式。

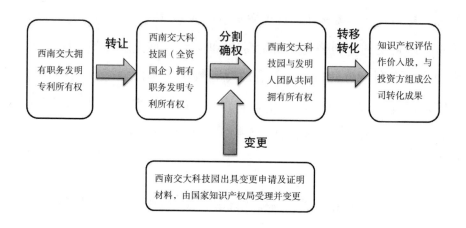

图5　职务科技成果混合所有制改革流程

资料来源：根据有关资料绘制。

职务科技成果权属混合所有制的核心，是通过既有职务科技成果知识产权的分割确权和新知识产权的共同申请这两条路径实现了职务科技成果知识产权由职务发明人和学校共同所有。将职务发明成果由国家所有改变为国家、职务发明人共同所有，将事后股权奖励改变为事先产权激励，解决了职务发明人有动力转化却没有权力转化、高校有权力转化却没动力转化的问题。

2. 政府大力推广

成都积极推进高校职务科技成果混合所有制改革。立足于西南交通大学的初步经验，成都于2016年出台《促进国内外高校院所科技成果在蓉转移转化的若干政策措施》（简称"成都新十条"），提出在全市开展职务科技成果权属混合所有制改革。为了形成改革合力、放大对省部属院校的牵引效应，成都市形成了"1+2+2"的整体部署（如图6所示）。

"1"是一个意见，即由科技、组织、教育、财政、人力资源社会保障、文化广播、工商、地税等9部门联合印发《关于支持在蓉高校院所开展职务科技成果混合所有制改革的实施意见》（简称《意见》），从支持模式、确权流程、定价流程、收益分配、内部管理、部门职责等方面给出具体规定。第一个"2"是两个战略合作框架，分别是"1+6"全面合作战略框架，以及在蓉高校院所"三权"改革联盟。其中，"1+6"框架由成都市与在蓉的6所部属高校签订，明确提出"共同深入推进科技成果'三权'改革"，实质是推动省部属高校加速改革；"三权"改革联盟为在蓉所有高校提供推广改革的窗口，将于2016年底之前组建完毕。第二个"2"是两个平台"特区"，分别是产业技术研究院与环高校成果转化区。成都设立10亿元新型产业技术研究院专项资金，拟在3年内建立10所具有独立企业法人资格的新型产业技术研究院，同时鼓励在蓉高校联合所在区（市、县）利用校院内及周边土地、楼宇资源共建环高校院所成果转化区。根据协议，相关院校必须在两个平台"特区"内实行职务科技成果混合所有制改革，从而为"推不动改革"的院校提供试验区。

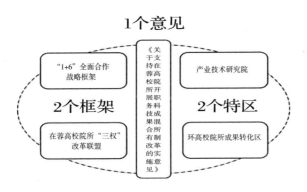

图6　成都推广职务科技成果混合所有制的总体部署

资料来源：根据有关资料绘制。

四、职务科技成果混合所有制改革取得初步成效并具有积极意义

尽管改革仍在探索过程中，但已经在部分院校显现初步成效。同时，改革本身对促进中国的科技成果转移转化富有价值。

1. 效果初步显现

一是激励更加精准，激发了科研人员的积极性。改革是否形成了更加精准的激励，科研人员最有发言权。问卷和访谈结果表明，科研人员对这一改革的态度非常积极（如图7所示），绝大部分科研人员更倾向"分享知识产权"（如图8所示），认为这种形式"让科研人员更有动力""体现了对科研人员创造性劳动的承认"，有些科研人员坦承，"确权之后并不会立刻有回报，但它确实能让人放心地搞转移转化"。

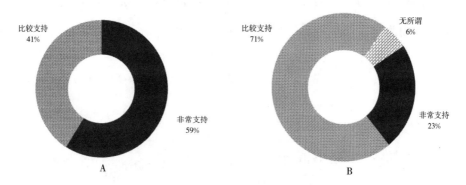

图7　对职务科技成果权属改革的态度（N=17[1]）

A. 本人态度　　　B.旁人态度

说明：问卷给出5个选项，分别是"非常支持""比较支持""无所谓""比较不支持""非常不支持"。

资料来源：根据回收问卷统计绘制。

---

[1]此处仅统计科研人员（包含科研管理"双肩挑"人员）。

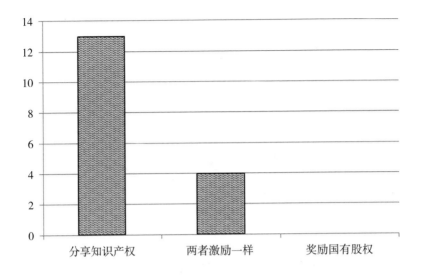

图8 对"哪种方式对您激励更大"的选择[1]（N=17）

资料来源：根据回收问卷统计绘制。

二是转移转化提速，专利价值实现有所加快。土木学院的一位教授在2004年就获得了5项专利，但因股权奖励审批手续复杂，直至2010年都无法转移转化。在学校探索职务科技成果混合所有制改革后，他于当年就完成了专利确权，2014年时该成果已完成中试并取得3000万元的销售收入。据介绍，"西南交大九条"于2016年1月19日发布，1月22日就有"磁悬浮二代技术"职务科技成果三项核心发明专利、"可降解生物材料"职务科技成果四项核心发明专利办理了知识产权校内分割手续。统计表明，大部分科研人员认为权属改革会增加他们的成果转移转化收入（如图9所示）。

---

[1] 为了更精确地获得科研人员对激励情况的第一反应，同时考虑到许可转让方式不是改革的重点，此处略去了现金奖励等分配方式。

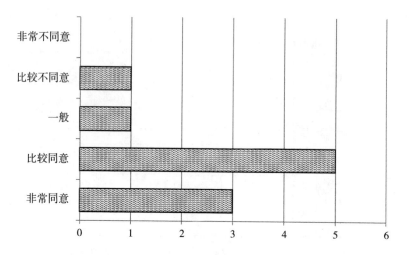

图9　权属改革提升科研人员的技术转移转化收入（N=10[1]）
资料来源：根据回收问卷统计绘制。

　　三是新创企业涌现，技术创业势头加速形成。截至2016年10月，西南交通大学已经完成同相供电设备、钢轨焊接气体保护焊机、可降解生物材料等120余项专利的分割确权，另有30多项正在办理分割手续，带动成立7家高科技型企业。预计在2016年底前，通过职务科技成果分割确权、评估作价入股将会成立10～20家高科技创业公司。在访谈的10名西南交大教授中，有8名已参与创办企业，当中有5人明确表示"如果没有确权改革将不会投身创业"。

　　2. 意义非同寻常

　　一是改革实质上完成了《拜杜法案》中国化的"最后一公里"，为破除"国资诅咒"、推动成果转化找到了出路。

　　1980年通过的《拜杜法案》[2]被誉为"美国国会在过去半个世纪

---

[1] 考虑到目前仅有西南交通大学实施这一改革，此处仅以10位西南交通大学科研人员为样本。
[2] 法案的核心是将联邦资助科研成果的所有权下放给高校，联邦只在高校未能使发明专利商业化的情况下保留"介入权"。

中通过的最具鼓舞力的法案"。我国先后将科技成果所有权下放给学校、试点取消所有审批和备案要求,以及科技成果"三权"改革,都是借鉴《拜杜法案》的具体体现。但被大多数人忽略的是,囿于"国资严格管理、高校隶属国有"的现实国情,在"国有资产严格管理-科技成果所有权全归单位-高校无权将国有股划拨给个人"的情况下,《拜杜法案》的中国化缺少"最后一公里"——没有激励到个人。

"国资诅咒"是基于现实国情而产生的特有现象,无法从国外的技术转移转化实践中寻得现成答案。西南交通大学触及科技成果所有权确权这一核心环节,通过实施专利权人从院校变更为院校与成果完成人共同所有,达到职务科技成果混合所有制的效果。简言之,就是通过"承认职务成果特殊属性→确权实现精准激励→加速成果转移转化→实现资产保值增值"以破除"国资诅咒",实现科研人员和高校在权力与动力上的激励相容。其中,"承认职务成果特殊属性"是重要前提,"确权实现精准激励"是关键步骤。职务发明权属改革通过所有权确权,明确个人与单位的权利边界,为实现《拜杜法案》的真正中国化提供可能。

二是职务科技成果混合所有制改革代表的"成都路径"与给予科技人员股权奖励的"中关村路径"存在本质差异,在激励效果上,前者更加占优。

2009年,国务院正式批复中关村"股权激励试点",允许"在中关村科技园区范围内的院所转制企业以及国有高新技术企业中进行股权和分红权激励改革,对作出突出贡献的科技人员和经营管理人员实施期权、技术入股、股权奖励、分红权等多种形式的激励"。"成都路径"与"中关村路径"的本质差异在于,前者是"先确权、再转化",而后者是"先转化、再部分确权"(如表2所示)。

表2 "成都路径"与"中关村路径"的比较

项目类别	"成都路径"	"中关村路径"
先后顺序	先确权，属于事前激励	先转化，属于事后激励
确权程度	完全确权	部分确权
手续流程	相对简单	相对复杂★

★ 在中关村试点政策逐步完善后，手续流程得到了大幅简化。
资料来源：根据访谈记录整理。

　　从一般原理来看，"先确权"带来的事前激励效果应该更好。从具体实践来看，尽管我国允许高校通过现金和股权方式奖励科研人员，但奖励的仅是股权的收益权，股权的性质仍是国有法人股，股权的转让、馈赠依然受到一定限制。更为关键的是，从已有法律案件中已经暴露出，事后的股权奖励在转让、馈赠、变现等环节具有严重的不确定性[1]。与之相比，"成都路径"是基于所有权变更带来的股权激励，其转让、馈赠不应再面临任何限制或不确定性。但也需要指出，尽管"成都路径"在激励效果上更为占优，但考虑到职务科技成果的复杂性，"成都路径"与"中关村路径"都有存在的必要，现实中可以采取更为灵活的方式由成果完成人与学校协商决定。

五、职务科技成果混合所有制改革仍面临突出问题

　　从职务科技成果混合所有制改革伊始，围绕其正当性、必要性和科学性以及法律、政策方面的争论就始终没有停止过。在近距离观察改革、深度访谈一线科研人员的过程中，我们也发现改革仍面临四大

---

[1] 一个著名案例来自复旦复华，奖励的股权在多年后出现了变数导致无法落实变现的结局，最终法院没有支持原告方的诉讼请求，原因在于股权所对应的所有权并未变更，所有权仍属于复旦大学。

突出问题。

1. "改革不合规"放缓了改革进程并不利于改革推广

职务科技成果混合所有制改革主要面临两个法律障碍。一是《专利法》中关于"职务发明创造申请专利的权利属于单位；申请被批准后，该单位为专利权人"的规定。二是《事业单位国有资产管理暂行办法》中关于"以非货币性资产对外投资，应当对相关国有资产进行评估"的规定。前者阻碍确权的实施，后者堵住了"协议定价+内部公示"的转化途径。但考虑到新修订的《促进科技成果转化法》支持以"协议定价+内部公示"方式，因此《专利法》的障碍更为关键[1]。

除法律障碍外，改革本身也没有得到相关政策文件的支持。2016年9月，教育部、科技部联合印发《关于加强高等学校科技成果转移转化工作的若干意见》，其中明确指出"高等学校职务科技成果完成人和参加人在不变更职务科技成果权属的前提下，可以按照学校规定与学校签订协议，进行该项科技成果转化，并享有相应权益"。正是因为上述原因，"不符现有规章""涉嫌国资流失""领导害怕担责"成为受访对象最为担心的问题（如图10所示）。"不合规"使得部分高校持有观望态度，目前，除西南交通大学正式落实改革外，其余在蓉高校都处于内部制定条例阶段。尽管各方一直想尽力回避高度敏感的政策法律议题，但是，如果不在这些方面取得某种形式的突破，改革可能将一直处于"如履薄冰、朝不保夕"的尴尬境地，改革者也将承担本不应该由他们承担的额外风险。

---

[1] 根据《立法法》，同级权力机关的立法高于同级行政机关的立法。当同级的权力机关与行政机关立法发生冲突时，权力机关的立法处于上位、优位，同级行政机关的立法无效。《促进科技成果转化法》由全国人大常委会颁布实施，《事业单位国有资产管理暂行办法》由财政部发布实施，因此前者属于上位法。

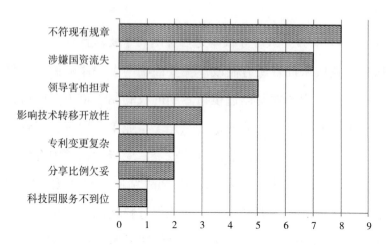

图10 权属改革可能存在的主要问题（N=19）

说明：该题为多选，故频次总和大于样本数19。
资料来源：根据回收问卷统计绘制。

2. "细节不完善"诱发了改革争议并影响了改革效果

"所有权分享比例定多少"与"由谁出面为成果议价"是改革中非常重要的两个细节。目前，西南交通大学是按照3:7的比例确权，由成果完成人持有70%的股权并出面议价。据了解，当初围绕比例问题存在不少争论。科技园的考虑是，必须让成果完成人占大头，否则他们依然没有话语权和积极性。为了避免科技园定价过高过低"两头不讨好"的尴尬，同时发挥成果完成人的专业特长，科技园给予成果完成人出面议价的资格。在成果完成人占大头的情况下，让他们出面议价可以很大程度上规避"故意降低或者抬高价格"的道德风险。

已有安排虽然符合当前实际和激励相容原理，但仍只是现阶段不得不采用的"次优选择"。随着技术转移转化软环境的不断完善，制度安排仍有较大改进空间。例如，考虑到具体成果中高校与个人的投入有所差异，科技成果所有权比例的划分可以也应该更具弹性，这需要在高校内成立类似"职务科技成果确权认定专家小组"的专门组织，为科学确定比例划分提供专业咨询和决策建议。随着校内技术转移转化机构不断成熟，应该考虑让成果转移转化机构和专业人员承担成果的议价职能，以避免因成果完成人不善于谈判、不规范谈判而导致的不良后果。

3. "政策不配套"阻碍了改革落实并增加了改革成本

科技成果转移转化是一个多环节链条，对成果进行确权只是最为关键的起步。有教授指出，我国的专利与国外的很不相同，往往还不具备原型，有时甚至只是一个想法，因此从专利到最后可以市场化的产品往往需要一个漫长的过程，这个过程"九死一生"。如果缺少相应的政策配套，职务科技成果混合所有制改革就可能陷入停滞，最后演变成为了确权而确权。

兼职与离岗创业、科研人员评价和"双肩挑"人员管理等配套政策的缺失在一定程度上影响了改革效果。例如，部分老师想通过离岗创业将入股专利尽快产品化，但离岗结束后却不得不重新竞岗。更为严重的是，竞岗中使用的评价体系没有与成果转移转化的指标相衔接。事实上，"允许老师离岗搞转化，但竞岗时又要按在岗人员评价"的类似尴尬并不少见。再如，"双肩挑"人员是高校中的一个特殊群体，现有政策一方面允许他们搞转移转化并享受股权激励[1]，但在调查中发现，另一方面组织部门又严禁这类群体持股于企业之中。政策不配套、不一致的现象使得部分教授"空有确权激励带来的满腔热情，却没有实实在在的落地可能"。

4. "机制不健全"掩盖了改革问题并放大了改革风险

为了尽快落实职务科技成果混合所有制改革并取得实效，部分高校产业园、科技园在评估、入股、变现等环节存在打政策"擦边球"

---

[1] 独立法人的行政单位正职除外。

的现象。例如，由于知识产权评估本身存在定价机制缺失、市场秩序混乱等问题，部分校办企业不得不在成果完成人议价的基础上与评估公司"私下交流"，否则评估环节缺失将无法实现确权分割。又如，为了落实"国有资产保值增值"的要求，科技园在确保国资获得溢价时积极退出，为求时效不得不"绕开"部分国资审批管理规定，否则极有可能错失获得溢价的时机。再如，为了避免落下"损公肥私"的口实，产业园、科技园始终不敢明晰自己在改革中的收益分配机制，导致这些国有企业仍没有被政策公开认可的投资收益渠道。

尽管上述做法多是在不得已情况下采取的变通方式，但机制不健全的事实不仅掩盖了改革存在的部分问题，也放大了改革的局部风险。固然校办企业是在成果完成人议价的基础上与评估公司进行的沟通，但在无法避免"道德风险"的情况下，资产评估仍面临很大的估值风险，而且也掩盖了高校在知识产权定价上存在"评估有时不可行"的问题。探索建立健全相关机制，不仅可以最大限度降低局部风险，还有助于暴露存在的制度性障碍，进一步拓宽改革空间。

六、以混合所有制模式推动职务科技成果转移转化的政策建议

应按照"鼓励探索、允许试错"的原则，在肯定职务科技成果混合所有制改革具有积极意义的同时，针对其存在的问题抓紧出台有关政策措施，尽早形成促进科技成果转移转化可复制的经验，推动科技经济更紧密结合。

1. 着力解决推广职务科技成果混合所有制改革的合法性问题

要以《专利法》的修改或暂缓执行为突破口，以全面创新改革试验区为依托，优先解决特定区域内推动职务科技成果混合所有制改革的合法性问题。一是建议经由相关部门提请立法机构批准，优先在成都市范围内暂缓执行《专利法》第六条，暂缓期可暂定为3～5年。二

是在全面创新改革试验区的既有体制框架内，在中央、省级和市级分别成立由发展改革部门牵头，科技、教育、财政、知识产权、国资委等部门共同参与的专项改革协调小组，专门负责就有关政策措施进行磋商协调。其中，科技、知识产权部门主要负责讨论《专利法》的修改问题；国资委主要负责探索建立并逐步完善国有无形资产的管理制度，尤其是与国有无形资产对价的国有股的管理办法。

2. 加快建设高质量、可持续的校内科技成果转化机构和人才队伍

要以建机构、强队伍为主要内容，有针对性地建立一批校内技术转移转化专业机构和人才队伍，尽快缩短科技成果完成人出面议价等次优制度安排的实施时间。一是优先支持部分重点高校设立和升级校内技术转移转化专业机构，按照分批建立、升级为主的方式，通过财政拨款、增加编制等途径来确保技术转移转化机构实体独立运作。二是将技术转移转化人才纳入高校有关人才计划目录，探索和完善"企业提需求+高校出编制+政府给支持"引才模式，通过吸引优秀人才来提高技术转移转化机构运作的专业化水平。三是要求获得优先扶持的高校建立健全技术转移转化专门人才管理的有关规定，优化招聘、培养、晋升、流转等相应环节的体制机制。

3. 努力完善与职务科技成果混合所有制改革相适应的政策配套体系

大力消除政策不配套与不衔接的现象，打通"确权"之后科技成果从专利走向产品的转移转化全流程。一是完善科技人员兼职、离岗创业制度。探索将科技成果转化相关指标纳入职称评审和聘任体系的办法，研究新设重大科技成果转化系列职称，在产业技术研究院等新型机构优先试行新设类别的评聘。二是完善"双肩挑"人员的管理制度，允许非法人单位行政正职的"双肩挑"人员依法获得现金与股权激励，研究试行科研机构、高校领导干部正职任前在科技成果转化中获得股权的代持制度。

4. 不断加强对职务科技成果混合所有制改革的跟踪监测与宣传教育

要严格执行《促进科技成果转化法》中关于科技统计和报告的规定，从制度层面逐步规范技术转移转化的统计监测、定期报告与宣传教育。一是加强对技术转移转化及其改革的统计监测和定期报告，及时掌握重大科技项目成果转移转化动态，最大限度避免不合规确权所导致的不良后果。二是加大宣传教育力度，引导科研人员认识到非法和违规技术成果转移转化的严重性，逐步树立起阳光转移转化、规范转移转化的理念。

调研报告四　县城能成为创新创业高地吗

——成都郫县经验带来的启示

内容提要：经济新常态下，成都市郫县面临企业扩产意愿下降、投资增速回落、粗放型发展方式无以为继等突出问题。郫县是全国唯一的县级创新创业示范基地，通过开展创新创业走上了创新驱动发展的新路。传统产业留下的低成本空间，高科技资源优势，大数据、无人机和生物医药等新兴产业的快速集聚发展，为郫县创新创业提供了有力支撑。"菁蓉镇"示范区建设，依托"一港三园"建设的工业转型，快速发展的现代服务业，为郫县创新创业注入了内生动力。郫县对破解中西部地区的创新创业难题提供了有益经验，地处中心城市辐射范围之内是县城创新创业蓬勃发展的重要条件，同时县城在创新创业中需深入挖掘本地的既有优势，切不可跟风、盲目而为。

各级政府致力于在全社会营造创新创业的浓郁氛围，那么全国2850个县城中是否有一些地方能够成为创新创业高地呢？众所周知，创新创业不仅需要高度集聚的人才、技术、资金等要素，还需要雄厚的产业基础和宽松的制度环境，北京、深圳、上海等超大城市无疑已成为创新创业的领军者。但绝大部分县城在传统产业发展方面没有多大优势，在创新创业领域按理很难有大的作为。然而，四川省成都市郫县已于2016年5月入围全国首批创新创业区域示范基地，郫县能给其他县城的创新创业带来怎样的启示？带着这个问题，国家发展改革委中国宏观经济研究院调研组2016年8月30日至9月2日期间深入调研了成都市和郫县的创新创业工作。

一、创新创业新星：成都辐射下的郫县

和其他大城市周边的县城类似，郫县具有工业基础强、人口不断流入等典型特点。郫县位于成都市西北部，面积438平方千米，管理3个街道、13个镇。在全国经济增速普遍放缓的大背景下，郫县2015年实现地区经济生产总值426亿元，增速高达8.5%（比成都市的增速高出0.6个百分点），三次产业结构为4.9：58.2：36.9，三次产业对经济增长的贡献率分别为2.3%、68.8%和28.9%，工业为郫县经济发展提供着最坚实的基础。人口数量可以从一个侧面反映城市的竞争力和吸引力，郫县2015年户籍人口60.66万人、常住人口99.36万人，如图1所示，郫县常住人口数量在过去三年呈加速增长态势，这说明郫县的吸引力不断变大。

随着成都的迅速崛起，战略机遇给郫县带来了发展良机，不断加剧的发展挑战则将郫县引向了创新驱动发展的新路。成都城区已经面临规模偏小、人口拥挤和空间不足等发展瓶颈，无论从区域面积还是从地理位置来看，郫县毫无疑问都是成都完善中心城区功能、疏解中心城区功能的理想之地。除此以外，郫县对于促进成都乃至西南地区生产要素的自由流动和优化配置都具有重要意义，一直悬而未决的创新动力不足、产业升级缓慢、城乡二元结构明显等掣肘问题，都可能在郫县得到解决。在经济新常态下，郫县经济发展形势更加复杂，企业扩产意愿下降和投资增速回落等问题较为突出，土地、资金和劳动力等要素投入方面也面临较大困难，同时还由于产品同质化等原因面临周边地区带来的竞争压力。因此，无法再单纯依靠增加要素投入来发展经济，唯有创新驱动才是郫县经济转型发展的关键所在，但一个县城能否在创新、创业方面有所作为呢？郫县是成都创新驱动发展战

略的重要组成部分。郫县现代产业发展迅速，科技优势明显，入围国家首批"大众创业万众创新示范基地"。郫县创新创业有利于优化区域经济结构，加快成都高新西区和郫县连片形成创新高地，推动产业转型升级。

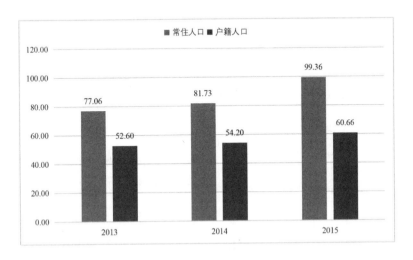

图1 郫县2013—2015年的常住人口数和户籍人口数（万人）

数据来源：郫县历年统计公告。

凭借扎实的技术基础，郫县已经成为全国创新创业示范基地，并且是唯一的县级示范基地。郫县2015年新培育高新技术企业6家、省市技术中心11家，申报国家级科技项目8项、省级26项、市级40项，实施郫县科技项目39项，共申请专利2123件（其中，发明专利570件、专利授权1051件）。2016年5月郫县入选首批28个全国创新创业区域示范基地。菁蓉小镇是郫县创新创业的载体空间，入驻孵化器32家，聚集公共技术服务平台38个，聚集各类基金22只（其中郫县政府国有公司设立了1亿元的天使投资引导基金、2亿元的创业投资引导基金和10亿元的产业发展引导基金），入驻创新创业项目1206个，已注册公司650家，聚集创客1.1万余人，引进中科院院士1名、国家"千人计划"高层次人才11名。

二、创新创业支撑：低成本空间、人才技术和高技术产业

在各地为创新创业空间一筹莫展或者筹措资金重新建设时，郫县则利用传统产业留下的空间较为容易地解决了1.2万人创新创业的空间问题。虽然全国不少县城不缺工业园区和厂房，但严重缺乏多样化的创业孵化中心和创业园区，即使县级政府能够提供一些创业空间，但大部分生活办公设施配套不足，每个企业都是独门独户经营，很难形成创新创业的氛围。随着孵化企业的发展，原有创业园区提供的服务很难满足企业进一步的发展需要。2008年国际金融危机之后，我国电子信息产业大规模向西部地区转移，2009年四川省将富士康项目列为"一号工程"。富士康当时预期将为郫县带来近30万新移民。郫县从2010年8月开始启动德源新城建设，该项目包括230万平方米的富士康员工房，以及118万平方米的回迁安置房。但进入2015年以来，由于富士康员工数量急剧减少，德源新城的富士康员工房闲置住宅近5000套，商业经营性用房闲置面积约为10万平方米，德源新城实际仅有5万余人入住。德源新城区域产业空心化问题凸显、人气低迷，出现大范围的资产闲置现象。无心插柳柳成荫，传统产业留下的低成本空间为郫县创新创业提供了巨大的低成本空间优势。2015年以来郫县对闲置空间实施完成了孵化楼宇风貌改造55万平方米，近3年郫县财政每年设立5000万元的创新创业发展资金，对入驻项目给予房租物管全额补贴。

成都具有规模庞大的科技型创业者和高科技人才资源，郫县凭借地理和产业优势可以很好地利用这些优势要素开展创新创业活动。对典型的县城而言，高技术企业匮乏、人才技术要素短板明显、要素流动通道不畅等问题突出，这使得县城无法集齐创新创业所需的必要元素。但郫县是成都的郫县，成都的科技型企业创业者、IT和互联网基

因比较突出，腾讯、盛大、华为、阿里巴巴等一线IT和互联网公司过去10年在成都布局，大型IT公司的员工现在很多出来创业，四川第一批互联网创业人士已经形成一个连续创业者的群落，部分人甚至成为创而优则投的代表。成都高校优势很明显，高校创业项目多，教授出来创业的项目多，另外北（京）上（海）广（州）深（圳）杭（州）等地方，最近几年回流成都的人才不断增多。郫县大中型企业、高校、科研机构等社会力量投资建设或管理运营着包含"创客空间""创客咖啡""创业大学""创新工场"等在内的新型孵化载体，并支持和鼓励创业苗圃、孵化器、加速器等运营机构开展项目引进、孵化、投资等事宜。政府主要负责知名机构、平台型项目的招商服务和平台搭建工作，形成了"政府搭台、市场唱戏"运作格局。郫县积极与电子科技大学、西南交通大学、四川大学等高校深度对接，已与13所高校签订校地共建大学生创业园区合作协议。抽调精干力量，组建了创客服务专员队伍，围绕产业链和创新链，着力引进国家级、省级知名孵化器、重点实验室和优质创新创业项目和团队。

大数据、无人机和生物医药等新兴产业正在郫县集聚发展（如图2所示）。一是大数据产业在郫县集聚发展，国家信息中心大数据创新创业（成都）基地建设正在加速推进，已有近20家企业入驻基地，涉及"大数据+教育、安全、培训"等领域的企业团队人员约300人，基地自主研发的"三大平台"（大数据交易平台、大数据创新创业服务平台、政务一体化平台）已在2016年7月中旬正式发布应用，"创新创业指数"和"新经济指数"得到李克强总理的肯定，并于2016年6月成功首发。二是菁蓉无人机创新创业基地——"无人机"产业基地已现雏形，2016年5月国内第一家无人机监管和服务示范区——西南无人机飞行服务中心投入试运行，目前正积极推动无人机适航（检测）中心、凯斯智能研究院的落地运营。三是生物医疗、VR/AR技术产业、

新材料、新能源产业、文化创意产业等新兴产业正处于培育发展阶
段，亚创百康、视觉奇迹、中国西部虚拟现实产业园、西南交大材料
学院项目和V影奇迹、西部动漫等一批优质项目正在加快聚集。

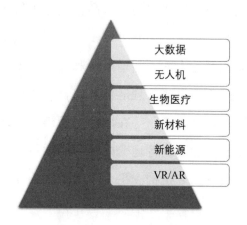

图2　郫县主要的新兴产业

三、创新创业动力：示范区建设、工业转型和现代服务业

"菁蓉镇"建设和大数据产业发展将为郫县创新创业提供技术动
力。郫县正在加快"菁蓉镇"建设，按照"独立成市"理念来完善"菁
蓉镇"的建设发展规划和城市设计，改造新增加孵化器营运区和创业公
寓40万平方米以上，完善提升电力、网络等配套基础设施和生活娱乐休
闲等创业服务设施，正在争取建设成灌高速郫温路联通出口，这有助于
加快形成"菁蓉镇"的对外快速交通体系，产业空间布局和城市形态将
得到进一步优化。郫县的大数据产业集聚工程正在加速推进，在产业基
地聚集发展大数上下游企业，推动大数据产业全链条、集群化发展。
已经实施的大数据生态培育工程，围绕孵化器、人才队伍、创新研发基
地等建设，利用"菁蓉汇""创享汇""科创通"等平台，同国信优易
公司、电子科技大学、西南交通大学等科研院所的专家团队开展了深度
对接合作，"菁蓉镇"有望成为四川省大数据产业核心区。

工业转型发展将给郫县创新创业提供广阔的试验空间。郫县依托"一港三园",在加强园区建设、培育企业主体、加快存量企业发展和新引进项目建设方面进行了深入尝试。成都现代工业港正在实施主导产业转型计划,产业结构将进一步得到调整;川菜园区依托郫县豆瓣,将建成引领全省川菜产业发展的核心区;小微企业创新园以产业创新引领工业经济提质升位;智慧科技园依托德源新城发展空间和资源优势,打造智慧城市建设先行区。企业技术创新得到了郫县政府的大力支持,实施的中小微企业培育工程有望使郫县每年新增培育成长型企业10家、新增规模以上工业企业15家、上市企业2家。科技型创新型企业培育工程有望每年培育省级创新企业5家以上、新认定高新技术企业5家以上。

随着人口集聚和创新创业工作的深入推进,服务业对郫县经济增长的贡献和支撑作用将进一步加大,现代服务业将给郫县创新创业提供更好的服务。郫县正在通过创新创业载体建设、民生服务、新兴服务业发挥服务业对县域经济增长的贡献及支撑作用。在商业项目布局方面,郫县以城乡内贸流通规划为基础,加强规划的刚性约束,制定重大项目规划管理办法,同时加快推进蜀都万达、重百汉正广场等重点服务业项目建成投运,推进佛罗伦萨小镇、成都奥特莱斯等重大项目建设。在鼓励和引导企业加大新兴潜力市场开拓方面,郫县进一步挖掘重点潜力企业,加大重点企业扶持和培育,帮助增强开展自营进出口业务能力。在文化旅游体育产业发展方面,郫县推进"三馆一园"建设,配套完善文化体育公共设施,发展都市旅游,建设特色景点、精品环线和主题景区,开工建设蜀绣一条街,打造郫县旅游商品集散地,推进乡村旅游提档升级。

四、创新创业启示:县城创新创业所需要的必不可少的条件

郫县在创新创业领域面临的问题在中西部地区极具代表性和普遍

性，已经开展的创新创业探索对其他县城具有重要的启示意义。郫县作为传统产业大县，面临产业资源空置、创新资源闲置、创新与产业发展结合不深等现实问题。郫县通过整合闲置资源，为"众创空间"推动实体经济发展提供新平台，有利于进一步挖掘和整合空置的楼宇资源、过剩的产业资源，强化高校、科研院所和企业的创新创业意愿与能力，这对县域经济转型具有典型的启示意义。与此同时，郫县在增强县域经济发展方面具有典型的示范意义，郫县面临经济发展后劲不足、经济增速下滑等现实问题，迫切需要加速传统经济转型升级。

与诸多中西部区县一样，郫县也面临资本、机制等瓶颈制约，创新成果难以产业化，新技术、新产业、新模式、新业态等新经济难以形成内生动力，郫县对破解中西部地区特有的创新创业难题可以提供经验借鉴。在借鉴郫县经验的同时，我们需要清醒地认识到郫县这个创新创业高地已经具备的基础条件，其他县城要成为创新创业高地，就需要具备以下必要条件：

郫县曾经只是名义上的县城，现在已经成为成都市的下辖区，中心城市超强的辐射带动能力使得整个县城成为创新创业高地，地处中心城市辐射范围之内是县城创新创业蓬勃发展的重要条件。虽然富士康在郫县并未取得预期的发展成效，但郫县在成都的带动下已经打下了非常坚实的制造业基础，制造业所需的资金、人才和配套设施等要素在本区域可以较通畅地流动，这构成了创新创业发展的先天条件，郫县的制造业基础是很多其他县城所不具备的。与此同时，县城很难吸引或者留住高端人才已经是公认的现实问题，而郫县周边就有四川大学、电子科技大学和西南交通大学等名校，这种人才优势是其他县城望尘莫及的。更为重要的是，许多县城在创新创业的起步阶段缺乏空间载体，政府有限的资金不得不花费在空间修建上，但郫县"无心插柳柳成荫"，传统产业留下了规模庞大的空间载体，这使得郫县具备得天独厚的低成本空间优势，这种优势对于初创企业和初创人才而言弥足珍贵，也使得郫县可以在成都创新创业方面鼎足而立。

县城只有将自身最具特色的优点发挥到极致，才能在残酷的创新创业要素竞争中站稳脚跟，才能将人才和资金引向县城。随着创新创业的推进，县城面临的竞争环境会日趋复杂。郫县已经成为成都创新创业的"三极"之一，但在人才和资金方面面临高新区和天府新区等区域的激烈竞争，上述区域在区位和配套方面比郫县更具优势，但郫县在空间成本、大数据产业等方面也具有明显的优势，这使得郫县暂时不处于下风。创新创业工作对人才、资本自由流动的要求越来越高，但地方政府、金融系统、高校科研院所都面临体制机制难题，要素流动不畅提高了创新创业成本，县级政府在体制机制方面的改革空间最小，这会削弱县城创新创业的潜力。成都和郫县目前尚未在工业领域取得与长三角和珠三角工业强市相似的成绩，工业发展对要素的竞争也需要引起注意，对于中国其他更落后的县城而言，工业对创新创业具有更加明显的挤出效应。

创新创业需要一种良好的氛围，县城确实需要有所作为，但县城创新创业需要尊重客观规律。和郫县不同的是，全国绝大部分县城无法集齐雄厚的产业基础、低成本的空间载体、优质的人才技术资源、发达的金融环境和要素自由流动的市场环境，只要其中一环出了问题，县城创新创业都会举步维艰，因此县城开展大规模创新创业前需要充分考虑自身条件。与此同时，创新创业需要借助存量资源和制度，一切从零开始的创新创业会面临更大困难，县城在推进创新创业工作时需要深入挖掘本地的既有优势，就像郫县利用存量空间和工业基础一样。

调研报告五　硅谷印象·硅谷之秘·硅谷启示

内容提要：为深入了解美国创新创业情况，2016年10月10日至14日，中国宏观经济研究院课题组赴硅谷进行了调查。在几天的调研中，我们深深感到硅谷是一个神奇的地区，尽管从表面看"没有什么特别之处"，但又感觉硅谷许多地方都很神秘，值得我们深深回味和体会。

一、引言

硅谷是指旧金山湾区高科技企业集聚的地区，面积1854平方英里（约4802平方千米），人口300万。人口结构为：白种人占35%、亚裔占32%、西班牙和拉丁裔占26%；外国出生的人占比37.4%，其中，中国出生的人占15%、印度11%、菲律宾12%。人口年龄结构为：20岁以下占25%、20～39岁占29%、40～59岁占29%、60岁以上占18%。2015年，硅谷地区人均收入为12.2万美元。

这是一个神奇的地方，是加州和美国创新的引擎。据《硅谷指标报告（2016）》，硅谷面积只占加州的1.19%，但2015年创造的就业占9.5%，GDP占10.3%，收购与兼并活动占25.2%，IPO占43.2%，专利注册数占47.7%，风险投资占33.1%，天使投资占38.4%。同时硅谷还是全球高科技产业和创新的"发动机"。自20世纪50年代以来，这里持续不断地产生了一批深刻改变我们生产生活方式的颠覆性创新和一批伟大的创业企业。这些企业包括惠普、英特尔（微处理器芯片）、甲骨文(数据库)、苹果（手机）和基因泰克（基因工程药物）等。近些年来，又涌现出雅虎、谷歌、易贝、脸谱、推特等一批互联网巨头。而且，新的企业还在不停地冒出来，比如特斯拉、爱彼迎（Airbnb）、优步、太阳能源（Sunpower）……

为什么在硅谷这片土地上能够源源不断地冒出新企业？为什么创新的种子能够在硅谷生根发芽、茁壮成长？硅谷成功的奥秘究竟是什么？对这些问题，以前我们读过大量有关硅谷的研究文章，但遗憾的是没有去过硅谷。因此，多年来，一直有个梦想，那就是到硅谷看一看，亲身感受一下硅谷的创新创业，毕竟百闻不如一见。2016年，终于如愿以偿。10月10日至14日，由笔者带队、中国宏观经济研究院一行6人对硅谷进行了考察调研。在硅谷期间，我们先后拜访了斯坦福大学、加州大学伯克利分校，谷歌、基因泰克等创业大企业和Twist Bioscience、Eureka等一批初创企业，以及丰元投资、Galvanize、Draper University of Heroes、University of New Haven、斯坦福大学StartX和创业工作室等创投机构、孵化器和创业教育机构，与百华协会（一个全球生命科技和医疗健康产业领域的华人精英组织）进行了座谈交流。时间很短，只有5天，但印象很深，感触颇多。

二、硅谷印象

在几天的调研中，硅谷给我们总的印象是，从表面看"没有什么特别之处"。

首先是旧金山这座城市从外表看"很一般"，除了中心城区有一些高楼、一些古老建筑外，大量的是一些2～3层的房子，道路也显得比较"破旧"，以至于有的人表示疑惑：这是美国硅谷吗？有的讲，感觉旧金山与武汉差不多，甚至在城市的某些方面还不如武汉！

其次是大学校园没有什么特别之处。我们10月10日中午抵达旧金山，出机场后就直奔加州大学伯克利分校。尽管由于时差原因非常疲惫，但大家还是非常兴奋，因为加州大学伯克利分校是一所在国际上很有名的大学。在笔者的想象中，加州大学伯克利分校应该是一所风景优美、到处是古典建筑的学校，但到了一看，感觉加州大学伯克利分校基本融入整个旧金山城市，没有什么特别之处。10月12日，我们又赴斯坦福大学进行了访问，感觉斯坦福大学是一座非常美丽的学校，有许多古典建筑，面积也很大，但除此之外，也没有什么特别之处。然而，就是在这样的大学，不仅涌现了一批获得诺贝尔奖的大师，而且还催生了一大批高科技企业，真所谓"大学之大，非大楼之大，乃大师之大"，现在想起来这句话确实很有道理。

最后是硅谷的高科技公司和孵化器表面上也没有什么特别之处。比如，谷歌公司坐落在一片绿树掩映的森林中，主要是一些2层左右的楼房，办公条件与国内公司相比差不多。基因泰克公司是世界生物技术发展进入产业化的"重要标志"，是目前全球生物技术药物的领军企业，但除了地处海边、感觉环境很优美外，其他也没有什么特别之处。

另外，我们还考察调研了硅谷几家孵化器和创投机构，感觉与我们在国内中关村、上海等地区看到的也差不多。

总之，从城市建设、硬件基础设施条件等方面来看，硅谷确实没有什么特别之处，甚至从某些方面来讲还不如国内一些大城市、高校和企业。

三、硅谷之秘

那么，硅谷成功的秘密究竟在什么地方呢？或者说，国内领先的创新集聚区如中关村、张江等与硅谷的差距在哪里呢？通过调研，我们感到硅谷主要是有一个良好的创新创业生态，其独特之处在于：

一是创新和创业文化非常浓厚。据介绍，在硅谷地区每个人的交际圈中至少有一个人在创业企业工作或创办企业，大家茶余饭后谈论最多的是如何创业。在斯坦福大学和加州大学伯克利分校，许多老师都曾经是创业者。可以说，在硅谷地区，创意无处不在、创客无处不在、创新精神无处不在。典型的例子是前斯坦福大学校长亨尼斯，在20世纪80年代曾经与人共同创办了一家半导体公司，后来他把公司卖掉后到斯坦福大学当教授。

二是大学与产业界的联系紧密。硅谷地区不仅拥有像斯坦福大学、加州大学伯克利分校这样的世界顶尖研究型大学，而且这些大学与企业联系非常紧密。比如，在斯坦福大学商学院，通常由创业者与教师一起教学，学生可以与创业者直接交流，课程中的许多案例都是学校周边企业的创业故事，因此学院培养的学生创新创业意识很强。据介绍，斯坦福大学商学院约16%的学生毕业后选择创业。又如，在加州大学伯克利分校，学校鼓励教师离职创办企业，教师可以到2家企业兼职，与我们座谈的几位教师中不少都曾经创过业。同样，斯坦福大学也鼓励教师和学生创业。据了解，在斯坦福大学，教师可以离职去创业，但不能超过2年，可以利用无薪假期（比如每周一天）为公司提供咨询服务，但学校明文规定教师不能在企业担任管理层实职，可以担任顾问。

三是大学技术转移机制和服务体系健全。在硅谷，斯坦福大学、加州大学伯克利分校等大学对当地创新创业具有十分重要的作用，除了为企业输送人才外，另一个重要作用是向企业转移技术。据介绍，斯坦福大学每年申请专利120个左右，每年技术转移经费收入约为5000万美元。在收入分配方面，技术转移收入1/3归大学、1/3归学院、1/3归发明者。由于大学源源不断向创业者和初创企业通过许可、股权投资等方式转移技术，因此在大学周围聚集了一批创业企业，形成集群。

四是资本市场高度发达、监管透明。在调研中，有家创业企业在中关村也有分部，笔者问他中国中关村与美国硅谷的差距在哪，他讲硅谷拥有加州大学伯克利分校、斯坦福大学等世界顶级大学，容易找到合适的人才和团队。另外一个差距是，美国的创投机构退出渠道很健全，比如Eureka公司的药物仅仅处于临床研究阶段，明年就可以在美国纳斯达克上市，而在中国这是不可想象的。还有，美国的监管比较透明。比如，在美国申报新药研发有明确的时间表，而中国不知道能不能批、什么时候批下来。

此外，政府对基础研究的大量支持、人才的流动性高、知识产权保护、宽容失败的文化等也是硅谷成功的关键因素。

四、硅谷启示

硅谷是创业者的理想栖息地，具有良好的创新创业生态。几十年来，全世界许多地方都在学硅谷，但实践证明：硅谷是不能复制的。尽管如此，我们认为，从硅谷的发展中还是可以获得一些有益的启示和经验。

第一，要重视创业文化的建设。这就好比一个地区的空气，非常重要。但怎样才能形成浓厚的创业文化呢？从硅谷的经验看，关键是要壮大创业者、创业企业群落，提高创业经济的比重。试想，如果一个人整天碰见的是创业者，一个地区有许多像乔布斯那样的创业榜样，那么这个地区的创业氛围必然浓厚。

第二，要促进大学、科研机构和创业的联系。这是中关村等地区与硅谷的重要差距，也是我国推进创新创业必须解决的问题。应大力促进高校和科研机构开放办学、开放办院，鼓励教师停薪留职去创办企业，支持有创业经验的企业家到高校任职，促进教师、创业者在高校、科研机构与企业之间的双向流动。要鼓励科研机构科研人员离职创办企业，建立健全技术转移机制。

第三，推进资本市场注册制改革，完善创业投资退出机制。这是促进我国创新创业的关键，是"牛鼻子"。因为只有健全资本市场退出机制，创业投资才会繁荣发展。同时，一个地区上市的创业企业多了，创业文化、天使投资也就发达了。因此，应加快推进资本市场注册制改革，降低创业企业上市门槛，使更多的创业企业上市，这样才能形成良好的创投发展链条和创业氛围。

第四，要着力降低创业生活居住成本。房价、交通出行拥挤等情况是硅谷创新创业环境的重要内容。据介绍，硅谷地区一套别墅一般在100万美元左右，约为1万美元/平方米；位置较好地区的一套别墅一般在150万～200万美元；最好的为300万～3000万美元。这一房价水平在美国是属于最高的地区之一，但比中国北京、上海等地要低。一些企业表示，由于北京、上海等地的房价太高，一些海外人才不愿回国创业。另外，我国人才成本也较高，有企业反映，在硅谷地区从Facebook、Google等公司挖一个团队只花1000万元，而在中国从有关大公司挖一个同样的团队要花2000万元。

第五，要引导创业者树立正确的理念。在硅谷调研中，一些创投机构表示，中国现在一般的创业项目太多，好的项目估值太高，创投机构很难找到合适的项目。另外，在创业理念方面与硅谷差距很大，目前中国许多创业者认为拿到钱就成功了，而硅谷的创业者认为这仅仅是开始。

五、结语

2016年10月14日是我们此次硅谷调研的最后一天。这天硅谷地区突然下起小雨，我们乘车在旧金山市区转了转，感觉雨中的旧金山别有一番景象，远望硅谷笼罩在一片云雾中，就像她的奥秘一样使人看不清、想不透，这也许就是硅谷的魅力所在吧。

调研报告六　现实的硅谷和我们想象的硅谷有什么不同

内容提要：硅谷从形成初期至今，经历了哪些变化？现在的硅谷又有哪些新动向？从书本和资料中看到的硅谷和亲身感受的硅谷有多大差别？本文试图从硅谷的区位地缘、城市面貌、高科技人才、科研机构和企业、管理部门以及创新文化等6个方面，勾勒出硅谷的创新创业生态，回答当前人们对硅谷最关心的问题。

硅谷是全世界的创新中心，是所有创新创业者心目中的"麦加"圣地。毫不夸张地说，所有第一次来到硅谷的创业者，都有一种需要顶礼膜拜的敬畏之情。作为一直从事创新创业研究的科研工作者，尽管已经研读了很多关于硅谷的研究文章，对硅谷有了模糊的印象和认识，但硅谷的"神秘"始终萦绕在脑中，时时刻刻想去亲身感受。在金秋十月，第一次踏上硅谷这片热土，呼吸着这里的空气，心里既充满了好奇，也带着一丝疑惑，试图去全面感受这里的一切。现将调研中的一些所见所闻记录如下。

一、关于硅谷的坐标：为何并不在大城市中心

当飞机稳稳地停在旧金山国际机场的那一刻，笔者一度有一种旧金山就是硅谷中心的错觉。但严格来说，我们抵达的还不能算是严格意义上的硅谷，只能称为湾区（或大硅谷）。因为从地域上来看，传统意义上的硅谷指的是湾区南部的三个城市的范围，包括圣荷赛（San

Jose）、圣克拉拉（Santa Clara）和森尼韦尔（Sunnyvale），这个地区才是硅谷的中心。而现在，硅谷还包含了稍往北的山景城（Mountain View）、帕罗奥图（Palo Alto）、门罗帕克（Menlo Park）以及红木城（Redwood City），乃至一直到旧金山（San Francisco）。这不同于我国各种高科技园区的布局，硅谷既没有固定的行政区划，也不隶属某个城市，而是一个相当大的区域，跨越了好几个城市的范围，并且是自发形成的一个区域，并不是政府圈定或刻意打造的。

二、关于硅谷的面貌：为何不见高楼大厦

走出机场，一路上看着硅谷的建筑风格，根本没有一栋是高楼大厦，满眼尽是一两层高的房屋，一种地广人稀的"乡村味"扑面而来。据我们的向导介绍，硅谷的建筑之所以看着并不那么气派，一方面是因为这里是地震带，曾经历了一场大地震，因此这里的房屋大多都是木结构的矮楼；另一方面也是因为硅谷并不是我们想象中的"大城市"，没有国内城市的繁华，而是一个山清水秀、气候宜人的地方。我们调研所见的无论是高校科研院所还是企业，几乎都没有围墙，有的甚至跨越几个街区，完全和自然环境融为一体。

三、关于硅谷的人：到底是何方神圣

来硅谷之前，一直让我们困惑的是，为什么硅谷能冒出和培养那么多成功的企业家？这里一定集聚了全世界最聪明的人吧。在我们调研的几天里，接触了很多形形色色的人，他们来自法国、印度、中国、西班牙等全球各地，绝大多数都不是本土美国人，整个硅谷很少看到白皮肤、蓝眼睛、黄头发的白种人。当地人甚至还风趣地说，在硅谷，黑人和白人才是老外。因为现在这里集聚了太多印度裔和华裔的程序员和工程师，大多数人都或多或少拥有亚裔的血统，都拥有黑

头发和黄皮肤。事实上，硅谷一直以来就是一个典型的移民城市，从18世纪硅谷所在的湾区成为西班牙人的殖民地开始，这里就保留下来一种移民文化。至今，这里大多数地名仍然保留着西班牙语的名称。之后，加州掀起了一股淘金热，来自全世界梦想发财的人都集聚到这里，使这里成为冒险家的乐园。如今，这里的人口中有50%不是美国本土出生的人，一些知名的商业巨子也是移民，比如，谷歌创始人之一的谢尔盖·布林就是俄罗斯人，历任贝宝（PayPal）、SpaceX、特斯拉（Tesla）以及SolarCity等4家公司CEO的埃隆·马斯克出生在南非。可以说，在硅谷的移民文化和移民精神的感召下，来到这里的人，不一定是最聪明的，但一定是最愿意冒险、最具有创新创业精神的人。

四、关于硅谷的高校和企业：到底有多特别

硅谷云集了以加州大学伯克利分校、斯坦福大学等为代表的一大批世界一流高校，也拥有英特尔、谷歌、特斯拉、基因泰克等一批世界知名并在行业内始终保持领头羊位置的创业型大企业。光从外表和硬件来看，这些高校和企业与国内一流大学、企业并无太大差别，甚至有的条件还不如国内。但这里的高校在21世纪获得诺贝尔奖和图灵奖的人数位居世界第一，培养了一批高科技产品的领导者、工程师及具有创业精神的企业家。究其原因，斯坦福大学的教授告诉我们，这要归功于硅谷这里的高校与产业界的紧密关系，使高校不断研发出的新技术得以应用到市场，构成了正循环。

五、关于硅谷的巨大成功：政府做了什么

硅谷是近50年来全球创新的策源地，并且始终没有被其他地区超越。很长一段时间里，全世界的人们都想搞清楚硅谷成功的奥秘，并从不同的角度开展研究。从20世纪70年代开始，很多国家和地区都

开始模仿硅谷，试图找到能够复制其成功的原因。但结果我们也看到了，几乎所有的模仿者都未能成功模仿到硅谷成功的精髓，硅谷的地位依然没有被撼动。到了硅谷，我们发现，这里的斯坦福大学不是政府建的，这里的孵化器和众创空间都是企业投资的，房屋都是居民自己盖的，甚至这里的不少基础设施也不是政府规划建设的。很多被访者都告诉我们，政府的作用其实十分有限，但却发挥了关键的作用，即给大家营造了一个适宜于创新创业的氛围，无论是在硅谷诞生之初为企业提供大量的政府采购以促进市场，还是如今提供给中小企业优惠、宽松的服务等，都是政府在潜移默化中为这个生态所创造的环境。因此，大家普遍认为创新创业中根本感受不到政府的存在。笔者想正是这种"无形"力量才是政府的职责所在。

六、关于硅谷的创新创业文化：这里的价值观是什么

通过调研和访谈，我们认为有几条主要的价值观值得重点关注。第一，几乎所有的投资者都认为，创新创业，人才是核心。在这里，人比想法（idea）重要，人比技术重要，所有的一切都是看人的因素。第二，能力比学历重要，这里的人认可更多的是你能做到什么，而不是你受过什么教育、能想到什么。第三，创新创业的目标永远是为了改变世界、让世界变得更加美好，而不是金钱驱动的。大家强调更多的是社会效益，即如何让你创新创业的价值使更多人受益。第四，也是最关键的一点，在这里，大家都认同市场永远比技术更重要。因为只有市场需要的产品，才是真正改变世界的关键所在。

调研报告七　感受硅谷创新创业

内容提要：硅谷是全球创新创业的圣地。本文试图从创新动力、创新文化和创业者等方面，解码硅谷基因，为我国大众创业、万众创新的政策制定提供借鉴。

硅谷，这个创业者的天堂，当之无愧的全球重大技术发明创新的引擎。几天调研中，与斯坦福大学、加州大学伯克利分校的教授、同学们高谈阔论，与德雷普英雄学院（Draper University of Heroes）、丰元创投（Amino Capital）的教员、风险投资者们谈经论道，与谷歌、基因泰克、Twist Bioscience、优瑞科生物技术公司（Eureka Therapeutics）的创业者、能工巧匠们谈天说地，与百华协会的赴美华人创业者们"他乡遇故知"，与司机、向导茶余饭后闲谈，并在集聚了百家世界如雷贯耳风险投资公司的沙丘路上匆匆一瞥后，还是不得不一吐为快，与大家分享书本上看不到的硅谷创新创业者们的瞬间，聊聊笔者印象中最深刻的几件事。

一、创业第一步："勇敢跳出你的'舒适圈'"

通常，从原动力角度分析，创业人群有两大类，一类是生存创业，一类是激情创业（或者称为兴趣导向的创业）。前者是指迫于公司裁员、找不到工作又有生存压力而不得不从事创业的一类人群；后者创业的动力更多源于将自己认为好的研究成果或"金点子"商业化的心理需求，是一种兴趣导向的、激情驱动的行为，更接近于真正意义上的"创新+创业"模式。大量社会实践表明，激情创业者们往往更易成功，引航新的技术革新路径，带来颠覆式的商业模式变革。比如早期靠538美元在车库里面建立惠普公司的斯坦福大学毕业生Wiliam Hewlett和David Packard，再如由于和同事意见分歧、离开贝尔实验室而创建肖克利半导体实验室的威廉·肖克利以及后来被肖克利的偏执惹恼而集体跳槽创立仙童半导体公司的8名年轻科学家们。激情创业者们往往掌握原始的技术发明并执着于将其毕生的研发心血应用于切实改造传统生产生活模式。但是，最终促使他们燃烧激情的原因却充满偶发性、戏剧性。如何激发这些充满创新基因和潜力的人们走向创业？这正是德雷普英雄学院的创始人致力于开发的事业，正如其创业培训课程的第一讲中所阐述的，创业第一步就是要"勇敢跳出你的'舒适圈'"。

从硅谷创业者们的实践来看，其共同特质之一，正是敢于跳出自己的"舒适圈"，不安分于循规蹈矩的"接受教育、毕业择业、安身立命"的发展路径。他们往往已经获得了常人眼中的"好工作""好薪水"甚至"好的社会地位"，但是仍由于各种各样的原因最终跳出常规的"舒适圈"而选择"自己做老板"这一看似风光其实却可能遍尝人间辛酸苦辣的道路。例如，斯坦福大学很多管理者、教授、教职人员等，都曾经有过创业经验或正在经历创业（利用无薪假期制度），也有人可能随时全身心致力于创业。此外，调研组走访谷歌、基因泰克等公司时也发现，在这些公司就职的年轻人平台好、薪水高，但是很多人仍不满足现状，决不做国内绝大多数公司所推崇的"爱岗敬业的优秀员工"，利用业余时间"搞副业"的情况比比皆是，最终跳槽自己创业的案例也时有发生。值得注意的是，无论是斯坦福大学还是谷歌公司，对这种"不安分"的员工却绝对宽容，不仅在制度上设立"无薪留职休假""20%时间计划"，或者直接设立内部创业孵化器，更以开放的态度接纳创业人员返回本部工作。这与国内一旦跳出"体制"就很难再回去的情况形成鲜明反差。

二、"坚持不懈创新"的奥义：拥有坚定的信念并在贯彻实施中不断补充完善

与硅谷的创新创业者们聊天时，很容易被他们的言辞及其蕴含在其中的热情所打动。这里的人们无论是在什么样的机构工作，在介绍自己的机构时都非常注重宣传其创办理念或者说是价值取向。例如，我们在加州大学伯克利分校调研时，那里的师生都一再强调，他们与斯坦福大学是完全不同的发展理念，"与斯坦福大学'挣更多钱'的人文环境不同，我们更注重学术研究"。凭借ARWU理科排名世界第一、工程学及计算机均排名世界第三、人文社会科学位列世界前五的硬核条件，加州大学伯克利分校在世界学术界享有盛誉，是全球最重要的研究教学中心之一。

谷歌公司坚信，"人们在自己最感兴趣的事情上表现最好"，其设立的"20%时间计划"制度就是激励员工利用工作时间的20%去从事自己感兴趣的研发项目。据谷歌公司的图像搜索、无人驾驶技术研发等项目组的开发团队介绍，这些技术最早都是出自员工兴趣导向的研究探索。此外，谷歌公司的文化中还非常强调"足够多的眼睛就可以让所有问题浮现"，因此坚持把问题公开，让所有员工都有平台能够共同参与问题发现与开发研究；与此同时，宣扬"not do evil"（"不做邪恶的事情"）的理念，即便是普通员工也可以随时质疑包括搜索、广告在内的核心业务是不是可能侵害用户的权益。正是这种近乎于信仰的理念支撑，硅谷的创新创业者们对于其从事的事业坚定不移，不遗余力地在各种场合宣传他们的理念、文化并不失时机地结合

最新情况和问题及时补充修正。

在硅谷，当入职者加入一个公司或者创业团队之前，一定要先了解这个机构的价值取向、人文环境和发展理念，"道不同则不相为谋"，他们坚信理念不同的人是没有必要合作的。相反，在价值取向、发展理念获得共识的情况下，即便前期困难重重、付出巨大而回报甚微，合作者们也愿意一起克服难关、共同前进。例如，斯坦福大学内部的创业工作室，就是一个学生社团性质的合作学习社区。会员们的工作基本是无报酬性质的，但是他们坚信在读期间创业培训对于创业者的重要意义，因此致力于成为连接全校志同道合者的中心枢纽。

在硅谷，一个公司或创业团队的价值取向、发展理念是什么甚至直接影响风险投资的最终决策。据丰元创投的CEO介绍，他们在考察一个项目时，往往非常关注其团队的人文环境等软条件，"一个团队是否有一致的价值取向、发展理念，将直接影响合作者之间的协调性以及整个团队的执行力。因此，我们在考核项目时会非常关注这一点"。

三、甄别好项目的秘诀："一群志同道合的伙伴"

在国内，风险投资者考察项目时，更多关注于客户关系、潜在消费者、销售渠道、产品或服务竞争力、上下游及同行企业实力、行业方向等因素。与沙丘路上的风险投资决策人聊天时却发现，这里的投资者更加关注人文方面的因素，比如创始人性格、合伙人之间的关系、团队价值取向等。斯坦福大学内部的StartX加速器是一个教育型的非营利组织，主要是通过体验式教育和投资支持来自各行各业、不同创业阶段的创业团队发展。据其负责人介绍，2011年至今，该加速器已经为400余家企业获得近22亿美元的融资，其推荐项目获得融资的成功率高达80%。秘诀就在于，他们考察项目时高度关注其创始人的能力及其与合伙人以及整个团队之间的关系。丰元创投的CEO也提到类似的观点，即他们在考察创业项目时主要关注三点：项目方向是否合适、创业者及其团队是否具有不断学习的能力，以及创业者的性格及其团队关系。硅谷的风险投资者一致认为，一群志同道合的伙伴在一起合作蕴含着巨大的潜力，具有完成不可能完成之事的能力。相反，即便是好的点子、好的技术支持、好的方向，然而创始人及团队不行，"也有可能搞砸整个项目"。

调研中，"狡黠"的投资者还透露了他们认定项目团队人际关系和谐与否的小秘诀，归纳起来主要有三点：一是创始人的性格是否包容、宽厚，二是合伙人的年龄是否相近，三是合伙人、团队成员之间的教育背景、从业经历是否有交集。投资者上述宝贵经验的得出是经过"试错"的。比如，他们曾经针对一个创业团队合伙人之间的年龄结构差异过大的问题，专门聘请了一个教练帮助其沟通，但最终由于"60后"和"80后"之间的代沟而以失败告终。当然，如果合伙人、团队成员之间有大量的斯坦福校友或者加州大学伯克利分校的同学关系，合作显然顺利得多。值得注意的是，硅谷的风险投资者甄别项目的标准相对于国内而言，其"轻专业、重人文"的特点是有其完善的知识产权、科技成果转移转化、行业规则和法律、从业人员规定、消费者权益等强大的制度保障作为根基的。正如德雷普英雄学院的负责人所述，中国的投资环境相对美国而言，起伏比较大，生态环境差，"好的项目太多人抢，风险大的项目没人投"。美国的投资环境显著优于国内主要就表现在"生态环境"上。也就是说，盈利性差、前景不好的项目在完善的制度保障下已经通过优胜劣汰被淘汰掉了。他反复强调，"在中国筛选项目太难，太过于依赖投资者的专业判断"。可见，美国风险投资者的"秘诀"确实不能照搬到国内。

调研报告八　透过硅谷，重新认识创新创业生态
——"硅谷调研行"有感

内容提要：硅谷的成功很大程度得益于其完善的创新创业生态。对它近距离的观察表明，硅谷地区的大学、中介、风投和产业所呈现出的状态与功能格外不同。例如，大学不仅仅是衍生知识，相关制度和文化基础也很重要；创业者往往不会只在一个孵化器内停留，而是在功能多样的孵化加速机构的穿梭中成长；成熟投资者往往比创投资金更加重要；新企业不在于数量，而在于能否涌现出引领一个新产业的伟大企业。这些观察对于客观认识和进一步完善我国创新创业生态具有很强的启示意义。

国人对于硅谷的向往和再造硅谷的冲动从未停止，从光谷、云谷、梦谷等称呼和指代中可见一斑。人们之所以对硅谷充满好奇，不仅仅因为它已经成功，还因为不论经济如何起伏，它始终保持活力并不断续写传奇。为了近距离观察硅谷的创新创业生态，调研组一行前往加州大学伯克利分校、斯坦福大学会见知名荣休教授并采访普通创业学生，前往风险投资聚集地——沙丘路并到访创业培训领军者——德雷普英雄学院等数家知名孵化机构，访问IT领域巨头——谷歌和生物医药领域企业——基因泰克等著名创业企业，一系列访问引发了我们对硅谷的大学、中介、风投、产业的新思考，也让笔者有机会透过硅谷重新认识创新创业生态。

一、硅谷地区的大学不仅仅是衍生知识

斯坦福大学对硅谷的意义非同一般，许多人也将斯坦福大学看作硅谷的核心。如果仅仅以大学的数量和质量来论，波士顿、东京、北京等国际大都市并不缺乏高层次大学，但这些地方目前并没有衍生出硅谷般的成功。那么，硅谷地区的大学到底是一种怎样的存在？调研发现，多元化大学群、支持校友创新创业的专业平台、规范教授与产业界联系的制度安排、鼓励学生创业的校园文化是支撑硅谷地区大学融入创新创业又保持客观独立的4个重要基础，它们维系着大学在整个创新创业生态系统中的平衡。

大学的确是硅谷创新创业的重要来源，但这个来源是以斯坦福大学、加州大学伯克利分校为代表的一个多元化大学群提供的，这里的多元体现在所有制、文化和学科等方面。伯克利分校工学院的Connie Chang教授坦言，"我们与斯坦福不同，尽管是公立学校，但每年预算中只有7%左右来自政府，因此筹集经费仍是我们的一大任务"。该院电气工程与计算机科学系的Allen Yang博士认为，"伯克利更加专注于科学技术本身，在学生创新创业方面我们有意识地与斯坦福保持差异"，他还打趣地说，"伯克利拥有许多发明，但最后钱却被斯坦福赚走了"。斯坦福大学商学院的John Robert教授也认为，两所大学之间的差异"丰富了当地的创新生态"。我们还了解到，加州大学旧金山分校、西北理工大学等高校也发挥自身在信息技术、生物医药等领域的特殊优势，为硅谷的两大高新技术产业提供了必不可少的智力支持。多元化的大学群落可以产生竞争与合作关系共有的生态，为不同社区、企业和人才提供了多样化的栖息地。

硅谷地区的大学拥有各种支持创新创业的专业平台，面向本校

学生和往届校友、依托本校资金和社交网络、形成新的创新创业社区是它们的共同特征。我们走访了伯克利分校的SkyDeck、斯坦福大学的StartX和Cardinal这三家加速器。与社会中由投资人或大企业出资兴建的营利性机构不同，大学校园中支持学生创新创业的专业平台往往是综合性和非营利性的。其中，SkyDeck与科研副校长办公室、商学院、工程学院合作，成立由成功校友和教师组成的SkyAdvisors团队，为SkyTeams提供为期6个月的培训，涵盖产品故事、市场轨道、商业模式、团队发展、融资计划和设计方法等6个领域，并配合市场化运作的投资基金进行选投；StartX实行会员制，入会后可终生享受服务，其导师全部是斯坦福大学校友、斯坦福大学和斯坦福大学医院共同投资成立一个滚动式的常青基金对有价值的项目进行投资；Cardinal则是由斯坦福大学学生自己管理，它既非普通社团也不收取股权，而是具有严格管理架构和专业分工的紧密型服务组织，专注于利用校友资源为学校的初创企业提供法律、会计等专业服务。从运行效果来看，这些机构毫不逊色于市场上的营利性机构。以StartX为例，其加速企业的存活率仍可高达80%，而同期YC和500 Startup等加速器的存活率也只有65%左右。这些由学校提供场地和相当数量基金的平台成为本校学生和校友创新创业的试验场，也构成了联通学生与学生、学生与投资者、学校与产业界的重要桥梁。

无论是在伯克利还是斯坦福，都能深深感受到大学对融入创新创业的执着与对从事科学研究的坚守，这离不开为这些执着与坚守创造条件的制度安排。据介绍，伯克利分校允许教授兼职不超过2个企业，同时也允许教授全职创业两年，但如果两年后要继续全职创业则必须放弃教职。斯坦福大学则明文规定不允许教授担任公司高级管理层职务，但可以担任顾问或利用无薪假期创业。例如，斯坦福大学商学院的John Robert教授表示，自己每周可以有1天时间给上市公司提供咨询服务，但学院会对每个教授有评估，以确保教学和研究的时间得到保证。对工程学院的Richard Dasher教授而言，这一规定会执行得更为严格，因为"工程学院教授在创业和研究的时间分配上可能面临更为艰难的取舍"。除了兼职上的规定，技术转移制度的设计也处处体现着大学的良苦用心。据Richard Dasher教授介绍，斯坦福大学从不以技术许可的收益额来评判技术转移工作。事实上，技术转移收益只占到整个学校收益的1%～2%。但学校一直保有为有价值的发明申请专利并拥有所有权的权利，以此确保技术转移是开放的，不会对竞争造成额外壁垒。为了激励教授进行发明创造，学校一直实行"技术转移收益扣除专利申请费后，由学校、院系、教授三者各占1/3"的制度。兼职管理、技术转移等制度上的安排，既为密切教授与产业界的联系提供了可能，又可以有效避免学校过度卷入商业活动，从而使大学在整个创新创业生态中保持动态平衡，兼顾其知识创造与知识应用的双重职能。

硅谷地区的大学对学生创业持有的开放与包容态度令笔者印象十分深刻，对普通学生的采访更让笔者体会到大学生对创业并非一时兴起或全无所知。2015年斯坦福大学商学院的一项统计表明，有16%的毕业生创办了自己的企业。尽管这一数字仍低于在金融行业（31%）和高技术行业（28%）就业的比例，但仍大大高于全美其他高校的学生创业占比。当我们向大学管理者询问是否担心学生因不具备经验和相关资源而创业的失败率很高时，几乎所有人都认为不用担心。"我们的工作就是提供更多的资源和培训来降低大学生的创业风险"，SkyDeck的负责人这样回答道。StartX的负责人更是表示，"只要他们（指大学生）在连续不断地创业，就不能因一次的失败而下定论"。事实上，由于硅谷地区的大学十分重视学生创业在市场上的可能性及其产品技术的实用性，加上大多数学生已经在各种创业平台中经受了来自校友的早期筛选，它们的潜在风险已经大大降低。可见，学生是否应该创业这一在国内争议不小的问题，在硅谷并不能成为问题，"唯创不败"已经成为硅谷地区大学校园的风气。

二、创业者在功能多样的孵化加速机构穿梭中成长

孵化器和加速器在硅谷创新创业生态系统中已经有很长的历史，这些专注于为创业者提供各类服务、使创业企业快速成长的助推器是整个硅谷创业链中不可或缺的部分。调研发现，美国的营利性孵化加速机构占比很高，与大学中的非营利性机构不同，这些机构长期专注于个别领域从而具有极强的专业性，在为创业者提供极有价值服务的同时也凸显着自身难以替代的行业地位。更为重要的是，硅谷地区的孵化加速机构极具特色，从而可以使创业者在穿梭于不同孵化加速机构的过程中获益，进而构成了良好的"外部生态"。

本次调研我们共走访了5家孵化加速机构，除了上文提及的SkyDeck、StartX和Cardinal这三家加速机构外，还有分别坐落在旧金山中心街区和圣马特奥的Galvanize和Draper University of Heroes（又名德雷普英雄学院）。与前三家不同，后两家分别由一个教育科技创业公司和投资人家族创办，是典型的营利性专业性孵化加速机构。领域上，Galvanize专注于数据驱动的科技创业企业，德雷普英雄学院则更多侧重于信息技术、VR、AR、区块链等领域的初创企业。模式上，Galvanize孵化器本身不投资，仅收取服务费和租金，投资事宜则交由Galvanize一个独立的基金；德雷普英雄学院的营收来源则主要是学费、租金和服务费，同时还会通过自己的基金投资加速器而非孵化器内的企业。尽管关注领域和商业模式稍有不同，但在两个机构都有着完善的内部生态。以Galvanize孵化器为例，它为初创企业提供办公空间、配套服务和路演机会。负责人表示，"在这里，租金并不比同地段的便宜，我们也不会强迫一些初创企业在一定周期后搬离，只要它对我们这个社区

有贡献，我们就欢迎它留下来"。据介绍，Galvanize的配套服务除了会计、法律等，还有网页开发、数据科学、数据工程等专业培训，以及奖学金、工作坊、就业服务等内容。Galvanize孵化器很好地捕捉了当代年轻人对前卫、便捷的追求，"在年轻人心目中，硅谷现在已经意味着过时，在大都市里创业，这里（指Galvanize孵化器）可以满足他们的需求，周围就是Microsoft和Yelp，这难道不令人兴奋吗"，Galvanize孵化器的负责人自信满满地说道。

尽管德雷普英雄学院的内部生态也一应俱全，包括内设大学、孵化器、加速器和投资基金，但它在整个硅谷地区孵化加速机构的生态中所扮演的特殊角色更令人印象深刻。与广为人知的WeWork、Y-Combinator、500 Startup这些孵化加速机构不同，德雷普英雄学院以其课程著称，不足10%的录取率显示了它在世界范围内从不缺乏拥趸。为期7周的课程涵盖视野、创意、利用新技术、法律、财金、耐力和融资。德雷普英雄学院的CEO Andy Tang举例道："我们的课程与众不同，以耐力课程为例，我们会邀请海军陆战队队员为成员授课，因为创业对创业者在耐受力方面的要求真的很高。"德雷普英雄学院是一家由具有三代风险投资历史的Draper家族所建立的以创业培训为主并兼顾孵化加速功能的机构，截至目前已经举办了14期培训，已有650名学生毕业，成立了300家企业，而创始人Tim Draper本人仍在坚持为学员教授第一堂课。我们偶遇一位来自中国成都的学员，向她了解了一些培训课程的细节。例如，Tim 鼓励学员不要局限于已有的某个产品和技术，要努力开拓视野，每个学员还必须在宿舍墙上写下自己死之前要完成的101件事。听完她的讲述，感到那里确实体现了Draper家族致力于打造创业界"魔法学院"的初衷，真是离经叛道、未尝不可，天马行空、未尝不成。据Andy Tang介绍，德雷普英雄学院将于近期开办英雄大学，增设为期9个月的培训课程并发放文凭。在与部分学员交流时我们还发现，来这里的许多学员其实并非首次进入孵化加速机构，"不少人来之前都有在其他孵化加速机构的经历，因为这里很有特色，所以他们就来了"，德雷普英雄学院的一名管理人员介绍道。事实表明，德雷普英雄学院凭借其特殊定位，在丰富硅谷孵化加速机构的生态中凸显了自身价值，使得其成为硅谷孵化加速的高手。

反观国内，我国孵化加速机构的内部生态还不完善，突出表现在服务较为同质、机构可替代性强、专业性较弱、运作的市场化程度不高、社区功能不健全等方面。总体而言，我国的孵化机构是"形有余但神不足"。从外部生态来看，我国科技孵化机构的外部生态往往只重视"苗圃→孵化器→加速器"这样的纵向链条，这容易将创业链条简单理解成为"创业流水线"。事实上，"外部生态"也需要横向的多元化，例如不同种类、目标和特色的孵化器或加速器，从而使得在不同孵化加速机构中流转的创业者能更多地获益。

三、沙丘路有资本但更有一群极具慧眼的成熟投资者

Sand Hill Road（沙丘路）是斯坦福大学旁的风险资本集聚地，这条容纳了美国1/3的风险资本、约2000米长的街道被誉为"西海岸的华尔街"。固然这种天然的地理环境对硅谷十分重要，但更令笔者好奇的是，硅谷的投资人除了有庞大的资本积累外，他们究竟有何特质？这些特质如何使风险资本能够获得更大概率的成功？调研发现，硅谷的风险资本投资人很多都有连续创业或者长期从事特定领域工作的经历，在这里"劳动力可以雇佣资本"，更为重要的是投资人的背景、理念、智慧和眼光。这些特质使投资人坚持自己的投资方向，高度专注于企业创始人或团队的性格、学习的能力以及其创业的可持续性，从而可以使有限的资本在创业者无限的发展空间中放大，进而获得高额回报。

限于时间关系，我们只走访了沙丘路上的一家华人投资企业——Amino（丰元创投），但是加上从孵化加速机构了解到的有关投资人的情况，我们仍获得了不少有关硅谷风险投资者的洞察分析资料。丰元创投是2012年成立的美国第一家汇集硅谷IT巨头企业华人高管的创投基金，企业下一轮募集的资金有望达到3亿美元。据介绍，丰元主要以大数据投资为主，合伙人李强认为，"数据是下一个金矿，'数据+算法+反馈'构成的闭环将推动行业发展"。作为清华大学计算机科学专业毕业的研究生，加上创办清华企业家天使基金与中关村硅谷创投的经历，这让他在投资方向上十分笃定。事实上，丰元的合伙人团队在专业背景上高度契合互补，诸如Google中日韩文搜索算法的主要设计者吴军博士、Google以图搜图产品的主要开发者朱会灿博士都是该领域的资深人士。在投资策略上，丰元强调要领投，要做种子投资人，拿到董事会席位，确保对所投企业具有影响力。在过去4年时间里，丰元进行了90笔投资，其中不少投资是看好自己领投企业进而在后续融资中跟投的，"这反映了丰元做价值投资的基本理念"，另一位合伙人徐霄雨这样说道。事实上，不仅丰元创投的团队如此，许多硅谷的风险投资者都具有"专业背景+投资理念"的基本特质，他们绝不是一群只有资本、唯资本论的投机者，相反，他们是立足专业领域助推行业发展的参与者、贡献者。

除了背景和理念之外，拿什么确保投资项目的质量，进而吸引更多投资人进入基金呢？合伙人李强认为，"创始人或团队的性格、学习的能力以及其创业的可持续性这三项至关重要"。这也是丰元在决定是否给创业者和初创企业投资的重要标准。除此之外，与通常将焦点放在技术和创意上不同，李强坚定地认为，"技术不重要、想法不重要，怎么实现才是最重要的"。在硅谷，编算法的并不难找，异想天开的人也不少，但怎么落实下去才是最难的。脸书创始人把很多女同学的照片放到了网上才为Facebook集聚了人气，LinkedIn的发展初期则是依靠把很多投资人的信息放到网上才获得了浏览量。由此也揭示了斯坦福大学学生创业率会远远高于全美其他高校的一个原因，那就是"执着地专注于市场的可能性与产品技术的实用性"。

现在美国每年新成立300只左右的基金，但硅谷投资者的一个普遍共识是，在美国融资比在中国更难。在他们看来，中国并不缺少资本，缺少的是良好的环境和十分优秀的项目。这其中包括投资环境与竞争环境，部分投资者认为过于庞大的政府引导基金和过度的风险补偿不利于风险投资的健康发展。Andy Tang认为，"当前在中国筛选出好项目不容易，筛选出来的优秀项目又容易受到过度追捧，导致估值过高"。从我国风险资本发展的现状来看，风险投资已经迈入发展快车道，尽管资金的募集和投资量还相对较小，但增速和增量都十分可观。因此，国内面临的更大问题其实是如何培育成熟投资者和更快地发掘好项目，只是解决这两个问题显然不是朝夕之功。

四、创新型创业的标杆是催生引领新产业的伟大企业

毋庸置疑，硅谷的创新创业活力仍在全球首屈一指。但硅谷的创新创业活力究竟体现在哪儿？是新增企业数量吗？2016年上半年，中国日均新登记注册企业达到1.4万家，远超硅谷的水平，但显然我们无法得出中国的创新创业活力已经超过硅谷的结论。调研发现，硅谷的成功不仅仅是诞生新的企业，更体现在孕育伟大的企业——这些企业能催生和引领一个全新产业，代表着未来的方向。更值得我们深思的是，新企业可能是靠创业者的一个想法、一项技术或者一次运气，但新产业的健康发展则离不开良好的制度环境。

在硅谷很容易找到一些伟大的企业，它们不仅仅是创业成功的典范，更催生和引领了一个全新行业的繁荣。以全球第一家生物技术公

司——基因泰克为例，它的成立就源于风险投资家Robert Swanson主动找到生物化学家Herbert Boyer博士，两人经过攀谈一拍即合。在漫长的发展过程中，基因泰克保有许多"第一次"的纪录，平均每年有1项新药发明获批的速度也让其他生物医药企业望尘莫及。40年后的今天，更多的生物技术企业已经在基因泰克周围落地生根，而且这些企业中或多或少都有基因泰克员工的身影，就连基因泰克总部所在的道路也被命名为"DNA路"。

基因泰克是靠什么成为伟大的企业并能引领一个行业的繁荣？从与基因泰克的科学家与管理人员的座谈中不难发现，企业的成功更多来自基因泰克一直推崇的科学驱动型商业模式，而这个行业的成功则离不开美国拥有的一套以美国食品药品监督管理局（FDA）为代表的制度体系。基因泰克的科学驱动型商业模式包含4个要素——研究、开发、制造与商业化。其中，研究处于核心地位。与许多药企担心研发人员成果泄露不同，基因泰克要求研发人员必须在顶级的学术期刊发表论文并作为业绩考核的核心指标，这种研究导向为新药研发提供了最为客观的科学支持，也体现了企业对新药研发的自信。在基因泰克后之所以能涌现出大量生物医药企业并得以健康发展，与美国拥有一套严格但灵活的制度体系密不可分。据介绍，FDA拥有庞大的科学家队伍，并且善于深入企业跟踪最新的医药研发技术，为高效率地科学批准新药提供了可能。同时，"绿灯政策"和1992年通过的《处方药使用者费用法案》，为进一步缩短审批时间尤其是特殊用药的审批周期提供了途径。反观我国，生物医药产业发展面临的最大瓶颈之一就是新药审批，涉及的问题则大多与监管滞后、不尽科学有关。

今天，中国拥有着世界上最为庞大的日均新登记注册企业数量，我们希望在这其中不仅存在"独角兽"，更蕴含着若干"伟大的企业"。但我们更应认识到，我们不能仅仅寄希望于大样本中的小概率，而是应该认真地从技术转移这个源头活水做起，从监管制度这个有形之手做起，一点一滴地改进我们的创新创业生态。

五、在硅谷遭遇的几个"没想到"

再次回想4天的行程，几个"没想到"始终在脑海中挥之不去。

一是没想到不少美国年轻人认为硅谷已经过时。当世界各地都将硅谷奉为创新创业圣地并竭力复制和模仿时，美国已经开始了"自我淘汰"，部分年轻人开始认为硅谷是过时的象征。年轻人开始对旧金山这样的大城市产生了兴趣，也许过几年又会出现新的"返城潮"也说不定。

二是没想到硅谷地区的微观经济学家如此吃香。也许是工作原因，笔者总是能深切地感受到宏观经济分析在国内的势不可挡。但John Robert教授向我们解释道，商学院的微观经济学家在硅谷更受宠，因为他们在企业内部治理、发展战略、产品定价、机制设计等方面提供各种咨询服务。这让人回想起Varian教授在Google担任首席经济学家的案例。

三是没想到硅谷的成本优势如此明显。成本优势一直是中国全球竞争力的重要来源，但调研发现，中国在创新创业方面竟然谈不上有什么成本优势。从房价而言，即便是硅谷的紧俏地方，其均价也要低于北京、深圳。从用人而言，一位投资者表示"从腾讯挖一名编程人员的成本将近是硅谷地区的两倍"。从项目而言，中国的好项目估值也远高出硅谷地区。很难想象，在氛围已不如硅谷的条件下，倘若成本劣势进一步凸显，中国的创新创业会向何处去。

四是没想到硅谷地区的基础设施不如国内很多一线城市。未到硅谷之前，脑海中浮现的都是一号公路、金门大桥。但当真正走进旧金山湾区，才会发现无论是公路还是住房，硅谷的条件很难与国内的一线城市相媲美。就连互联网信号，也远远不如国内诸如北京、上海、杭州、深圳这样的城市。只可惜，创新创业不仅需要硬件的堆凑，更需要软环境的孕育和融合，发生"化学反应"才是创新创业所需要的。

五是没想到许多投资人和大学生对创业政策其实是无感的。在与Cardinal加速器的学生们餐叙时，调研组提出"你们了解美国创业计划吗""国家扶持政策对你们创业有何影响"等类似问题，本能地想为政策效果添加注脚，但结果却与我们设想的大相径庭。几位学生不约而同地表示自己根本不知道有类似计划，也不需要特殊的政策。"为什么不到市场上融资呢"，学生们甚至还反问道。

其实，没有想到的还有很多，就连天气我们也未曾想到。负责接送的Peter告诉我们，旧金山是很少下雨的，但我们还是在即将返程的当天与旧金山的雨不期而遇，让我们有幸领略了旧金山湾区不一样的雨景，当然，还有被浓雾锁住的金门大桥。所有这一切，都是硅谷创新创业生态中不可或缺的一部分。

调研报告九 美国人眼中的创业

内容提要：2016年10月中旬，我们前往世界创新创业中心——硅谷考察，先后参观了斯坦福大学和加州大学伯克利分校等世界著名大学，谷歌、基因泰克等全球知名公司，以及丰元创投、德雷普英雄学院等创新创业相关融资、培训机构，并与相关人士进行了深入交流。通过一系列调研，我们领会到与国内流行看法完全不同的创业观点。

一、创业不是头脑一时发热的冲动行为，而是一个经过深思熟虑的系统工程

在美国，整个教育体制都十分重视对创新能力的培养，宽松的学习氛围让每个人的天性得到充分发展，创新意识不断增强，尤其是大学时代，许多大学都对在校学生进行创业课程培训，特地聘请创业家、创投机构为学生授课，以自身经历教授学生创业之道。在经过较为系统的在校创业培训后，如果学生有兴趣创业、有新奇的想法去实现，就可以进入孵化器，利用孵化器里的仪器、设备，帮助创业者验证自己的想法并促使其能够推向市场。那些经过孵化器验证成功的创意拥有者，可以进入加速器，接受为期3个月的创业融资、企业管理、市场开拓等培训，为创业者提供市场需求信息、融资机会、咨询服务。经过上述一系列专业化的培训，创业者的创业构想已变成具有市场需求的产品，创业企业也基本可以获得创业投资的资金支持，完全可以在市场中成长壮大。由此可见，与我们的情况不同，在美国，创

业并不是人们头脑一时发热的冲动行为，而是一个专业化孵化的系统工程，这样的创业更易成功。

二、创业并不是多数人能够做的事，只有少数人才有能力实践

在创业与创新的关系上，美国人普遍认为创新是无处不在的，是任何人都可以去做的，但创业却是少数人做的事，只有把创新成果转化为产品并实现商业化，进而开办一个新企业，才能叫创业。这就要求创业者要同时具备有创意的想法和将其转化为产品的能力以及市场的开拓能力，这些能力并不是多数人能够具备的。因此，创业并不属于多数人，而只是少数人才能够做到。从事创业的人数在美国并不占绝对多数。虽然我们没有找到全美大学生创业率的指标，但即便像斯坦福大学这样一座以重视创业而著称的大学，尤其是在最早开展创业课程教育的商学院，毕业生中创业与就业之间的比例也只是1：6，并不高。但在调研中，我们能够深刻地感受到创新创业思维已经深入每个人的细胞。

三、创业不要使用自己的钱，应去争取天使投资

在美国，创业者一般不会使用自己的积蓄去创办企业，首先想到的是去找天使投资人，从他们那里获得第一张支票用于企业的创办。这样做，不仅可以使自己的创业想法去接受风险投资家的挑选，使自己不具有市场前景的想法能够被专业人士及时阻止，以免造成不必要的投资损失；而且对于具有市场前景的创意又能够及时获取专业投资人士的资金支持，使其更快地实现产业化。

此外，如果创业者全部使用自己乃至全家人的积蓄去创业，往往会影响创业者的心态，使其做事趋向情绪化，反而增大创业的失败率，从而使创业者落得倾家荡产的地步，很容易引起社会的不稳定。

四、创业教育与孵化机构不只为创业者提供办公场所，更应该是为创业者搭建要素聚集的平台

在美国，创业者可以十分便利地找到任何与其创业相关的资源和要素，这主要得益于各类创业教育与孵化服务机构。例如，大学生可以在接受创业课题培训的同时，找到未来的创业合伙人，因为在大学进行创业培训时，经常会打破专业界限，让不同专业的学生一起接受创业培训，这样做可以使不同专业的学生相互接触和了解，以便为其今后创业寻找不同专业背景的合作伙伴提供便利。

此外，孵化器和加速器也不像国内的一些孵化机构，只为创业者提供办公场所，而是通过引进大企业、创业投资者，帮助初创者十分方便地获得创业投资资金、了解企业需要、提供市场需求、提高管理能力，从而为创业企业营造一个有利的生存环境，促进其更快成长。

五、兼职创业要有度，盈利并不是技术成果转化的唯一目的

在美国，虽然普遍允许大学在职人员出去兼职，但也不是无限度的，不同的院校都对在职人员的兼职行为有不同程度的规定。比如加州大学伯克利分校允许在职人员最多兼职两个企业；而斯坦福大学不允许在职人员兼职担任企业高管，最多只能为两家企业提供咨询服务，每周不能超过1天；停薪留职创业最长时间不能超过两年。这主要是为了让兼职不影响到在职人员的校内工作，以确保校内工作的顺利开展。

此外，对于校内技术成果转化，美国也建立了严格的利益分享机制。比如斯坦福大学规定：在职科研成果转让收益由大学、所在院系和发明人这三者按照各1/3的比例分配，即使发明人使用科研成果也要

自己出钱从校方回购；而成果转让价格也不是越高越好，而是可以适当向购进企业倾斜，这主要是因为大学每年都从企业获得大量的经费捐赠，低价的成果转让也是对企业捐赠的一种回馈。

后 记

本书是中国宏观经济研究院第二本公开出版的创新创业理论研究成果，国家发展改革委领导和高技术司给予了高度关注和大力支持。王昌林负责总体思路和框架设计。各章节执笔人分别是第一章王昌林、张铭慎，第二章王昌林、邱灵、张铭慎，第三章王昌林、张铭慎，第四章刘方，第五章李世刚，第六章王昌林、刘国艳、张铭慎、李清彬，第七章王昌林、姜江、韩祺，第八章罗蓉、张铭慎、刘方、魏国学，第九章刘国艳、李清彬、张铭慎，第十章罗蓉、蒋同明、张铭慎、关秀丽，第十一章罗蓉、刘国艳、姜江、曾红颖、蒋同明、邱灵、韩祺、田帆等，调研报告一刘国艳、李清彬、张铭慎，调研报告二姜江、韩祺，调研报告三张铭慎，调研报告四魏国学，调研报告五王昌林，调研报告六韩祺，调研报告七姜江，调研报告八张铭慎，调研报告九刘国艳。罗蓉、蒋同明、刘国艳、张铭慎、张斯琪负责全书统稿和出版工作。

我们对创新创业的理论研究与实践探索仍在起步阶段，有不妥之处，敬请读者批评指正。

编 者

2022年11月

参考文献

蔡莉,彭秀青, Satish Nambisan,等.创业生态系统研究回顾与展望[J].吉林大学社会科学学报,2016(1):5-16.

崔维军,郑伟.中国与主要创新经济体创新能力的国际比较：基于欧盟创新指数的分析[J].中国软科学,2012(2).

崔静静,程郁.孵化器税收优惠政策对创新服务的激励效应[J].科学学研究,2016(1).

陈昱婧.政府补贴对天使投资的作用分析[J].市场研究,2016(4).

陈廉.促进小微企业发展的综合减税政策研究[J].理论导刊,2016(6).

陈共.财政学[M].北京:中国人民出版社,2015.

程实,罗宁.金融与创新创业国家战略[J].金融论坛,2015(7).

邓利亚.科技资源引领西咸新区产业发展研究[D].西安:西北大学.2016.

方亮,徐维祥.创业视角下创新集群形成机理研究[J].北京交通大学学报(社会科学版),2016(4):25-30.

桂黄宝.基于GII的全球主要经济体创新能力国际比较及启示[J].科学学与科学技术管理,2014(2).

冯之浚.国家创新系统的理论与政策[M].北京:经济科学出版社,1999.

G.Dosi.技术进步与经济理论[M].北京:经济科学出版社,1992.

高建.技术创业与中国国家创新体系[J].创新与创业管理,2009(4):129-139.

高小平,刘洪岩.双创:国家治理现代化的重大制度创新[J].理论与改革,2017,6:30-36.

顾小波.创业投资企业投资抵减税收的政策效应分析[J].天津经济,2017(3).

贺博洋.陕西省支持企业自主科技创新政策的评价研究[D].西安:陕西师范大学,2016.

贺凤娟.双创驱动新型城镇化:陕西西咸新区发展模式研究[M].北京:中国工人出版社,2016.

贾楠,李胤.中国创新指数研究[J].统计研究,2014(11).

姜江,韩祺."十三五"时期我国创新驱动发展的思路与任务[J].全球化,2016(9).

贾康.建设创新型国家的财税政策与体制变革[M].北京:中国社会科学出版社,2011.

林嵩.北京市创业生态指数报告(2011)[M].北京:中国社会科学出版社,2013.

柳卸林,何郁冰,胡坤等.中外技术转移模式的比较[M].北京:科学出版社,2012.

柳卸林,何郁冰,胡坤等.中外技术转移模式的比较[M].北京:科学出版社,2012.

林嵩.创业生态系统:概念发展与运行机制[J].中央财经大学学报,2011(4):58-62.

林汉川.发挥财政职能推动创业创新[J].山西财税,2015(10).

罗天舒.发挥税收职能作用支持大众创业万众创新[J].中国党政干部论坛,2015(11).

李艳.金融支持科技创新的国际经验与政策建议[J].西南金融,2017(4).

李佩珈,高玉伟.建立科技创新金融支持体系[J].中国金融,2016(5).

李爱国,曾庆."双创"政策态势与下一步展望[J].改革,2017(10):36-42.

李后成,徐华,张兴.基于扩散效应视角的国家级新区发展路径研究——以西咸新区为例[J].西部金融,2015(11):22-27.

李梦娜.丝绸之路经济带视角下"西咸新区核心区"建设的路径思考[J].现代商业,2017(19):34-40.

李庆.陕西MIC孵化器发展战略研究[D].西安:西北大学,2015.

李扬,王军.西咸新区发展报告(2011-2015)[M].北京:社会科学文献出版社,2016.

李岩.经济发展新常态下税收政策对技术创新的影响[J].科技智囊,2015(10).

马名杰,石光.创新指数国际比较与中国创新体系运行特征[J].现代产业经济,2013(10).

欧忠辉,朱祖平,夏敏,陈衍泰.创新生态系统共生演化模型及仿真研究[J].科研管理,2017(12):46-51.

彭小雷,刘剑锋.大战略、大平台、大作为——论西部国家级新区发展对新型城镇化的作用[J].城市规划,2014(S2):13-19.

邱灵,姜江.客观看待我国首次跻身全球创新25强[J].宏观经济管理,2017(1).

宋卫国,朱迎春,徐光耀,陈钰.国家创新指数与国际同类评价量化比较[J].中国科技论坛,2014(7).

孙中震,田今朝.中国等40个国家(或地区)创新指数的测算、比较和分析[J].中国软科学,2003(1).

世界经济论坛中国理事会.中国的创新生态系统报告[R].2016(8).

孙源.共生视角下产业创新生态系统研究[J].河南师范大学学报(哲学社会科学版),2017(1):37-41.

宋宇.创业行为的地区差异:以陕西与浙江为例的比较分析[J].中国软科学,2009(S1):30-42.

田鸣,张阳,唐震.典型国家创新创业发展模式研究及启示[J].科学学与科学技术管理,2016(4):26-35.

万莹.税收经济学[M].上海:复旦大学出版社,2016.

王春法.技术创新政策:理论基础与工具选择——美国和日本的比较研究[M].北京:经济科学出版社,1998.

王保林,张铭慎.地区市场化、产学研合作与企业创新绩效[J].科学学研究,2015(5):748-757

王飞,米磊.夯实"硬科技"墙基 引领西部追赶超越[J].中国经贸导刊,2017(1):15-20.

王飞,张宁.大众创业万众创新与创新城市发展方式和谐共振[J].中国经贸导刊,2017(9):65-67.

王飞.根植创新文化基因 探索西部双创路径[J].中国经贸导刊,2016(34):23-28.

王飞.西咸新区:打造西部"双创"新范式[J].中国经贸导刊,2016(27):64-65.

王景红,吴军政.陕西地方应用型本科院校创新创业教育研究——以西安文理学院为例[J].价值工程,2017(9):25-30.

王静.新常态下"互联网+"科技创新思路与对策研究——以西咸新区"互联网+"建设实证分析为例[J].经济问题,2015(8):27-31.

王军.西咸新区创新城市发展方式的思考[J].城市规划,2014(6):35-40.

王新安,李晓燕,王曦.基于SWOT模型的西咸新区空港新城发展战略探析[J].西安财经学院学报,2014(1):36-42.

王昌林,姜江,盛朝迅,韩祺.大国崛起与科技创新——英国、德国、美国和日本的经验与启示[J].全球化,2015(9).

王海勇.激励创业投资发展的所得税政策取向[J].税务研究,2015(12).

许正中,张孝德.税收经济学[M].北京:国家行政学院出版社,2005.

徐光耀,杨超.全球国家创新能力评价差异分析——兼论中国创新的位置[J].科学管理研究,2014(3).

西咸新区研究院.国家级新区体制与政策比较研究[M].北京:中国社会科学出版社,2017.

许伟明.西咸新区启示录:一个国家级新区的营造逻辑[M].北京:社会科学文献出版社,2016.

于洪,张洁.促进科技创新的税收优惠政策研究[J].地方财政研究,2016(5).

杨武,肖俊雄,解时宇.基于景气状态测度的国家科技创新景气指数研究——以中美日法德为例[J].科研管理,2014(3).

杨荣.创新生态系统的界定、特征及其构建[J].科学与管理,2014(3):12-17.

杨国政.促进就业的税收政策[M].北京:经济科学出版社,2014.

曾红颖."双创"的实施进展与建议[J].宏观经济管理,2015,12:13-15.

张佩峰.推动我国"天使投资"发展的税收政策建议[J].税务研究,2015(10).

张岭,张胜.创新驱动发展战略的金融支持体系[J].西安交通大学学报(社会科学版),2015(11).

中华人民共和国科学技术部."十三五"国家科技创新规划[C].2016(7).

张陆洋.风险投资促进创新创业机制分析[J].先锋,2015(7).

张丽."互联网+"模式下西安大学生创新创业实践平台建设现状、问题及优化策略[J].西安文理学院学报(社会科学版),2016(5):45-50.

赵中建,王志强.国际视野下的创新评价指数研究[J].科学管理研究,2010(6).

赵军,杨克岩."互联网+"环境下创新创业信息平台构建研究——以大学生创新创业教育为例[J].情报科学,2016(5):35-44.

赵刚,林源园.金融支持科技创新的国际经验与借鉴[J].中国金融,2012（23）.

Mercan, B., Göktas, D. Components of Innovation Ecosystems: A Cross-Country Study. International Research Journal of Finance and Economics, 2011(76):102-112

Stam E. Entrepreneurial Ecosystems and Regional Policy: A Sympathetic Critique. European Planning Studies, 2015, 23(9): 1759-1769.

Autio E, Kenney M, Mustar P, et al. Entrepreneurial Innovation: The Importance of Context. Research Policy, 2014, 43(7): 1097-1108.

Oh D S, Phillips F, Park S, et al. Innovation Ecosystems: A Critical Examination[J]. Technovation, 2016, 54: 1-6.

Kaforous, M., et al., Academic collaborations and firm innovation performance in China: The role of region-specific institutions, Research Policy, 2015(3): 803 - 817.

Zahra, S., Nambisn, S. Entrepreneurship in Global Innovation Ecosystem. Academy of Marketing Science Review, 2011(1):4-17.

Ghemawat, P. Managing Differences: The Central Challenge of Global Strategy. Harvard Business Review, 2007(3):59-68.

Cohen, B. Sustainable Valley Entrepreneurial Ecosystem. Business Strategy and the Environment, 2006(1):1-14.

Isenberg, D. J. How to Start an Entrepreneurial Revolution. Harvard Business Review, 2010 (6):40-50.

Vogel, P. The Employment Outlook for Youth: Building Entrepreneurship Ecosystems as a Way Forward. Conference Proceedings of the G20 Youth

Forum, 2013.

Bernardez, M., Mead, M. The Power of Entrepreneurial Ecosystems: Extracting Booms from Busts. PII Review, 2009(2):12−45.

Isenberg D. J. The Entrepreneurship Ecosystem Strategy as a New Paradigm for Economic Policy: Principles for Cultivating Entrepreneurship. Presentation at the Institute of International and European Affairs, 2011.

P.Patel，K.Pavitte："The Nature and Economic Importance of National Innovation System"，OECD, STI, 1994, No.14.

Isenberg, D. J. How to Start an Entrepreneurial Revolution. Harvard Business Review, 2010 (6):40−50.

Bosma N, Terjesen S A, Schøtt T, et al：Global Entrepreneurship Monitor 2015 to 2016: Special Report on Social Entrepreneurship. Available at SSRN, 2016.

Adner, R. Match Your Innovation Strategy to Your Innovation Ecosystem. Harvard Business Review, 2006(84): 98−107.

Russell, M. G. et al. Transforming Innovation Ecosystem through Shared Vision and Network Orchestration. Triple Helix IX International Conference, 2011.

Bloom, P., Dees, G. Cultivate Your Ecosystem. Stanford Social Innovation Review, 2008, winter: 45−53.

Estrin, J. Closing the Innovation Gap. New York: McGraw−Hill, 2008.

Smith, K. Building an Innovation Ecosystem: Process, Culture and Competencies. Industry and Higher Education, 2006(4):219−224.

Mercan, B., Göktas, D. Components of Innovation Ecosystems: A Cross−Country Study. International Research Journal of Finance and Economics, 2011(76):102−112

Prahalad, C.K. The Fortune at the Bottom of the Pyramid: Eradicating Poverty through Profits. Saddle River, NJ: Wharton School Publishing/Pearson, 2005.